航天科工出版基金资助出版

武器装备环境适应性保证

顾问　王　冬
主编　刘　艳

中国宇航出版社
·北京·

图书在版编目（CIP）数据

武器装备环境适应性保证 / 刘艳主编. --北京：中国宇航出版社，2020.7

ISBN 978-7-5159-1812-9

Ⅰ.①武…　Ⅱ.①刘…　Ⅲ.①武器装备一研究　Ⅳ.①E92

中国版本图书馆 CIP 数据核字（2020）第 120560 号

责任编辑　赵宏颖　　　　**封面设计**　宇星文化

出版发行	中国宇航出版社		
社址	北京市阜成路 8 号	**邮编**	100830
	(010) 60286808		(010) 68768548
网址	www.caphbook.com		
经销	新华书店		
发行部	(010) 60286888		(010) 68371900
	(010) 60286887		(010) 60286804（传真）
零售店	读者服务部		
	(010) 68371105		
承印	天津画中画印刷有限公司		
版次	2020 年 7 月第 1 版		2020 年 7 月第 1 次印刷
规格	880×1230	**开本**	1/32
印张	9.75	**字数**	308 千字
书号	ISBN 978-7-5159-1812-9		
定价	58.00 元		

本书如有印装质量问题，可与发行部联系调换

《武器装备环境适应性保证》
编委会名单

序

环境适应性是武器装备的重要质量特性。我国武器装备经历了从外购、仿制到自主设计、研制的发展历程。与此同时，装备环境适应性保证也突破了过分依赖环境试验进行事后把关的被动工作模式，形成了融分析、设计、试验和管理于一体的系统工程。原中国人民解放军总装备部批准颁布的 GJB 4239—2001《装备环境工程通用要求》，是我国第一个以装备环境适应性为基础设计的武器装备环境工作的顶层标准，规定了武器装备寿命期各阶段的环境适应性保证工作内容，对从根本上提高武器装备的环境适应性具有重大推动作用。

装备环境适应性的定义是“武器装备在其寿命期预计可能遇到的各种环境的作用下实现其所有预定功能、性能和（或）不被破坏的能力”，是保证武器装备战场环境生存能力和作战效能发挥的关键性能。未来战争要求武器装备具有快速机动、精确打击、多环境、全天候的作战能力，同时要求武器装备的作战空间不断延伸。为了赢得战争胜利，要求武器装备必须具备适应复杂多变战场环境的能力，给武器装备的环境适应性保证工作带来了严峻挑战。

本书从系统工程的角度出发，以防空导弹武器系统的环境适应性保证为例，对 GJB 4239—2001 进行了细致解读。书中明确指出只有在设计之初确定环境适应性保证这一纲领性要求并贯穿于全寿命周期，结合型号特点剪裁并落地实施 GJB 4239—2001 规定的各项工作内容，才能从根本上提高武器装备的环境适应性。本书按照

GJB 4239—2001 的基本框架，从管理和技术两方面入手，结合工程应用案例，详尽阐述了一套完整的系统性工作要求。

尤其难能可贵的是，本书结合型号研制需求对 GJB 4239—2001 规定的工作项目从两个方面进行了拓展补充，一是在第 5 章中对全频段的力学环境预示方法进行了详细阐述，明确了各种方法的优缺点及实施步骤，可帮助读者针对不同产品快速选择最优方法，从而实现力学环境的准确高效预示；二是补充论述了空间环境分析及防护设计方法，有助于指导空间装备环境适应性保证工作的全面开展。真诚希望此书能够获得广大读者，特别是航天领域从事型号设计、试验和管理工作的人员喜爱，相信读者一定能从中有所收获。

2019 年 6 月

前　言

所有武器装备在其寿命期内都处于各种环境中，在一定的环境条件下完成贮存、运输和使用等事件，因此任何武器装备的功能、性能都摆脱不了环境因素的影响。武器装备在其寿命期所经受的环境因素复杂多样，既包括各种自然和诱发环境的单因素和（或）多因素的耦合作用，又与时间和空间因素密切相关，加之武器装备在其寿命期不同事件中所经受的主要环境因素不尽相同，武器装备对各种复杂恶劣环境的适应能力已成为制约其性能发挥、影响战争进行，甚至决定战争胜负的重要因素。

环境适应性是武器装备在其寿命期预计可能遇到各种环境的作用下实现其所有预定功能、性能和（或）不被破坏的能力，是武器装备重要的通用质量特性之一。随着现代高新技术武器装备的迅速发展，战场环境日益复杂恶劣，对武器装备的环境适应性要求也越来越高。为了促进武器装备更加系统和规范地开展环境适应性保证工作，本书以防空导弹武器系统为背景，总结了多个型号的研制经验，并结合了国内外武器装备环境适应性相关专业的技术成果。

本书共分7章。第1章，介绍环境适应性的重要性和发展历程，明确环境适应性的相关术语和定义，并阐述环境适应性与其他通用质量特性的关系；第2章，对型号环境适应性保证的目标、基本过程、工作原则、工作要点等进行介绍；第3章，介绍环境适应性要求的特点及其确定方法，给出装备环境工程工作项目实施表，并以典型防空导弹武器系统为例，阐述了型号环境工程工作项目的剪裁原则；第 4 章，介绍环境适应性管理工作项目及实施要求；第 5 章，介绍确定环境适应性要求的工作项目及实施方法，并以典型防空导弹武器系统为例进行案例分析；第 6 章，介绍环境效应及对应的环境适应性设计方法；第 7 章，介绍开展环境适应性试验与评价的实施要点。

本书内容紧密结合武器装备型号研制特点，强调工程实用性，可促进型号环境适应性保证的规范实施和系统开展，主要面向从事武器装备研制的工程技术人员及管理人员，也可以作为型号订货方行使产品环境适应性监管职能与高等院校环境适应性工程教学的参考书。

中国航天科工集团有限公司第二研究院可靠性专家组组长王冬研究员作为顾问，在本书编写过程中提供了自己多年来总结积累的大量型号工程实践资料与授课教材，并对本书编写给予全程指导把关。航天科工防御技术研究试验中心副所长（同时担任国防科技工业环境试验与观测专业组副组长）李宏民研究员参与了本书第 7 章的编写，并对本书其他章节提出了许多宝贵意见。中国航天科工集团有限公司资深可靠性工程专家朱美娴研究员在百忙之中抽出时间为本书作序，并在本书的编写过程中给予了热情指导和帮助。在此一并向他们致以最诚挚的谢意。

由于作者水平有限，对于书中的不足与疏漏之处，敬请读者谅解和指正。

作者

2019 年 6 月

目 录

第1章 概 述 …… 1

1.1 引言 …… 1

1.1.1 环境适应性的重要性 …… 1

1.1.2 国内外环境适应性的发展 …… 2

1.1.3 本书的目的和适用性 …… 6

1.2 术语和定义 …… 6

1.2.1 装备环境工程 …… 6

1.2.2 环境适应性 …… 6

1.2.3 寿命剖面 …… 7

1.2.4 任务剖面 …… 7

1.2.5 环境剖面 …… 7

1.2.6 环境 …… 7

1.2.7 环境因素 …… 7

1.2.8 环境参数 …… 7

1.2.9 环境分析 …… 7

1.2.10 环境预示 …… 8

1.2.11 环境条件 …… 8

1.2.12 环境适应性要求 …… 8

1.2.13 环境效应 …… 8

1.2.14 环境适应性设计 …… 8

1.2.15 环境试验 …… 9

1.2.16 环境适应性评价 …… 9

1.3 环境适应性与其他通用质量特性的关系 …… 9

参考文献 …… 11

第2章 环境适应性保证工作一般要求 …… 12
2.1 武器装备环境适应性保证工作的目标与基本过程 …… 12
2.1.1 目标 …… 12
2.1.2 基本过程 …… 12
2.2 武器装备环境适应性保证工作的基本原则 …… 13
2.3 武器装备环境适应性保证工作的要点 …… 14
2.3.1 制定全面而精细的环境适应性要求 …… 14
2.3.2 环境适应性设计是关键 …… 14
2.3.3 重视环境试验设计 …… 15
2.3.4 环境适应性数据信息是基础 …… 16
2.4 寿命周期各阶段环境适应性保证工作 …… 16
2.5 环境适应性工作与其他工作的协调 …… 18
参考文献 …… 19

第3章 环境适应性要求及环境工程工作项目的确定 …… 20
3.1 环境适应性要求的确定 …… 20
3.1.1 环境适应性要求的特点 …… 20
3.1.2 环境适应性要求的表征及确定方法 …… 22
3.2 环境工程工作项目的确定 …… 26
3.2.1 环境工程工作项目 …… 26
3.2.2 环境工程工作项目剪裁 …… 26
参考文献 …… 31

第4章 环境适应性管理 …… 32
4.1 制定环境适应性工作计划 …… 32
4.2 建立环境适应性工作组织机构 …… 33
4.3 环境适应性工作评审 …… 34
4.4 环境信息管理 …… 35
4.4.1 环境信息 …… 35

4.4.2 管理平台 …… 37
4.5 对转承制方和供应方的监督和控制 …… 40
参考文献 …… 41

第5章 确定环境适应性要求 …… 42
5.1 确定寿命期环境剖面 …… 42
5.1.1 寿命期剖面分析 …… 42
5.1.2 任务剖面分析 …… 42
5.1.3 环境剖面分析 …… 43
5.2 环境数据收集 …… 47
5.2.1 数据收集 …… 47
5.2.2 数据实测 …… 51
5.3 分析环境量值 …… 58
5.3.1 概述 …… 58
5.3.2 气候环境 …… 60
5.3.3 力学环境 …… 80
5.3.4 空间环境 …… 104
5.4 环境适应性要求的制定 …… 118
5.4.1 气候环境 …… 118
5.4.2 力学环境 …… 121
5.4.3 空间环境 …… 125
5.5 典型防空导弹武器系统环境条件分析案例 …… 125
参考文献 …… 128

第6章 环境适应性设计 …… 132
6.1 环境效应 …… 132
6.1.1 气候环境效应 …… 132
6.1.2 力学环境效应 …… 139
6.1.3 空间环境效应 …… 141

6.2 产品环境效应分析 …… 149
6.3 环境适应性设计方法 …… 151
6.3.1 热设计 …… 151
6.3.2 振动、冲击环境适应性设计 …… 162
6.3.3 噪声环境适应性设计 …… 173
6.3.4 抗疲劳设计 …… 176
6.3.5 “三防”设计 …… 180
6.3.6 空间环境防护设计 …… 184
6.4 环境适应性预计 …… 185
参考文献 …… 186

第7章 环境试验与评价 …… 187
7.1 环境试验技术 …… 187
7.1.1 自然环境试验技术 …… 187
7.1.2 实验室环境试验技术 …… 194
7.2 装备环境试验 …… 208
7.2.1 自然环境试验 …… 208
7.2.2 实验室环境试验 …… 209
7.2.3 使用环境试验 …… 212
7.3 环境适应性评价 …… 212
7.3.1 评价内容 …… 212
7.3.2 评价原则 …… 213
7.3.3 评价流程 …… 214
7.3.4 评价方法 …… 214
参考文献 …… 218

结束语 …… 219

附录 A　环境试验、贮存、运输过程中的环境适应性数据收集表 …… 220
A.1　环境试验信息收集 …… 220
A.2　贮存信息收集 …… 227
A.3　运输信息收集 …… 233

附录 B　空中气候全国工作极值 …… 235
B.1　高气温全国工作极值 …… 235
B.2　低气温全国工作极值 …… 238

附录 C　空中空气湿度全国极值 …… 243
C.1　高绝对湿度全国纪录极值 …… 243
C.2　高绝对湿度全国工作极值 …… 247
C.3　低绝对湿度全国纪录极值 …… 248
C.4　低绝对湿度全国工作极值 …… 252

附录 D　递归数字滤波法 …… 254
D.1　递归数字滤波法 …… 254
D.2　改进的递归数字滤波法 …… 254

附录 E　力学环境预示方法 …… 256
E.1　有限元法 …… 256
E.2　边界元法 …… 257
E.3　子结构方法 …… 259
E.3.1　固定界面模态综合法 …… 259
E.3.2　自由界面模态综合法 …… 262
E.3.3　混合界面模态综合法 …… 267
E.3.4　频域子结构方法 …… 268
E.4　统计能量分析 …… 270

E.5 能量有限元方法 …… 273
E.6 基于波动理论的有限元-统计能量分析 …… 274

附录 F 最大预期环境分析方法 …… 277
F.1 点预示方法 …… 277
F.1.1 包络限 …… 277
F.1.2 正态容差限 …… 278
F.1.3 无分布容差限 …… 282
F.1.4 经验容差限 …… 283
F.1.5 正态预测限 …… 284
F.1.6 几种容差限比较 …… 285
F.2 区间预示方法 …… 286
F.2.1 随频率分辨率带宽的变化 …… 286
F.2.2 随结构区间的变化 …… 287

附录 G 环境适应性检查表 …… 289

第1章　概　述

1.1　引言

1.1.1　环境适应性的重要性

环境适应性是武器装备的重要质量特性，它关系到武器装备在战场环境条件下的生存能力和作战效率的发挥。随着高新技术武器的迅速发展和武器装备信息化水平的不断提高，加之现代战争的突发性和战场的不确定性，对武器装备适应各种复杂多变环境能力的要求越来越高。从一定意义上讲，环境适应性和可靠性是制约武器装备性能发挥、影响战争进行，甚至决定战争胜负的重要因素。因此，在武器装备立项论证、工程研制和生产过程中，人们越来越重视环境适应性相关工作的开展。

武器装备在使用、运输和贮存过程中要经受多种环境的影响，历史上由于环境影响导致武器失效、战争失败的例子很多，例如：在拿破仑远征俄国时，由于军队所装备的武器和运输工具都是为在温带作战而设计的，因此在接近北极圈的环境中，这些武器和运输工具大量失效，导致战争遭遇惨重失败；日俄战争（1904—1905年）中，俄国战舰远距离执行任务，因海洋生物附着和腐蚀而使战舰航速下降，致使俄军全军覆没；第二次世界大战（1939—1945年）期间，德国坦克在苏德战场上因低温无法启动，陷于瘫痪；20世纪50年代，朝鲜战场的低温，曾导致美军武器装备故障率增高、性能劣化、功能失常，严重影响武器装备作战效能的发挥；越南战争（1955—1975年）期间，美国从海上运输到越南的武器，其电子元器件和线路因腐蚀、长霉和被老鼠咬而大量失效；在“沙漠之狐”行动中，美军阿帕奇直升机因螺旋桨转动轴渗进沙粒而无法执行任务；1986 年 1 月 28 日，美国挑战者号航天飞机升空 73 秒后突然爆炸，起因于一个小小的聚硫橡胶密封圈环境适应性差，造成直接经济损失 14 亿美元。美国国防部在 20 世纪 60 年代进行的专门调查表明：由环境导致的武器装备的损坏，占武器整个使用过程损坏的 50% 以上，超过了作战损坏；在库存期，由环境导致的武器装备的损坏，占武器装备整个使用过程损坏的 60%。

中国武器装备由于环境因素引起的故障及事故也不胜枚举。某型装备原生产国地处沙漠气候区域，从未发生过受潮误点火，但在中国南方地区，该型装备曾多次因接头不密封导致雨水渗进，造成电路短路而发生误点火；某型战车，在军事演习中逃生口因海洋环境腐蚀而锈死，造成人员伤亡；海军 4 艘鱼雷快艇在一次战斗中埋伏于浙江某海岛附近一星期，其中一艘铝壳艇因海水腐蚀和海洋微生物附着生长而无法在执行任务时开动，造成严重危险。

事实表明：环境适应性不好，可能导致武器装备性能下降甚至战争失败，从而使国家利益受损。环境适应性作为武器装备的重要质量特性之一，是武器装备研制过程中的重要关注因素，应通过环境分析、环境适应性管理及设计、环境试验与评价等一系列活动来保证武器装备的环境适应性。

1.1.2 国内外环境适应性的发展

1.1.2.1 国外环境适应性的发展

第二次世界大战期间，美军运往亚洲和非洲沙漠、高原、热带及亚热带地区作战的装备由于环境适应性差，出现腐蚀、长霉、机件失灵等现象，甚至完全丧失战斗力，其中运往远东的航空电子产品有 60% 不能使用，为此美军付出了惨痛的代价，但也使人们认识到武器装备环境适应性的重要性。于是，环境试验作为一个技术领域而问世，各国也相应制定了环境试验标准。1945—1975 年，发布的典型标准如美国标准 AF 4165（1945）《装备的环境试验通用规范》、英国标准2G 100（1962）和3G 100（1970）《飞机设备通用要求》、法国标准 AIR 7304（1972）《航空电气设备、电子设备及机载仪表的环境试验条件》、日本标准 JIS W 7002（1972）《飞机用电子设备环境试验方法》。

1960—1990年，随着科学技术的发展、西方军事联盟的建立、武器贸易的发展及军用装备研制和生产逐渐向国际化方向发展，环境试验条件和试验方法的统一化需求逐渐显现出来。美国率先将各军种的环境试验标准合并为1960年出版的 MIL-STD-810《空间及陆用设备环境试验方法》，并于1964年修订为美军标 MIL-STD-810A，该标准经过多次修订完善为 MIL-STD-810C 后，作为一个典型环境试验标准被西方国家所承认。在1980年的巴黎国际环境协会年会上，50多个国家的代表一致要求将 MIL-STD-810C 国际化，1985年前后，MIL-STD-810C 几乎已被所有西方国家所采用。

随着 MIL-STD-810C 的广泛应用，其局限性也愈发凸显，该标准是一个菜单式标准，其规定的试验不管是否合适只能选用而不能改变试验条件，且标准中规定的试验条件也没有相关说明，无法追踪其背景材料，对于试验中碰到的问题也无法作调整。更重要的是，MIL-STD-810C 基本上是以试验为中心的操作标准，缺少对环境分析、管理及设计等方面的要求，这将环境适应性工作局限在试验上。因此，迫于各种局限性，1975年左右，人们提出了对环境试验标准进行剪裁的需求。美国国防部于1977年首次发布执行剪裁的指令，要求通过剪裁以降低基本要求并改善管理，由此明确提出环境管理的概念。1978年，美国军方着手修订 MIL-STD-810C 为 MIL-STD-810D，该标准提出了剪裁概念，并明确要求制定产品寿命期环境剖面、确定环境设计准则，保证按产品寿命期内环境条件进行环境适应性设计和试验，并从管理层面要求制定环境管理计划。相比 MIL-STD-810C，MIL-STD-810D 提出了环境管理及其思路，肯定了环境试验是一个工程项目，是环境试验标准的质的飞跃，但对如何剪裁并未提出具体办法。1989年，美国又将 MIL-STD-810D 修订为

MIL-STD-810E《环境试验方法和工程导则》，但还是没有明确提出剪裁方法和环境工程的概念，主要是利用框图对环境管理计划及使用 MIL-STE-810E 进行试验等系列工作提供了指导。

直到 20 世纪 90 年代后期，美国才开始将环境工程概念及其内容纳入军用标准，这一情况体现在 2000 年 1 月正式发布的美军标 MIL-STD-810F 中，该标准是从 MIL-STD-810E 历经 8 年修订而来，标准名称被修改为《环境工程考虑和实验室试验方法》，并将环境工程工作指南作为其第二部分。标准内容从环境试验扩大到环境工程，并提供环境工程工作指南。同时，1999 年 5 月英国发布的 DEF-00-35《国防装备环境手册》的第一部分《环境工程的控制与管理》中也明确了研制生产各阶段的环境工程工作要求，以及采购方及承制方的职责。1998 年在北大西洋公约组织（北约）标准 NATO 4370《环境试验》中也明确规定了项目主任和环境工程专家的职责和任务，要求制定一个总的环境管理计划，全面考虑寿命周期环境剖面、环境设计准则、环境试验计划等环境工作内容。将美国军用标准 MIL-STD-810F、英国军用标准 DEF-00-35 和北约标准 NATO 4370 这三个重大军用标准均纳入环境工程内容，这表明环境工程已成为国外武器装备研制生产必须考虑的一项重要工作，推行环境工程是大势所趋，不容忽视。

1.1.2.2 国内环境适应性的发展

中国的武器装备环境适应性工作已发展 60 多年，经过几十年的发展和积累，在环境适应性相关技术和管理方面都有很大的进步。但与国外相比，中国武器装备环境工程起步较晚，技术储备较弱，21 世纪以前，中国对武器装备环境要求的论证及验证方法缺乏深入系统的研究，对武器装备研制过程中的环境工程工作缺乏有效管理。多年来，中国武器装备环境适应性的工作重点主要放在环境试验上，环境试验工作的重点则放在批生产阶段环境验收试验和环境例行试验上，并未重视研制阶段早期的环境适应性研制试验和其他目的的试验，而是把环境试验作为一个事后把关的手段，这显然大大影响了中国武器装备环境适应的能力。多年来，中国武器装备的环境试验标准主要是GJB 150—1986《军用设备环境试验方法》，该标准是参照美军标MIL—STD—810C制定的，GJB 150—1986规定了实验室环境试验的通用要求、试验项目、条件和方法等，对评价军用装备适应自然和诱发环境的能力提供了统一的、具有再现性的环境试验方法，被广泛用于军用设备的研制、生产、验收和交付各阶段，发挥了重要的作用。

随着美军标的修订完善，国内以MIL—STD—810F为蓝本的修订标准GJB 150A—2009《军用装备实验室环境试验方法》在2009年发布。GJB 150A—2009作为军用装备的通用标准，虽然能够作为制定武器装备环境试验大纲的依据，但是不可能完全反映国内各装备的具体特点，因此GJB 150A—2009也不能直接应用于武器装备。但GJB 150A—2009是一版提倡剪裁概念的标准，故可在环境工程专家的指导下被各武器装备型号广泛使用。

20世纪90年代初，中国环境试验与观测专业组在海南省召开了环境试验与观测第一次研讨会，会上提出了装备环境工程的初步概念。1997年，在国防科工委召开的GJB 150—1986实施十周年研讨会上，机关领导明确提出要转变观念，将环境试验的小概念转为环境工程的大概念，强调环境工程工作要从设计抓起，全过程都抓。这次会议统一了从事环境工程工作的人员对环境工程的认识，具有重大意义，会后环境试验与观测专业制定了GJB 4239—2001《装备环境工程通用要求》和《装备环境工程标准体系》。GJB 4239—2001以定义的形式对环境适应性和装备环境工程的概念作出界定，以标准的形式规定了在寿命周期各个阶段环境工程工作的内容、使用方和订购方应进行的工作、工作完成后应输出的文件，等等。近年来，通过各种形式的学习班和培训班宣贯GJB 4239—2001，使人们对环境适应性和环境工程的认识有了很大提高。

2001年6月4日，中华人民共和国国防科学技术工业委员会（国防科工委）副主任栾恩杰在国防科技工业技术基础工作会议上讲话指出："环境适应性是产品的一个重要质量特性，要将环境分析、环境适应性设计、环境试验及环境管理等纳入产品研制全过程”。2004 年，总装备部电子信息基础部刘成海副部长在全军装备环境工程研讨会上指出：“装备环境适应性是装备的重要质量特性之一，关系到武器装备作战效率的发挥。随着高技术武器的迅速发展和武器装备信息化水平的不断提高，加之现代战争的突发性和战场的不确定性，对装备环境适应性要求越来越高。在一定意义上讲，装备环境适应性已成为制约装备性能发挥、影响战争进行甚至决定战争胜负的重要因素。开展装备环境工程工作已经成为提高装备环境适应性的重要途径。”

目前，在武器装备的研制过程中，都在贯彻 GJB 4239—2001《装备环境工程通用要求》，确保环境工程工作不出现疏漏，但工作深度不够，还需装备研制和环境工程界的设计师和领导们大力推动，争取使中国武器装备环境适应性能力得到进一步提高。

1.1.3　本书的目的和适用性

本书将从环境工程工作的角度，重点以防空导弹装备为对象，围绕环境适应性管理、环境适应性要求的确定、环境适应性设计、环境试验与评价等技术进行介绍。使读者能够了解武器装备环境适应性保证工作的项目内容、要求，并掌握各工作项目的基本实施方法。

读者可结合各类武器装备使用剖面、产品特点等，参考使用本书介绍的技术内容。

1.2　术语和定义

1.2.1　装备环境工程

装备环境工程是将各种科学技术和工程实践用于减缓各种环境对装备效能影响或提高装备耐环境能力的一门工程学科，包括环境工程管理、环境分析、环境适应性设计和环境试验与评价等。

1.2.2　环境适应性

环境适应性是装备（产品）在其寿命期预计可能遇到的各种环

境的作用下能实现其所有预定功能、性能和（或）不被破坏的能力，是装备（产品）的重要质量特性之一。

1.2.3 寿命剖面

寿命剖面是装备（产品）从交付到寿命终结或退出使用过程所经历的全部事件和环境的时序描述。

1.2.4 任务剖面

任务剖面是装备（产品）在完成任务这段时间内所经历的事件和环境的时序描述。

1.2.5 环境剖面

环境剖面是由装备（产品）经受的环境和环境组合（或综合）及其时序描述构成的剖面。

1.2.6 环境

环境是装备（产品）在任何时间、地点所存在的或遇到的自然和诱发的环境因素的综合。

1.2.7 环境因素

环境因素是构成环境整体的各个要素，如温度、振动、湿度和气压等。

1.2.8 环境参数

环境参数是描述环境因素的一个或多个物理、化学和生物特性参数。

1.2.9 环境分析

环境分析是为了确定装备（产品）环境适应性要求，根据规定的准则和可获得的资源，研究和分析装备（产品）寿命期遇到的各种环境及其强度大小，以及各种环境对装备（产品）效能影响的一系列活动。

1.2.10　环境预示

环境预示是根据装备（产品）使用寿命剖面（或寿命期任务剖面）和寿命期环境剖面，以及装备结构和材料对环境的响应特性及有关数据与模型，预计装备内某一部位（舱、段）、某一环境的量值大小及其变化规律的过程。

1.2.11　环境条件

环境条件是在装备（产品）的运输、贮存和使用过程中可能会对其能力产生影响的环境应力，是确定环境适应性要求的基础。

1.2.12　环境适应性要求

环境适应性要求是描述装备（产品）应达到的环境适应性水平的各种环境因素的一系列定量指标和定性要求的综合。通常由各环境因素的应力强度及其组合（或综合）、装备（产品）规范允许的影响程度或功能与性能参数变化范围（容差）和（或）时间来表示。

1.2.13　环境效应

环境效应是装备（产品）在其寿命期的各种单一或组合（或综合）环境作用下，引起装备（产品）的材料、元器件和结构件疲劳、磨损、腐蚀、老化、性能退化或降级，造成装备（产品）性能下降乃至功能丧失的现象。

1.2.14　环境适应性设计

环境适应性设计是为满足装备（产品）环境适应性要求而采取

的一系列措施，包括改善环境或减缓环境影响的措施和提高装备（产品）对环境耐受能力的措施。

1.2.15　环境试验

环境试验是将装备（产品）暴露于特定的环境中，确定环境对其影响的过程，环境试验包括自然环境试验、实验室环境试验和使用环境试验。

1.2.16　环境适应性评价

环境适应性评价是应用自然环境试验和使用环境试验结果，并利用实验室环境试验信息，对装备（产品）贮存、运输和使用状态下的环境适应性进行综合评估的过程。

1.3　环境适应性与其他通用质量特性的关系

装备质量是指一组固有特性满足装备要求的程度。一组固有特性是指装备的功能、性能、可靠性、维修性、测试性、保障性、安全性、环境适应性、时间性和经济性等。环境适应性是装备通用质量特性之一，通常将其与可靠性、安全性、维修性、测试性及保障性简称为“六性”，“六性”作为武器装备通用质量特性的重要组成部分，互有衔接、相辅相成，“六性”之间的关系图见图1-1。

（1）环境适应性与可靠性

在环境适应性与其他通用质量特性的关系中，环境适应性与可靠性关系最为密切。可靠性是指在规定的条件下和规定的时间内，完成规定功能的能力。这个规定条件中很重要的一点是规定的环境条件。规定的环境条件既是可靠性设计的输入，也是可靠性设计与试验评价的重要依据，所以说装备可靠性离不开环境条件。但环境适应性涉及的环境条件是指寿命期内影响装备的所有环境因素，在装备的实际研制中，主要是自然和诱发的极限环境；可靠性涉及的环境是影响装备的主要环境因素，在装备的实际研制中，考虑的重点是长时期的非极限环境，包括自然环境、诱发环境及装备工作时的电应力。

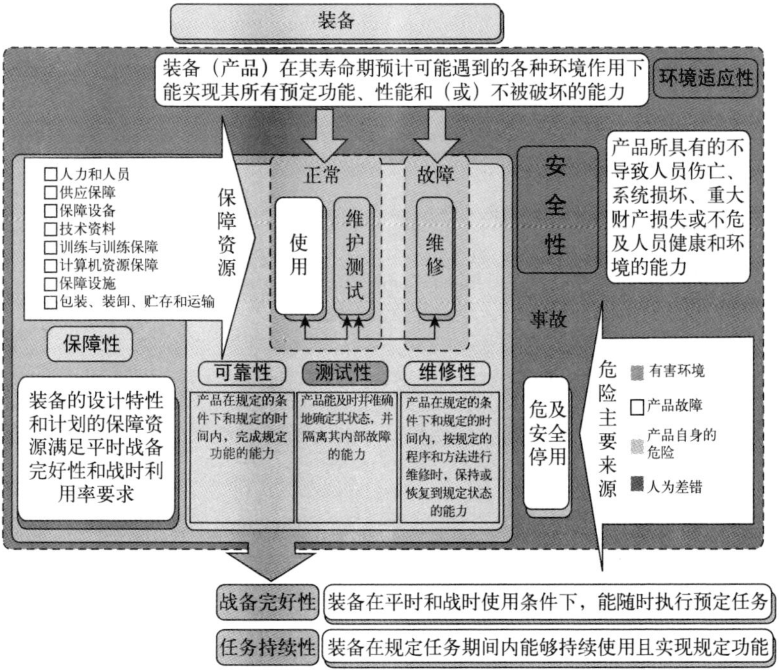

图 1-1　“六性”关系图

（2）环境适应性与安全性

环境适应性和安全性都与环境因素相关，环境适应性关注的是装备贮存、运输和使用中经受的自然环境和诱发（平台）环境。而安全性需要关注的是有害环境，不仅包括可能引发事故的自然环境和诱发（平台）环境因素，还包括武器装备使用过程中危及人员生命安全和对周围环境造成破坏的环境因素，如液体推进剂的泄漏造成的环境污染等。

武器装备的复杂性使环境因素可能会导致牵一发而动全身的灾难性后果。挑战者号航天飞机爆炸就是典型案例，造成该事故的一个很重要的原因就是设计人员对密封圈所处的低温微环境带来的冷冻效应分析不到位。液氧舱内温度为-273～-182℃，由液氧舱吹出的冷空气带来的冷冻效应，使得密封圈所在接缝位置的微环境温度达到了-13℃。对这一微环境未做深入分析，造成人们只重视密封圈的耐高温设计，却从未对密封圈在10℃以下的低温环境适应性加以考核验证。

准确把握任务执行过程安全性关键产品所处的自然环境和诱发（平台）环境，是武器装备安全性的一项重要保证。因此，在环境分析中应重视装备的微环境分析，制定合理的环境条件，避免装备带着不适应环境的安全隐患执行任务。

（3）环境适应性与维修性、测试性、保障性

当武器装备发生故障时，需要通过快速的维修、测试来恢复装备性能。目前，武器装备的维修、测试工作还主要依赖人工操作，而人的工作效率与环境相关，如低温环境极大影响着维修者的灵活性，且人体在低温中暴露时间较长，会造成冻伤甚至导致死亡。因此，若通过人来实现武器装备的维修、测试，装备必须具有可装配拆卸、易更换、保障要素少等特点。

参考文献

[1] 文邦伟，胥泽奇．外军装备环境适应性典型案例［J］．装备环境工程，2005，2（3）：83-87.

[2] 祝耀昌，常文君，傅耘．武器装备环境适应性与环境工程［J］．装备环境工程，2005，2（1）：17-18.

[3] 祝耀昌，傅耘，徐明．国外环境工程发展综述［J］．航空标准化与质量，1998（2）：41-45.

[4] 王冬．武器装备安全性保证［M］．北京：中国宇航出版社，2016.

[5] GJB 4239-2001．装备环境工程通用要求［S］．2001.

[6] 祝耀昌，李敏伟，游亚飞．GJB 4239的作用和存在问题分析［J］．装备环境工程，2008，5（6）：1-6.

[7] GJB 6117-2007．装备环境工程术语［S］．2007.

第 2 章　环境适应性保证工作的一般要求

2.1　武器装备环境适应性保证工作的目标与基本过程

2.1.1　目标

武器装备环境适应性保证工作贯穿于武器装备整个研制及使用过程。在武器装备研制期间，环境适应性保证工作的重点是环境分析、环境适应性设计、环境试验及环境数据的积累；在使用阶段，环境适应性保证工作的重点是自然环境试验的监测、环境适应性信息的积累等。纵观武器装备的环境适应性工作，都是为了提高武器装备的环境适应能力。

因此，武器装备环境适应性保证工作的目标是确保武器装备能在寿命期内规定的各种环境作用下正常使用。

2.1.2　基本过程

按照武器装备研制流程，确定环境适应性保证工作的基本过程如下。

(1) 确定武器装备环境适应性要求

环境适应性要求是描述装备（产品）应达到的环境适应性水平的各种环境因素的一系列定量和定性要求的综合。环境适应性要求是武器装备设计的输入之一，装备在进行功能、性能、结构等设计时，其选择的材料、器件及确定的安装方式等，决定了装备的环境适应性。因此，确定武器装备环境适应性要求是装备环境适应性设计的前提。

(2) 环境适应性设计与分析

基于装备环境适应性要求进行环境适应性设计与分析的重点是分析装备敏感的环境因素，针对敏感环境因素采取设计措施，包括从结构、材料选择等方面进行的主动设计，以及进行减振、降噪、三防等被动防护。

(3) 环境试验与评价

根据武器装备研制阶段的不同，环境试验的目的有所不同。如在研制阶段，主要是进行环境适应性研制试验，通过试验寻找设计缺陷和工艺缺陷，为完善环境适应性设计提供参考；在定型阶段，主要是进行环境鉴定试验，通过试验验证武器装备设计达到规定环境适应性要求的程度；在使用阶段，主要是进行使用环境试验，通过实际打靶验证武器装备的环境适应性。

2.2　武器装备环境适应性保证工作的基本原则

武器装备环境适应性保证工作的基本原则如下：

1）系统的策划和开展环境适应性保证工作；

2）基于武器装备寿命剖面、任务剖面，全面识别寿命期经受的环境因素；

3）在一定概率条件下，确定环境极值，使环境适应性要求定量化；

4）尽量利用成熟的技术进行环境适应性预估，注重装备局部环境分析及防护，利用虚拟样机、相似产品数据进行环境适应性预估，保证设计结果具有一定的裕量；

5）为降低风险，应自下而上逐级开展环境适应性验证试验，若因为经济、时间等限制试验进行，至少应对武器装备敏感的环境因素开展环境适应性验证试验。

2.3　武器装备环境适应性保证工作的要点

2.3.1　制定全面而精细的环境适应性要求

环境适应性要求是武器装备开展环境适应性设计和试验的前提。环境适应性要求包括定量要求和定性要求，定量要求一般是针对装备寿命期经受的能够量化的环境因素，如温度、气压、振动、加速度、冲击等，定性要求一般是针对很难量化的环境因素，如霉菌、盐雾等。

在装备设计时，选择的材料、元器件、部件、安装的方式、结构整体的布局等很大程度上已经决定了装备的环境适应性，因此，全面而精细的环境适应性要求是装备避免欠设计或过设计的关键，如一般根据装备使用剖面考虑一定风险率后确定装备温度环境量值，根据装备的整体布局及防护措施再确定下级产品温度环境量值，若装备及其各级组成产品的环境适应温度要求都一样，则可能带来需要利用很高的成本使下级产品温度环境适应性达到要求，但实际使用中又不会遭遇此恶劣环境的问题；又如若未考虑装备各位置处的结构差异来确定动力学环境，则可能因为局部结构特性使得局部环境差异大而最终导致动力学环境适应能力弱等问题。

因此，制定全面而精细的环境适应性要求，是保证武器装备满足使用要求的基础。然而，制定全面而精细的环境适应性要求，与对装备的使用剖面、结构特性的了解程度及积累的可参考的数据量等密切相关，且随着武器装备的研制发展，与此相关的数据信息将越来越多且越来越精细，因此，制定全面而精细的环境适应性要求不能一蹴而就，而是一个逐渐积累、不断完善的过程。

2.3.2　环境适应性设计是关键

环境适应性设计决定武器装备满足使用要求的程度，是环境适应性保证工作中的重中之重。环境适应性设计主要是基于环境适应性要求，分析装备的环境效应，识别敏感环境，针对敏感的或高量值环境进行主动抗环境设计或采取被动防护措施，且设计结果一般都应该有一定的裕量，只有这样，才能避免因为试验能力有限或天地一致性差异等导致实验室试验无法充分暴露问题而将环境适应性薄弱环节带入使用阶段，从而保证当武器装备大量投入使用时，即便在适应概率很低的极限环境下武器装备也有一定的适应能力。

因此，只有依据环境适应性要求及其他与环境适应性设计有关的约束条件，进行合理的减振降噪、抗疲劳、热防护、三防设计等，才能保证武器装备在实际使用环境中正常工作，提高武器装备的任务成功率。

2.3.3　重视环境试验设计

环境试验是暴露环境适应性薄弱环节、验证环境适应性的主要手段，但是在实验室内如何真实模拟武器装备实际使用时的环境是个难点，尤其对于火箭、导弹、飞机等飞行器，因为飞行器在任务期间是自由状态，且经受自然环境、力学环境、电磁环境等综合环境作用，而根据目前的试验技术条件，在实验室内几乎不可能完全模拟自由状态和复杂综合环境。近些年发展起来的多维振动、离心复合、热-振-声复合等试验技术，在一定程度上模拟了综合环境，但其模拟实际环境的真实性依赖于强有力的设计团队所设计的复合试验系统，它区别于常规的振动、温度等单因素环境试验系统，具有一定的难度。

经过多年发展，人们已经认识到武器装备环境适应性设计十分关键，但限于信息技术在环境适应性评价方面的实现难度大，环境试验在一段时间内还将是发现装备设计缺陷的重要手段，因此，如何更加真实地模拟使用环境以提高“天地一致性”，是后续仍需深入研究的课题。

2.3.4 环境适应性数据信息是基础

环境适应性数据信息包括基础环境数据、环境试验数据、各级产品在环境中的测试数据及产品信息等。环境适应性数据信息是制定环境条件、开展环境适应性评价工作的基础，尤其对于新研武器装备，在研制初期，以往相似产品的数据信息对于预示环境条件非常有用，当装备定型时，研制期间积累的环境适应性数据信息是定型决策的重要依据。

因此，从武器装备研制初期直至使用阶段，一定要有意识地随时收集环境适应性数据信息，且应建设环境适应性数据管理系统或结合单位的数据管理系统，做好多型武器装备的环境适应性数据管理及应用工作。

2.4 寿命周期各阶段环境适应性保证工作

自方案阶段至定型阶段，武器装备环境适应性保证工作的基本流程见图 2-1，通过环境分析、环境适应性设计、环境试验等工作，最后保证武器装备的环境适应性满足使用要求。根据武器装备各阶段的工作特点，环境适应性保证工作的重点在各阶段也有所不同。

(1) 方案阶段

在方案阶段，从管理层面，应根据武器装备研制特点，全面策划环境适应性工作，包括环境数据实测、验证试验分步实施安排及信息收集等，保证通过各阶段的环境适应性工作，逐步将武器装备环境适应性要求落实到各级产品设计中；从技术层面，应根据武器装备的寿命剖面和任务剖面，确定寿命期经历的事件及遇到或产生的各种环境因素，利用相关标准、相似型号数据或虚拟样机来预示武器装备环境条件，为武器装备开展环境适应性设计提供输入，同时应加强相似产品环境适应性设计经验、案例及设计准则的收集及分析，在装备方案设计完成的同时，预估装备环境适应性。

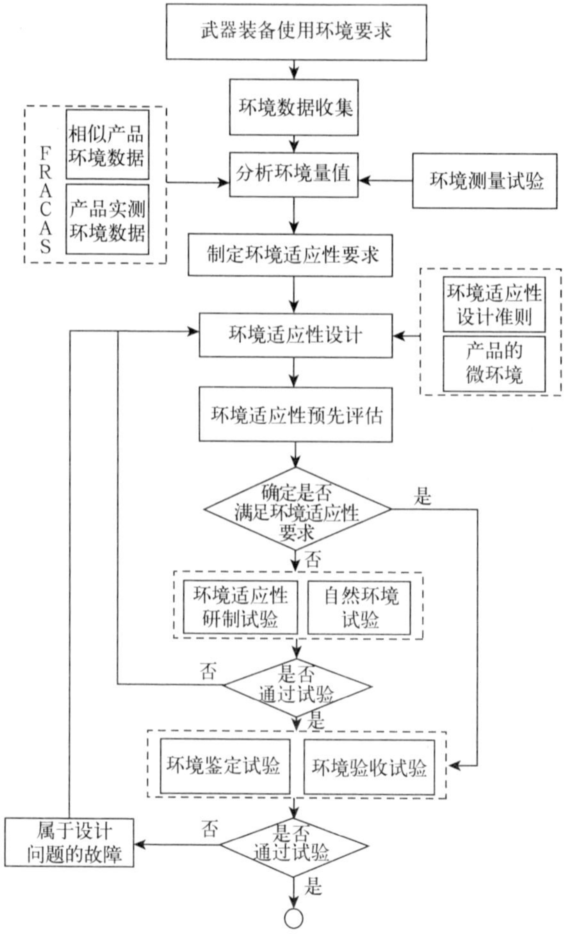

图 2-1　环境适应性保证工作的基本流程

需要说明的是，在方案阶段，环境适应性保证工作的重点是从顶层制定环境适应性工作计划、分析环境量值、制定环境适应性要求，并全面联合相关厂所有效执行环境适应性计划，基于环境条件识别各级产品的敏感环境，考虑有针对性的设计措施，建立不同产品环境适应性设计准则。

(2) 工程研制阶段

在工程研制阶段，环境适应性保证工作全面铺开，根据环境适应性要求开展武器装备的环境适应性设计，并实施环境适应性研制试验和自然环境试验，将设计缺陷诱发为故障，为改进设计提供信息并验证改进措施的有效性，使装备的环境适应性得到不断提高。同时，搭载武器装备系统各种试验开展环境响应特性调查试验，查明各级产品的环境响应，不断修订完善装备环境适应性要求。

此阶段，环境适应性保证工作是一个反复迭代、循环的过程，重点是环境适应性设计、验证及相关故障数据信息的收集、分析，为装备后续的定型工作打好基础。

(3) 定型阶段

在定型阶段，开展环境鉴定试验，考核武器装备的环境适应性是否满足规定的使用要求，对武器装备的环境适应性做出评价，为鉴定提供决策依据。

(4) 使用阶段

在使用阶段，开展环境验收试验，验证武器装备的环境适应性是否满足规定的使用要求，并结合使用方实际使用情况对装备的环境适应性做出综合评价。

2.5 环境适应性工作与其他工作的协调

武器装备环境适应性与可靠性、安全性等其他通用质量特性有关联，因此，应重视环境适应性工作与其他工作的协调。

1）进行环境分析时，应关注环境对安全性的影响。

2）进行环境量值分析时，需考虑可靠性分析，并验证对应的环境量值。

3）制定环境适应性设计准则时，应与可靠性、安全性等设计准则相协调。

4）进行环境适应性设计时，除了考虑环境条件对装备的影响外，还应考虑环境条件对操作人员的影响，例如，在低温环境下人的灵活性以及可能出现听力和视力降低等；考虑对操作人员的环境防护所带来的附加操作空间，例如，操作人员的低温防护服会增加对维修空间的需求。

5）在环境试验中，应对故障信息等进行收集，一方面可用于分析、评价环境适应性；另一方面，也可用于可靠性分析与评估。

参考文献

[1] 祝耀昌，张建军．武器装备环境适应性要求、环境适应性验证要求和环境条件及其相互关系的讨论（一）[J]. 航天器环境工程，2012，29（1）：1-6.

[2] GJB 4239-2001. 装备环境工程通用要求 [S]. 2001.

第 3 章　环境适应性要求及环境工程工作项目的确定

3.1　环境适应性要求的确定

环境适应性要求是描述装备（产品）应达到的环境适应性水平的各种环境因素的一系列定量指标和定性要求的综合。与功能、性能及可靠性等要求一样，它是一种设计要求，可更明确地称之为装备（产品）进行环境适应性设计的最低要求，通常也是指设计用的最低环境条件，即必须满足的要求和条件。

3.1.1　环境适应性要求的特点

环境适应性要求是武器装备的设计输入，从一定程度上决定了装备的结构设计、材料选择及防护措施等。因此，环境适应性要求不管从环境因素还是量值上都应该紧密结合寿命剖面，必须是武器装备寿命期内经受的最严酷或者小概率极限环境要求，且应包括所有可能遇到的环境因素。因此，环境适应性要求具有如下特点：

（1）唯一性

一般认为，装备若经得住极端严酷环境的考验，就能适应相对缓和的环境。因此，武器装备环境适应性通常要求在规定的极端应力作用下装备不被破坏、不失去功能和性能，否则就是环境适应性不满足要求。

环境适应性要求与可靠性要求不同，可靠性是装备在规定条件和规定时间内完成规定功能的能力。可靠性要求是用规定条件和规定时间内装备发生故障的概率来表示的，不管是在什么样的环境条件或负载条件下出现故障，这一故障都可作为基本数据来评估装备的故障率水平，看其是否满足可靠性要求。而环境适应性要求是在规定的环境条件下无故障，不适合用概率来表示，这也就导致了环境适应性要求表征的复杂性。近几年，有研究提出环境适应度的概念，认为可以用类似可靠度的概念来定量要求环境适应性，即评价装备在规定的环境条件下，装备功能和性能满足规定要求的服役或工作时间长度对于规定或期望的服役或工作时间长度的实现程度，但此概念在工程中的推广还很有限，规定或期望的服役或工作时间长度的获得就是一个难点。因此，环境适应性要求属于“行”还是“不行”的问题。

（2）综合性

根据环境适应性定义，武器装备环境适应性要求应涵盖其寿命期内可能遇到的各种环境，这与武器装备寿命期经历的事件有关，如贮存期间主要经受温度、湿度、微生物等气候环境，运输期间主要经受运输平台诱发的振动、冲击等力学环境，发射飞行过程中主要经受高温、振动、噪声等综合环境的作用。因此，随武器装备寿命期经历的事件变化，武器装备经受的环境有时是单一环境，有时是综合环境，有时是一部分环境因素综合，有时又是另一部分环境因素综合，但无论是单一环境或综合环境，武器装备都不允许发生故障。因此，环境适应性要求是全面的、综合的，必须包括寿命期经受的环境因素及其应力量值、时间以及多种环境因素间的耦合效应等。

（3）混合性

武器装备的环境适应性要求有定性的要求，也有定量的要求，即环境适应性要求具有定性、定量混合性特点，这与环境因素和装备特点有关。

从环境因素的角度来看，如针对温度、气压、振动、冲击等环境因素，根据地域、时间、平台、产品结构等可以定量表征这些环境应力的极限，但经受的时间长短往往很难定量化表示，再如对于霉菌、盐雾、湿热等环境因素，一般用易激发装备设计缺陷的环境应力及时间来要求，但这些应力或时间不代表装备实际寿命期内需要经受的，这主要是因为这些环境因素随区域、时间变化很大，且严酷性评判的标准也会因装备不同而不同。

从装备特点来看，在某些环境作用下能够定量判断其环境适应性的满足程度，如结构件在霉菌环境作用下，可以根据霉菌生长的面积比来定量评价其霉菌环境适应性，但如果设备在振动环境作用下，其功能、性能正常，结构也没有发现裂纹、松动等现象，这只能说明其能适应该振动环境，但很难再给出量化的说明。

(4) 层次性

武器装备在寿命期内经历的环境包括自然环境和诱发环境，其中诱发环境与装备结构设计、任务剖面等相关，装备上各个位置的诱发环境不可能相同，甚至会有较大的差别，因此，各级产品的环境适应性要根据产品所处位置、系统设计特点等多方面来综合要求，一般从系统级、分系统或组合级来分层次约束，以保证从上而下的传递或落实。

3.1.2 环境适应性要求的表征及确定方法

(1) 环境适应性要求的表征

环境适应性要求具有综合性、混合性、层次性等特点，是面向武器装备各层次、多因素的定性、定量要求，而且不同的环境因素的强度表征方式、对不同产品的影响各不相同，若要兼顾不同产品在环境作用后的影响效果，环境适应性要求将变得非常复杂。

目前，武器装备环境适应性要求基本针对寿命期内每个环境因素，根据其特点确定定性、定量或混合的要求。大多数环境因素可定量地表征其应力强度，如温度、振动等；对于无法定量表征其应力强度的环境因素，只能定性表征其环境适应性（如霉菌，根据区域特点选择一组典型菌种及长霉情况的约束来确定环境适应性要求）。因此，环境适应性表征分两方面：一方面是应力大小及对应的时间，但需要说明的是，时间不是严格的该应力对应的时间，它可以理解成等效时间，即应力大小和应力作用时间产生的效果与在实际寿命周期该环境因素作用效果完全一致。然而，武器装备寿命期内经受的应力大小一般都是随时间变化的，变化规律很难确定，且应力量值对装备的作用效果也不一定是成倍的或具有一定规律的关系。因此，对于寿命期内遭遇的短时间环境，其要求的时间一般都应覆盖实际经历的时间，但对于不确定经受的环境，其要求的时间很难在环境适应性要求中明确，一般都在试验中尽量选择易激发产品环境适应性薄弱环节的时间去验证其环境适应性；另一方面是装备的定量和定性合格判据问题，如是否允许破坏，允许破坏程度或允许性能偏差范围，但如导弹等武器装备，属于复杂且一次性使用产品，反映性能的参数非常多，但不是所有性能都能表征或者通过测试反映出来。因此，一般对于导弹等武器装备，很难明确给出合格判据，几乎都是笼统地要求功能、性能合格，结构无破坏。

此外，装备的环境适应性还与其是否工作有关，如固体火箭发动机在经历-55℃温度后恢复至常温或升到规定的工作温度以上可以正常点火工作，但在-55℃环境下点火工作就可能出现问题。因此，在确定环境适应性要求时，还应结合寿命期的事件区分装备的工作状态，一般按工作条件和承受（贮存）条件来区分，工作条件指装备在该环境条件下能正常工作，承受（贮存）条件指装备在该环境条件下不工作，但经受该条件后能正常工作。

由此，科学、合理、可操作的环境适应性要求是非常复杂的，涉及多个层次产品、多种环境因素、与产品功能和性能等相关的多个环境适应性判据等。但若要求提得过于笼统，则可操作性差，设计时将很难落实。因此，必须从系统到分系统层层传递环境适应性要求，各级产品根据其自身特点识别敏感因素及影响的功能、性能等，才能落实好环境适应性要求。

（2）环境适应性要求的确定方法

综上所述，环境适应性要求包括两方面：一方面是与武器装备寿命剖面、任务剖面及装备特点相关的应力；另一方面是与装备功能、性能、结构相关的环境影响程度。

环境适应性要求的确定过程及方法如下：

①确定寿命期环境剖面

武器装备寿命期环境剖面与寿命剖面相关。武器装备在寿命期内，一般会经历贮存、运输和使用三类事件，在各个事件中，武器装备会经受多种环境因素的作用，因此，基于武器装备寿命期剖面经历的事件，梳理可能遇到的所有环境因素，将这些环境因素与对应的时序进行描述得到武器装备寿命期环境剖面。

②剪裁环境因素

在武器装备设计时应重点考虑对其有影响的环境因素，因此，应根据装备结构特点、任务特点和环境剖面中环境因素对装备的影响机理和影响程度进行分析，并根据环境剖面对环境因素进行剪裁。装备根据剪裁后的环境适应性要求，从材料选择、结构及环境防护等多方面进行设计，使产品满足环境适应性要求。需要说明的是，因为装备组成复杂、产品层次多、设备布局有别，各个产品敏感的环境因素有别，因此，装备的环境适应性要求一般是根据环境剖面及装备系统敏感环境因素剪裁的结果，包括了相对较全的环境因素，各层次产品再根据其结构特点、任务特点及系统对其的布局特点等裁剪环境因素。

③进行环境分析

确定武器装备环境适应性要求的难点是环境应力预示，根据环境因素类型，装备寿命期内经历的环境包括自然环境和诱发环境。自然环境相对诱发环境是一种相对固定且客观存在的，而诱发环境量值则与装备设计相关。因此，武器在装备方案阶段，需要利用多种信息进行环境量值的预示。常用的方法包括利用相似产品数据预示的外推法、经验模型法及数值仿真法。其中外推法、经验模型法相对简单，在装备研制初期应用较多。由于武器装备结构复杂，数值仿真法具有建模工作量大、计算量大等特点，目前在装备研制阶段还未普遍应用。但随着各种技术的快速发展，用虚拟样机通过计算机快速计算的数值仿真方法应该是未来环境预示的方向。

在武器装备研制阶段，当装备生产成型后，一般随地面验证试验、飞行试验会进行环境测量，以获得真实的产品环境应力，通过数据分析后再对环境应力进行修订完善。然而，由于导弹等装备结构空间紧凑、遥测通道数量有限，在飞行试验中能够获得的遥测环境数据常常非常有限。因此，对于有限遥测数据的有效分析和基于有限数据的环境预示就显得尤为关键。

④确定环境条件

应根据剪裁的环境因素和分析得到的环境量值，结合装备设计时考虑的风险准则，进一步具体确定各类环境因素对应的环境条件。

⑤确定环境适应性要求

环境适应性要求是指在相应的环境条件下，要求装备达到具体要求的能力。在明确了装备的环境条件后，还需要根据寿命剖面与任务剖面，基于确定的环境条件，结合材料手册、相似产品环境适应性数据等，确定环境影响程度，明确装备在不同环境下的合格判据。

因为装备组成复杂，而各个产品敏感的环境因素不同且功能、性能有较大差异，很难针对产品特点分门别类地确定定量合格判据，一般要求是经过环境作用后功能、性能合格，结构无破坏。

对于电子、机电类设备级产品或系统级产品，可以利用一些可测试的电性能参数（范围、容差等）从一定程度上判断环境适应性，但对于不可测试的功能性能或环境对产品结构的影响，将无法反映出来，因此，利用可测试的性能参数判断环境适应性具有一定的片面性。对于材料及其涂镀层、结构件、连接件等，这类产品没有可测试的功能性能，一般只能关注其物理性能（外形和表面特性）和力学性能等，这些物理和力学性能在各种气候和生物等环境作用下会慢慢发生腐蚀、劣化、老化（降解）等，但腐蚀、劣化、老化的规律很难定量表达，对装备的影响也就不能定量表达，因此，对此类产品受环境影响的合格判据基本都是定性的。

3.2　环境工程工作项目的确定

3.2.1　环境工程工作项目

根据 GJB 4239—2001《装备环境工程通用要求》，装备环境工程工作项目实施见表 3-1。装备环境工程工作项目包括环境工程管理、环境分析、环境适应性设计、环境适应性试验与评价四大部分。

3.2.2　环境工程工作项目剪裁

表 3-1 是 GJB 4239—2001 提供的完整的环境工程工作项目，但在实际应用中，订购方和承制方可根据实际情况对工作项目进行剪裁，如相似产品数据多或者试验中实测得到的环境数据多，可能就不需要在工程研制阶段后期开展环境响应特性调查试验；再如防空导弹一般在地面战车上发射，安全性要求相对空空导弹较低，一般不专门开展飞行器安全性环境试验。同时，还应根据型号研制阶段划分，确定各阶段工作项目。表 3-2 为根据表 3-1 进行剪裁后的防空导弹研制阶段环境工程工作项目表示例。

表 3-1　装备环境工程工作项目实施表

工作项目类别	工作项目名称及代号	适用阶段	责任单位	主要输入信息	主要输出结果
环境工程管理	制定环境工程工作计划（工作项目 101）	论证阶段提出环境工程工作计划初稿；方案阶段完成正式稿；后续阶段按需要进行修改和完善	承制方，需经订购方认可	1）与订购方签订的合同文件或相应文件； 2）GJB 4239—2001《装备环境工程通用要求》； 3）研制计划网格图	环境工程工作计划
	环境工程工作评审（工作项目 102）	研制和生产	在合同中明确	环境工程工作计划	评审报告
	环境信息管理（工作项目 103）	寿命周期各阶段	承制方、订购方	1）使用环境文件； 2）GJB 1172—1991《军用设备气候极值》； 3）型号故障报告、分析及纠正措施系统（FRACAS 系统）； 4）寿命期涉及的气候区的气候特征资料	各种经过处理的信息
	对转承制方和供应方的监督和控制（工作项目 104）	工程研制阶段、定型阶段和生产阶段	承制方	1）环境适应性要求； 2）环境工程工作要求	1）合同文件中的有关条款； 2）各种监督和控制报告

续表

工作项目类别	工作项目名称及代号	适用阶段	责任单位	主要输入信息	主要输出结果
环境分析	确定寿命期环境剖面（工作项目201）	论证阶段提出寿命期剖面和初步的寿命期环境剖面；方案阶段提出最终的寿命期环境剖面	订购方，承制方提供必要的协助	1）使用方案和保障方案； 2）相同或类似装备或平台特性及环境测量数据； 3）GJB 1172—1991； 4）有关标准或文件	1）寿命剖面； 2）寿命期环境剖面
	编制使用环境文件（工作项目202）	论证阶段、方案阶段，后续阶段进行完善	订购方，承制方提供必要的协助	1）有关平台环境数据库和相似设备环境数据； 2）数据不足情况分析； 3）寿命期环境剖面	使用环境文件
	确定环境类型及其量值（工作项目203）	论证阶段、方案阶段	订购方提出环境适应性要求，承制方提出环境技术文件	1）寿命期环境剖面； 2）使用环境文件	1）环境适应性要求； 2）环境技术文件
	实际产品试验的替代方案（工作项目204）	方案阶段	承制方提出，需经订购方同意	1）完整的环境条件数据资料； 2）仿真技术有效性评价报告； 3）完整的环境影响数据库/知识库； 4）试样试验的有效性评估资料； 5）相似设备相似性论证资料	1）不进行试验的产品目录； 2）实际产品试验的替代备选方案和风险评估报告

续表

工作项目类别	工作项目名称及代号	适用阶段	责任单位	主要输入信息	主要输出结果
环境适应性设计	制定环境适应性设计准则（工作项目301）	方案阶段、工程研制阶段早期	承制方	1）环境适应性要求； 2）环境适应性设计通用手册	在研装备专用的环境适应性设计准则
	环境适应性设计（工作项目302）	工程研制阶段	承制方和转承制方	1）环境适应性要求； 2）环境适应性设计准则； 3）其他有关设计手册	满足环境适应性要求的产品设计
	环境适应性预计（工作项目303）	工程研制阶段早、中期	承制方和转承制方	1）环境适应性要求； 2）材料、元器件等有关手册； 3）环境分析计算方法	环境适应性预计报告
环境适应性试验与评价	制定环境试验与评价总计划（工作项目401）	方案阶段提出初稿，工程研制阶段完成最终稿	承制方，需经订购方认可	环境适应性要求	环境试验与评价总计划
	环境适应性研制试验（工作项目402）	工程研制阶段早期	承制方和转承制方	寿命期环境剖面	环境适应性研制试验报告
	环境响应特性调查试验（工作项目403）	工程研制阶段后期	承制方和转承制方	寿命期环境剖面	产品特性调查试验报告
	飞行器安全性环境试验（工作项目404）	工程研制阶段后期，首飞之前	承制方和转承制方	1）环境适应性要求； 2）GJB 150—1986	飞行器安全性环境试验报告

续表

工作项目类别	工作项目名称及代号	适用阶段	责任单位	主要输入信息	主要输出结果
环境适应性试验与评价	环境鉴定试验（工作项目405）	定型阶段	承制方或承制方会同订购方	1）环境适应性要求； 2）受试产品技术文件； 3）GJB 150—1986	环境鉴定试验报告
	批生产装备（产品）环境试验（工作项目406）	批生产阶段	订购方在承制方协助下进行	1）环境适应性要求； 2）受试产品技术规范或文件； 3）GJB 150—1986	1）环境验收试验报告； 2）环境例行试验报告
	自然环境试验（工作项目407）	方案阶段后期，工程研制阶段早、中期，使用阶段	承制方	1）寿命期环境剖面； 2）环境适应性设计准则； 3）自然环境试验方法标准	自然环境试验报告
	使用环境试验（工作项目408）	工程研制阶段后期、定型阶段和使用阶段	承制方（研制阶段）或订购方（使用阶段）	1）装备的任务剖面； 2）装备的重要设备清单	使用环境试验报告
	环境适应性评价（工作项目409）	定型阶段和使用阶段	评价部门或机构	1）自然环境试验报告； 2）使用环境试验报告； 3）FRACAS系统中有关阶段故障的信息	装备环境适应性综合评价报告

表 3-2　防空导弹研制阶段环境工程工作项目表示例

工作项目类型	工作项目名称	研制阶段		
		方案阶段	工程研制阶段	定型阶段
环境工程管理	制定和执行环境适应性工作计划	√	√	√
	对外协、外购产品的监督和控制	√	√	√
	环境适应性评审	√	√	√
	建立并运行环境适应性信息收集、分析和纠正措施系统	√	√	√
环境适应性设计	环境分析	√	√	△
	制定环境条件	√	√	√
	制定并贯彻环境适应性设计准则	√	√	○
	环境适应性预先评估	√	√	√
环境适应性试验与评价	环境适应性研制试验	△	√	×
	环境响应特性调查试验	△	√	△
	自然环境试验	△	√	√
	环境鉴定试验	×	×	√
	环境验收试验	△	√	√
	环境适应性评价	△	√	√
备注	√——适用　×——不适用 △——根据需要选用　○——适用于设计更改			

参考文献

[1] 祝耀昌，张建军．武器装备环境适应性要求、环境适应性验证要求和环境条件及其相互关系的讨论（一）[J]. 航天器环境工程，2012，29（1）：1-6.

[2] 祝耀昌，王丹．武器装备环境适应性要求探讨 [J]. 航天器环境工程，2008，25（5）：416-422.

[3] QJ 1011—1986. 地空导弹武器系统环境条件设计规范 [S]. 1986.

[4] GJB 4239—2001. 装备环境工程通用要求 [S]. 2001.

第 4 章　环境适应性管理

4.1　制定环境适应性工作计划

武器装备环境适应性工作计划是装备环境工程工作的顶层管理文件，通过制定并实施环境适应性工作计划，以确保围绕装备环境适应性的各项工作能够得到有效落实和执行，保证装备环境适应性水平满足要求。

应根据装备的特点、进度和费用等条件，基于研制总要求、研制任务书、技术要求及装备研制计划进行环境适应性工作策划，并纳入型号研制计划。环境适应性工作计划的主要内容包括：

1）环境适应性工作项目的实施范围；

2）环境适应性工作项目的实施要求和实施方法；

3）环境适应性工作项目的实施组织、单位、人员以其分工和职责；

4）各项环境适应性工作的进度要求、完成形式和保证条件；

5）环境适应性数据、信息资料的提供、收集和传递要求；

6）环境适应性培训安排；

7）各环境适应性工作项目实施时的检查点和评审点。

环境适应性工作计划作为环境工程工作的顶层管理文件，在武器装备研制的方案阶段就应成文，完成装备整个研制阶段的环境适应性工作策划；在各研制阶段随装备研制不断完善该计划或制定阶段计划或年度环境适应性工作计划，环境适应性工作的计划节点应与装备研制节点一致，并同步进行考核、评审。

4.2　建立环境适应性工作组织机构

根据表 3-1，在环境工程管理中未对环境适应性工作组织机构进行硬性规定，但实际在武器装备研制过程中，环境适应性工作队伍随装备研制队伍开展相关工作。武器装备具有组成多、集成度高、各组成功能复杂多样、可靠性要求高等特点，其特点决定武器装备的研制是一个总体设计单位、多个外协厂所配套的模式：1）在管理层面，总体设计单位及相关管理部门从顶层制定环境适应性工作计划，全面策划环境工程工作，通过型号产品保证体系促进管理和技术的有机结合；2）在技术层面，环境适应性总体设计师制定武器装备的环境适应性要求，武器系统及各分系统的环境适应性专业设计师或其他相关设计师实现环境适应性设计及试验验证等。

因此，环境适应性工作的组织机构是一个庞大的队伍，涉及装备研制队伍的设计人员、管理部门人员及相关环境适应性专业人员，且需要各负其责，从管理到技术，做到环境适应性保证工作的全面落实，使武器装备满足环境适应性要求。

环境适应性工作的组织机构依托型号保证工作系统建立，是产品保证工作系统的组成部分，由型号指挥系统、设计师系统、产品保证部、计划管理部门组成。

环境适应性工作组织机构中各类人员的工作职责见表 4-1。

表 4-1　环境适应性工作组织机构各类人员工作职责

序号	类别	工作职责
1	型号总指挥	全面负责型号环境适应性管理工作； 负责组织型号环境适应性工作的实施
2	型号总师	负责组织型号环境适应性要求的论证； 协调解决型号研制中的环境适应性专业技术攻关、难题等； 审批型号环境适应性技术文件等

续表

序号	类别	工作职责
3	型号总质量师	协助总指挥建立环境适应性工作组织机构； 协助总师组织型号环境适应性工作策划； 负责组织开展型号环境工程的有关工作
4	产品保证部	负责环境适应性保证管理工作； 协调各系统、分系统间的环境适应性工作； 组织召开相关会议
5	环境适应性专业设计师	负责型号环境适应性总体策划； 提出环境适应性实施要求，制定环境适应性保证大纲及通用的环境适应性设计准则； 负责产品的环境适应性技术支持； 负责环境适应性试验策划，并协助组织环境适应性有关试验； 协助产品设计师建立产品的环境适应性设计准则； 参与方案及技术设计评审、出厂质量评审、产品环境适应性分析，负责对产品鉴定和验收的环境适应性做出评价； 负责对环境适应性信息的分析和评价，并提出建议
6	产品设计师	对所设计产品的环境适应性负责； 分析产品的寿命剖面与任务剖面，制定产品的环境适应性设计方案； 负责相应产品的环境适应性设计、分析、试验； 负责环境适应性信息的收集、传递； 参加产品的环境适应性评价，并落实改进措施

4.3 环境适应性工作评审

环境适应性工作评审是检查系统、分系统环境适应性工作效果的重要手段。通过环境适应性评审以确保环境适应性设计、分析和试验的有效，确保各阶段环境适应性计划实施的有序推进以及环境适应性工作的完整性。在各级产品设计评审时要关注环境适应性薄弱环节是否采取有效措施并收到预期效果。在产品环境试验大纲、试验报告评审时要关注试验设计的合理性、产品测试深度及广度等，以保证产品设计达到规定的环境适应性要求，并及时发现设计缺陷，降低研制风险。

装备研制在方案设计、技术设计、转研制阶段、重大技术状态变更、设计定型时，应进行环境适应性评审。环境适应性评审可以与功能性能、可靠性、维修性、安全性、综合保障等评审结合进行，必要时也可单独进行。

环境适应性评审的内容包括：环境适应性工作计划、环境条件、环境适应性要求、环境适应性设计结果、环境试验要求、环境试验大纲、环境适应性评价等，其中环境条件、环境适应性要求、环境试验要求、环境试验大纲作为产品环境适应性设计、试验输入的关键，应专项评审，其他的可结合产品设计、转阶段工作总结等评审进行。

4.4　环境信息管理

4.4.1　环境信息

根据 GJB 4239—2001 及武器装备环境适应性的工作特点，武器装备环境适应性信息大体上可分为三个方面：

（1）使用环境数据

使用环境数据是分析环境条件、制定环境适应性要求的关键，环境适应性要求是环境适应性设计、试验的依据。使用环境数据根据环境因素类型，可分为：

1）气候环境数据；

2）空间环境数据；

3）诱发环境数据。

气候环境和空间环境是客观存在的，其环境量值符合一定的规律和模型，而诱发环境与平台环境、结构、载荷等相关，由于平台、装备任务剖面不同，诱发环境也有所不同。如地空导弹的诱发环境一般包括弹射冲击、发动机点火冲击、振动、噪声等；空空导弹的诱发环境除了地空导弹的诱发环境外，还有挂飞振动、噪声、温度、高度等；舰载导弹由于平台环境的不同，其诱发环境除了地空导弹诱发环境外，还有舰船振动等。

因此，诱发环境数据可以分为：

1）不同平台环境带来的诱发环境，主要是车载平台、机载平台和不同舰载平台诱发的环境；

2）不同任务剖面带来的诱发环境，主要与导弹动作、火工装置及飞行弹道等相关。

（2）环境影响数据及设计准则

依据环境适应性要求进行武器装备环境适应性设计的关键是分析产品环境效应，识别环境适应性薄弱环节，制定有针对性的设计准则，通过主动设计、被动防护使装备具有适应一定裕量的环境适应性要求的能力。

因此，基于武器装备组成和各种环境因素影响，综合武器装备元器件库和产品实际发生过的故障，武器装备经受的环境影响及对应的设计准则，应从设备、分系统到系统逐级建立。基本的环境影响数据及设计准则包括：

1）按环境因素类型，包括气候环境效应、空间环境效应和诱发环境效应；

2）按产品类别的设计准则，包括电子设备设计准则、机电设备设计准则和结构件设计准则。

（3）环境适应性评价数据

装备环境适应性评价主要是利用相似产品数据或各级产品试验结果，包括试验条件、测试数据和故障信息，在满足试验条件的前提下，通过对测得的环境响应数据、功能性能测试结果、获得的故障信息等进行分析，验证各产品环境适应性设计措施的效果，发现环境对各产品的结构、功能、性能等的影响，暴露装备的环境适应性薄弱环节。

因为不同产品的敏感环境、环境效应不同，功能、性能指标不同，对装备的环境适应性评价应从以下三个方面着手：

1）结构的环境适应性评价。根据试验结果，结合试验条件，评价结构在任务剖面内的环境适应性，对于有耐久性要求的结构，必须考虑结构损伤的累积效应；

2）功能、性能的环境适应性评价。根据试验中的功能、性能测试结果，结合试验条件，评价环境对功能、性能的影响，预估装备功能、性能在极端环境下的变化情况；

3）对环境适应性薄弱环节的评价。分析试验中发生的故障信息，对在设计时已经识别的环境适应性薄弱环节，检验环境适应性设计结果的有效性；对新发现的及设计措施无效的环境适应性薄弱环节，提出改进措施，并反馈到设计中，改进设计后再进行试验验证。

因此，环境适应性评价数据应包括：

1）对环境敏感的部位或响应强烈的位置的响应结果；

2）功能性能测试结果，主要是指对环境敏感的功能、性能测试结果和评价指标；

3）对环境适应性薄弱环节的监测结果；

4）由于环境因素导致的故障。

综上，武器装备环境适应性信息主要包括：

1）武器装备寿命期内所承受的环境因素及其对应的应力值；

2）武器装备环境效应，尤其是敏感的环境效应；

3）武器装备环境适应性设计准则；

4）武器装备研制期间的环境试验；

5）武器装备研制及使用期间由于环境因素导致的故障及其故障分析结果；

6）武器相似产品的环境适应性数据信息。

4.4.2　管理平台

在武器装备寿命期内会产生大量与环境相关的信息，信息种类多且信息之间的关系错综复杂。环境信息管理主要是建立环境适应性数据库（或者是数据信息管理平台）并运行环境适应性信息收集、分析、管理工作，也可利用型号的 FRACAS 系统进行型号环境适应性信息收集、分析、管理。

当前，我国建立的装备环境适应性数据库，如针对舰艇的腐蚀防护设计数据库，针对飞行环境适应性开发的飞机结构腐蚀控制设计数据库、航空轻质材料腐蚀防护工艺网络数据库等，其特点都是针对性强，有清晰的数据库结构，能够将各类环境适应性相关数据、材料手册、各类标准进行集成，为武器装备的设计、制造和维护提供信息支撑。近些年，在航天领域，随着环境适应性大数据的产生和环境专家们对基础环境数据积累重要性的重视，防空导弹设计部门逐渐加强防空导弹环境数据库的建设与管理工作，根据环境适应性数据特点及武器装备的研制特点，防空导弹环境专业设计师初步开发形成了发射飞行环境数据库，该数据库是集管理与分析于一体的系统软件。

防空导弹发射飞行环境数据库主要功能包括数据上传、检索及存储，数据处理、结果展示、文件管理，及用户管理、权限设置等。该数据库的模块组成及功能见图 4-1，数据文件管理的界面见图 4-2。

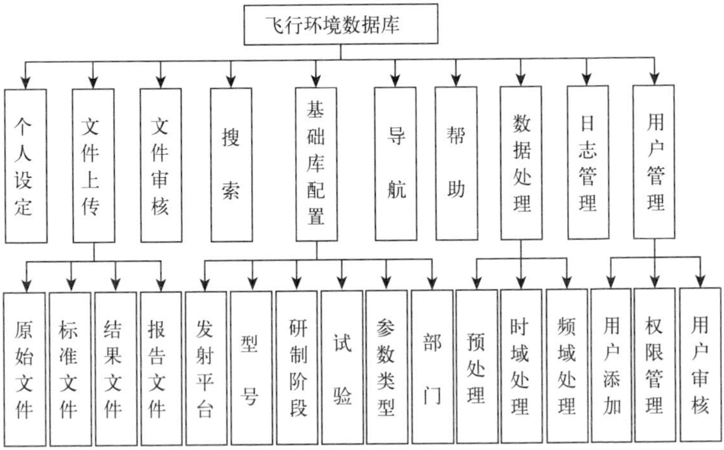

图 4-1　发射飞行环境数据库模块组成及功能

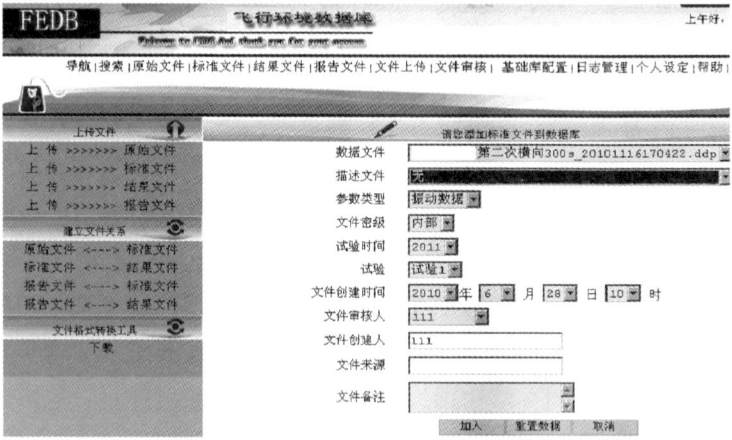

图 4-2　发射飞行环境数据文件管理界面

目前随着信息技术的发展，武器装备研制单位更加重视环境信息的收集及利用，在此方面的研究也越来越多，国内相关领域的技术人员从环境适应性数据库的信息构成、信息组织、信息共享方式等方面提出了很好的构想。提出装备环境适应性信息应包括装备基本信息、装备基础产品信息、环境信息、失效信息等；信息组织包括装备基本信息的组织、环境信息的组织、环境适应性信息的组织等，其中各种信息组织应考虑相互之间的关系；信息采用网络共享的方式，实现一个应用服务器与多个客户之间的交互。

此外，结合防空导弹飞行环境数据库建设经验，针对武器装备环境适应性数据库的建立，提出以下几点看法：

1）数据库的框架应尽量符合武器装备研制流程、特点，设计师根据装备研制阶段的任务类型能够迅速定位到数据，具有良好的可读性、可追溯性及可操作性。

2）数据库设计与开发时应充分考虑用户、数据的保密性。武器装备环境适应性数据信息的获得需要花费相当大的经费、人力等，数据是设计部门乃至国家的一项宝贵资源，必须在设计时就把好安全的最后一道关。

3）数据库应尽量与整个武器装备数字化设计分析共用平台协同运行。近些年，大部分军工单位建立了信息化专网，产品数据管理系统（PDM 系统）、企业资源计划系统（ERP 系统）等信息系统的应用在产品研发和企业管理中发挥了较大的作用，若能够和整个武器系统设计与管理系统融合，将实现多用户、多学科的高效率融合，提高产品数字化设计水平。

4）紧跟数据库的发展趋势，应及时更新技术，避免长久的技术落后带来淘汰的代价，尤其应及时跟踪并应用大数据的管理及分析技术，尽可能将积累的数据提炼为模型、专家知识等，为新研装备的设计提供支撑，使数据得到充分应用，避免仅仅实现量的积累。

4.5 对转承制方和供应方的监督和控制

对于由一个总体设计单位和多个外协厂所配套的武器装备研制模式，必须加强对转承制方和供应方的环境适应性工作的监督和控制，以确保外协、外购产品符合规定的环境适应性要求。

承制方应对外协、外购产品进行监督与控制。外购产品的选用应考虑产品环境适应性要求。环境适应性要求包括以下内容：

1）环境适应性定量、定性要求及验证方法；

2）环境适应性工作项目要求；

3）环境适应性工作实施监督和检查的安排；

4）执行 FRACAS 的要求；

5）承制方对外协单位（转承制方）提出产品环境适应性设计、分析和试验数据的要求。

监督控制方式主要包括：

1）在签订合同之前对外协外购单位的环境适应性保证能力进行核查；

2）在产品处于技术设计评审、转阶段等重要研制节点时，需对已开展的环境适应性工作进行审查；

3）在产品验收时，对产品的环境试验情况进行检查。

监督控制的内容包括：

1）环境适应性工作计划；

2）环境适应性设计措施；

3）环境适应性分析结果；

4）环境适应性试验项目和方法；

5）故障及纠正措施；

6）环境适应性信息的收集与传递；

7）对下级供方的监督控制措施等。

参考文献

[1] GJB 4239—2001. 装备环境工程通用要求［S］. 2001.

[2] 许文清，龙仕腾，符朝旭，等. 导弹环境适应性数据库开发构想［J］. 环境技术，2015（02）：31-34.

第 5 章　确定环境适应性要求

5.1　确定寿命期环境剖面

5.1.1　寿命期剖面分析

武器装备的寿命期环境剖面与寿命剖面、任务剖面相关，武器装备的寿命剖面是指装备自出厂到退役的过程中有关事件和条件的时间历程。武器装备的寿命剖面一般包括运输、贮存、作战使用、发射飞行等事件，但贮存、作战使用或者与任务剖面相关的发射飞行等事件因为装备类型不同也有所区别，如防空导弹在作战使用阶段，需要伴随作战部队执行越野作战任务。

防空导弹的典型寿命剖面如图 5-1 所示。

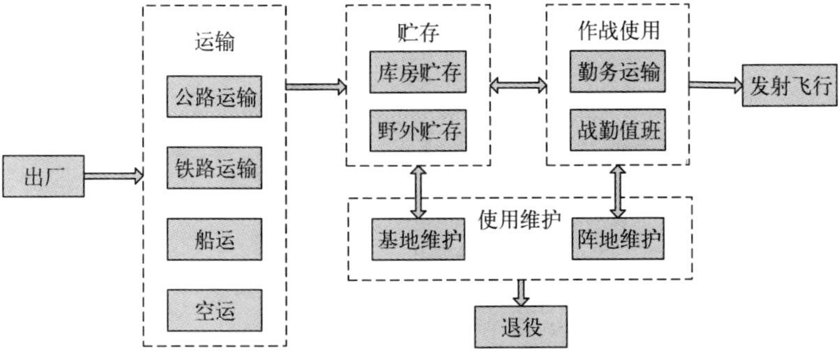

图 5-1　防空导弹的典型寿命剖面

5.1.2　任务剖面分析

任务剖面是由武器装备使用寿命期内执行任务期间所经历的事

件及其时序描述构成。武器装备任务剖面内的事件与总体设计相关，如低空导弹一般要求在低空范围短时间内击中目标，因此，任务剖面内一般包括导弹发射、主发动机点火、导弹机动、主发动机关机、启动战斗部摧毁目标等事件；而中高空飞行的导弹一般飞行距离远、高度高，在低空范围内除了与低空导弹相类似的动作外，往往还有级间分离、整流罩分离等动作，因此，中高空导弹的任务剖面一般包括导弹发射、主发动机点火、导弹机动、主发动机关机、级间分离、导弹机动、整流罩分离、姿控发动机开机、拦截器机动、摧毁目标、目标拦截等事件。

防空导弹的典型任务剖面如图5-2所示。

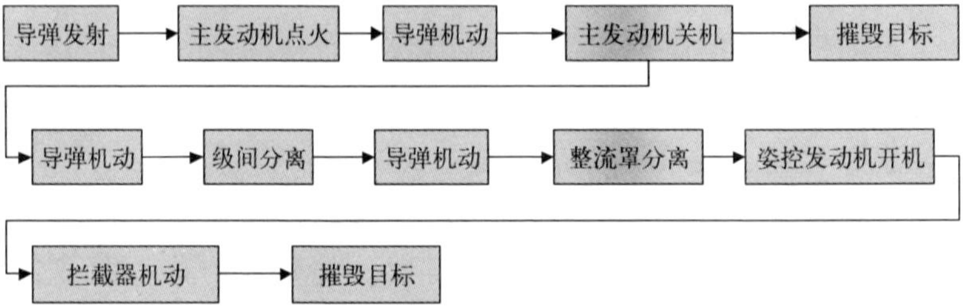

图5-2　防空导弹典型任务剖面

5.1.3　环境剖面分析

环境剖面是对装备寿命剖面对应的环境种类及其时序的描述，该描述包括武器装备在使用寿命期内的环境历程和相应的环境参数及其定量范围。武器装备只有在使用或战斗环境中正常发挥其功能，才能保证武器装备的战备完好性和任务成功性，即武器装备必须适应寿命剖面内的环境或者寿命期内可能遇到的最坏极限环境。因此，在武器装备论证时，确定装备的环境剖面是一项非常重要的工作。新装备遭遇的环境与其他装备所遇到的环境相比可能有较大差异，必须根据装备自身的寿命剖面、任务剖面内经历的事件及装备产品层次分析经受的环境因素，保证环境因素的全面性。

一般武器装备使用寿命期的环境历程是指装备验收交付后，经过后勤阶段和使用阶段，包括发货运输、贮存停放、勤务运输、战备状态和作战使用全过程中所经历的各种环境条件。防空导弹武器系统使用寿命期典型环境历程如图 5-3 所示。

后勤阶段是指武器装备发货运输、贮存及后勤运输阶段。使用阶段包括武器装备的备用状态、战备状态和作战使用状态，其中，备用状态是指武器装备处于后勤运输、简易库房或野战存放和勤务运输状态；战备状态和作战使用状态是指作战部队接到战斗命令后，武器装备处于战勤开机、搜索跟踪目标、导弹发射、飞行状态。

武器装备的发货运输方式有公路运输、铁路运输以及船运和空运，目前最常用的是公路运输和铁路运输。后勤运输和武器系统进入作战阵地前的行军状态，因作战需要作短距离阵地转移时的战斗勤务运输主要采用公路运输方式（包括自行方式），这种运输通常要求数十至数百千米的路程。铁路运输通常是武器装备作长距离阵地转移时采用的运输方式，其要求的典型距离约为 2 000km。运输过程中武器装备将经受相应的冲击、振动等力学环境和自然环境作用。

武器装备贮存时经受的环境主要是自然环境，一般分库房贮存和野战贮存两种类型。库房贮存是指专用的军械仓库贮存，其环境条件可调节控制，温度、湿度及其他自然环境条件的影响较小。野战贮存是指在部队简易库房或露天的贮存，其温度、湿度等自然环境对装备的影响比较大。

后勤阶段和使用阶段中的战备状态以及战备状态阶段，要着重考虑设备处于非工作情况下应能经受的环境条件。战备状态阶段是指武器装备展开、调平、标定、测试检查结束后，处于随时可能转入开机工作的战备待命状态，其环境条件主要是自然环境条件，这与野战贮存所处的环境条件基本相同，这种自然环境条件应是武器系统能够长期承受的。

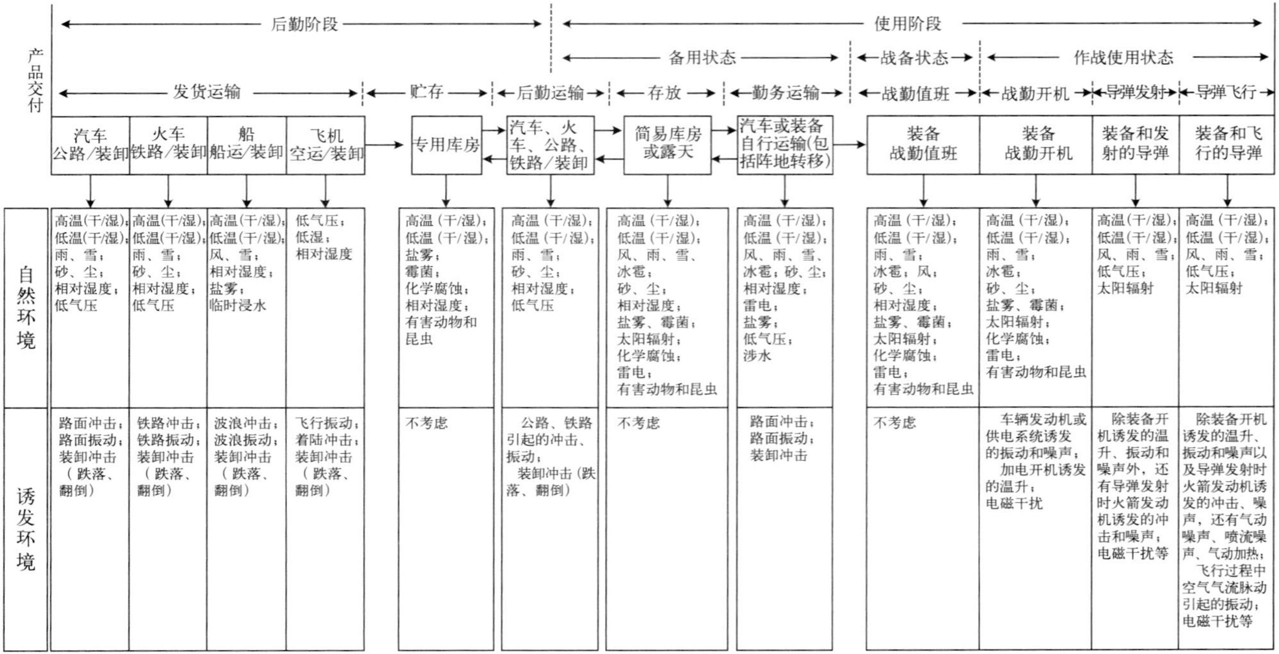

图5-3　防空导弹武器系统使用寿命期典型环境历程

战勤开机状态是指地面作战装备实施搜索、跟踪目标、发射、制导导弹所处的工作状态。其所处的环境条件除自然环境与战备状态阶段相同外，各设备均处于加电开机状态，这期间要着重考虑设备处于正常工作情况下应能经受的工作环境条件。这时由于电应力将改变某些设备所处的微环境，供电系统的运行将诱发温升、电磁干扰、振动和噪声等环境因素。

防空导弹装备在发射飞行期间，地面作战装备除了要经受发射时火箭发动机诱发的冲击和噪声影响外，其余的环境条件则与战勤开机状态基本相同。然而，对于导弹，除了正常的工作应力外，不仅要经受武器装备开机诱发的温升、振动、噪声和电磁干扰，还要经受导弹发射时火箭发动机诱发的振动、冲击和噪声以及飞行过程中的气压变化、过载、气动噪声、喷流噪声、空气气流的脉动引起的振动和气动加热等因素的影响。

因此，环境剖面确定步骤如下：

(1) *寿命剖面和任务剖面分析*

寿命剖面和任务剖面是制定环境剖面的基础，只有确定了寿命期和任务期间经历的事件，才能分析得到武器装备需要经受的环境因素，因此，确定环境剖面的第一步是分析寿命剖面和任务剖面。一般同类型武器装备的寿命剖面相似，可参考相似武器装备制定新装备的寿命剖面，但任务剖面与飞行器的总体设计有关，必须结合飞行器的飞行时序、弹道、动作等确定任务剖面内的事件。

(2) *初始环境剖面分析*

基于确定的寿命剖面和任务剖面，从定性和定量上确定一个初始的环境剖面，分析的关键是那些对武器装备战备完好性和任务成功性影响较大的环境因素。对于自然或者无数据可参考的环境因素，可参考相关标准确定环境应力，或者开展环境预示工作，通过有限元、统计能量或者外推等方法预示环境应力。在可能的情况下，尽量利用相似型号数据或实验室数据初步确定环境量值。

（3）定型的环境剖面分析

在初始环境剖面分析的基础上，细化分析环境剖面，确定武器装备及其所属分系统、设备等在每个阶段经受的环境及对应的量值、时间等，优先选用实测数据，且随着装备研制的进展，不断修订完善环境应力，最终形成定型的环境剖面。

5.2　环境数据收集

5.2.1　数据收集

5.2.1.1　目的

环境数据的收集一方面是为武器装备及其组成产品的环境适应性设计与评价提供数据；另一方面是为武器装备及其组成产品的贮存可靠性设计与分析提供数据信息。

5.2.1.2　原则

环境数据收集应遵循以下原则：

1）环境数据收集应具有全面性，收集装备研制、使用等全寿命周期内的环境数据，包括实验室、贮存、运输及发射飞行过程中所有环境数据，环境因素包括自然和诱发环境因素；

2）重视实验室内贮存、运输及发射飞行过程中的故障信息记录和收集，便于分析武器装备及其组成产品的环境适应性薄弱环节；

3）注意武器装备及其组成产品的环境数据收集的连续性，保证数据的可追溯性；

4）加强对相似装备寿命期内的环境数据、故障信息的收集。

5.2.1.3　收集内容

武器装备的环境数据收集应覆盖装备的整个寿命周期、整个产品层次和所有环境因素，由 4.4.1 节阐述的环境信息可知，环境数据信息收集内容应包括：

1）在武器装备研制初期，尽量收集相似装备的环境应力数据和环境适应性信息；

2）在武器装备研制过程中，应收集测量的环境应力数据、环境适应性薄弱环节、设计方法、故障信息及环境试验信息等；

3）在武器装备使用阶段，应追踪装备的故障信息和环境适应性评价结果等。

5.2.1.4　收集要求

（1）数据特征

武器装备产品具有产品层次多、所承受环境因素多的特点，武器装备及组成产品的承研单位及装备使用方等，都是环境数据的收集者，且环境数据收集工作涉及武器装备整个寿命周期。因此，环境数据收集是一项周期长、涉及面广、需要专人负责的工作。若根据数据特征建立统一的收集要求，建立数据收集机制及信息传递平台，将关系到数据收集、数据信息的存储及使用的效率，对于环境数据收集工作至关重要，如4.4节中对于环境信息及其管理平台进行了概述，本节将重点根据数据特征介绍数据收集要求。

环境适应性数据区别于可靠性、安全性数据，使用环境数据主要是定量的以文本、表格、模型存在的数据；环境影响数据主要是文字描述的文本信息；环境适应性评价数据包括文本信息和少数的定量指标、测试数据等。

①使用环境数据

使用环境数据中的气候和空间环境数据主要是符合一定规律的模型或统计结果，诱发环境数据主要是与结构、平台环境相关的数据，具有一定的物理模型。因此，与气候和空间环境数据相关的特征，主要是：

1）区域，如哈尔滨、三亚地区或纬度××、经度××的地区；

2）季节和时间，如冬天、夏天、某月等；

3）环境因素，如温度、湿度、气压等。

与诱发环境数据相关的特征，主要是：

1）环境因素，如振动、冲击、噪声等；

2）结构特性，如质量、质心、固有模态等；

3）激励特性，如高度、速度、推力、攻角等；

4）边界属性，如自由、固支、简支等。

②环境影响数据和环境适应性评价数据

环境影响数据主要是气候环境效应、空间环境效应和力学环境效应，环境适应性评价数据主要是产品测试结果。目前针对武器装备的环境效应分析和环境适应性评价主要是定性的，但随着数据积累和人们对环境适应性薄弱环节的认识，应走向定量分析和评价。因此，兼顾未来发展趋势，与环境影响数据和环境适应性评价数据相关的特征，主要是：

1）使用环境数据特征（见上）；

2）装备环境适应性薄弱环节表征（一系列的，对应各种环境因素）；

3）装备环境适应性薄弱环节表征参数对应的上、下限等。

（2）收集格式

①使用环境数据

近几年，在防空导弹武器系统研制过程中，根据装备特点和环境数据特征，研究了相关环境数据收集的要求。

气候和空间环境数据收集要求见表 5-1 和表 5-2。

表 5-1　气候环境数据收集要求

区域 / 时间	漠河	三亚	敦煌	……

注：每种环境因素根据其量值表征填写，如气压值应按地域、时间的变化填写。

表 5-2　空间环境数据收集要求

区域 时间	高度 *XX*1km，经度 *YY*1、纬度 *ZZ*1	高度 *XX*2km，经度 *YY*2、纬度 *ZZ*2	……

防空导弹发射飞行期间诱发环境数据收集要求见表 5-3。实验室内诱发的环境收集表见附录 A。

表 5-3　发射飞行期间诱发环境数据收集表

<table>
<tr><td>型号代号</td><td colspan="2"></td><td colspan="2">填写单位</td><td></td></tr>
<tr><td>出厂编号</td><td colspan="2"></td><td colspan="2">发射日期</td><td></td></tr>
<tr><td>发射时刻</td><td colspan="2"></td><td colspan="2">发射地点</td><td></td></tr>
<tr><td>试验性质</td><td colspan="5">□研制试验　□训练　□演习　□抽检　□其他</td></tr>
<tr><td>发射方式</td><td colspan="5">□车载发射　□舰载发射　□机载发射　□潜射发射　□其他</td></tr>
<tr><td>发射环境</td><td colspan="5">温度：　湿度：　风向：　其他：</td></tr>
<tr><td rowspan="3">环境因素及测量信息</td><td colspan="5">（如振动、冲击、噪声等）</td></tr>
<tr><td>振动</td><td>冲击</td><td>噪声</td><td>加速度</td><td>其他</td></tr>
<tr><td>采样率：
频响范围：
测量位置：</td><td>采样率：
频响范围：
测量位置：</td><td>采样率：
频响范围：
测量位置：</td><td>采样率：
频响范围：
测量位置：</td><td></td></tr>
<tr><td rowspan="2">激励特性</td><td>导弹飞行速度</td><td>导弹飞行高度</td><td>导弹质量</td><td>动力</td><td>其他</td></tr>
<tr><td colspan="5">随时间的变化趋势等</td></tr>
<tr><td>备注</td><td colspan="5">测量的数据及激励特性以数据文本给出，此表只是附带的相关信息</td></tr>
<tr><td>填表人：</td><td colspan="2"></td><td colspan="2">日期：</td><td></td></tr>
</table>

②环境影响数据和环境适应性评价数据

产品环境适应性薄弱环节表征及对应的上、下限等信息收集表见表 5-4，试验获得的其他环境影响数据和环境适应性评价数据的收集表见附录 A。

表 5-4　产品环境适应性薄弱环节信息收集表

<table>
<tr><td>产品名称</td><td></td><td>所属型号</td><td></td><td>填写单位</td><td></td></tr>
<tr><td>产品环境剖面</td><td colspan="5">对应装备环境剖面细化后的产品环境剖面</td></tr>
<tr><td>产品敏感环境因素</td><td colspan="5">如惯测敏感冲击、发动机敏感低温等</td></tr>
<tr><td rowspan="3">产品环境适应性薄弱环节表征及变化规律</td><td>高温</td><td>低温</td><td>振动</td><td>冲击</td><td>其他</td></tr>
<tr><td>表征参数：</td><td>表征参数：</td><td>表征参数：</td><td>表征参数：</td><td>表征参数：</td></tr>
<tr><td colspan="5">表征参数随环境因素的变化范围</td></tr>
</table>

5.2.1.5　职责分工

在研制阶段和使用阶段，装备环境数据的知悉者有别，因此，根据装备研制阶段和使用阶段可区分环境数据收集人员的职责：

1）研制阶段装备环境数据收集的主管部门为装备研制单位的质量管理部门，其负责组织策划并监督落实研制过程的装备环境数据收集工作，环境数据收集人员为产品设计师、试验组织总体和环境工程设计师；

2）在使用阶段，装备环境数据收集的主管部门为装备研制或生产单位的生产和售后管理部门，由其负责组织策划、落实使用过程的环境数据收集工作。

5.2.2　数据实测

5.2.2.1　测量规划

（1）制定测量规划的原则

若用于支撑武器装备及其组成产品的环境适应性设计、评价的数据不足或者只能通过实测获取，则应规划环境数据实测。因为环境实测涉及测量系统设计、传感器配套及安装等，因此，环境数据测量规划工作应尽早进行，尤其对于防空导弹武器系统等复杂装备，不可避免地需要实测导弹发射飞行环境，用于发射飞行环境测量的传感器必须与武器系统研制同步进行规划配套。

制定环境数据测量规划的基本原则，包括：

1）在武器装备研制初期，收集相似型号数据，结合武器装备环境剖面，梳理出需要测量的环境数据，包括实验室内的环境响应调查和搭载飞行试验等进行的环境实测；

2）结合装备结构设计、遥测通道及弹上关键设备布置情况，确定环境实测的数量、位置、方向，传感器的数量、类型和频率范围、动态范围、测量持续时间等；

3）在测量空间、通道等有限的情况下，规划时尽可能考虑分步实施环境测量，保证需要测量的环境因素、位置等都能测量到；

4）根据基于规划的实测环境因素特点，拟定数据采集和处理方法，确定科学的数据采集系统；

5）应仔细考虑测量的总成本和测量数量不足带来的潜在影响；

6）应详细了解测量系统各种仪器的性能，以便正确选择和使用。

（2）测量系统

在环境数据测量系统中，传感器将被测物理量转化为电量或电参数变化，经过信号适配器的变换和放大，转换为可测的电压信号，电压信号以模拟方式存储或直接进行信号的数字化采集。信号在数字化采集前，需进行抗混滤波以滤除分析频带外的高频分量，为了达到较好的数字分辨率，还需经增益变换把信号调整到一个合适的大小，经过模数转换器转换后，模拟的信号即被采集为数字量。

为减小测量噪声，对测量系统的一般要求如下：

1）对导线进行屏蔽，采用低噪声电缆；

2）避免测量系统形成地回路；

3）固定电缆，防止电缆抖动；

4）清洁加速度计的输出插座和电缆的插头；

5）对于经过转接的电缆，应确保转接后信号传输正常。

(3) 测点布置

振动、冲击、噪声等动力学环境与激励源、结构特性、频率范围等相关，布置测点位置时需考虑这些因素。测点布置的一般要求如下：

1）新装备必须考虑激励源的影响。应根据结构构型的相似性，将结构划分成若干振动区域，但要避免以纯几何方式分区，应在每个区域的若干部位上布置适当的测量点，用其测量结果分析该区域的环境条件。例如，将防空导弹划分为 10 个振动区，每个振动区布置 2 个测量点进行振动测量。

2）测量压力脉动的压力传感器，一般只测量动态压力，这种传感器往往与结构外表面齐平安装，以测量发动机诱发的噪声及气动噪声的气动压力脉动。多数情况下，发动机诱发的噪声在局部区域变化平缓，只需较少的测点，但对飞行马赫数在 0.7 至 1.3 的跨声速状态，由于激波和附面层干扰导致气流分离，即使很近，气动噪声也会急剧变化，故需要更多的测量点，才能获得有效的脉动压力分布。

3）尽可能根据飞行器结构初步估计频率特性，在关键设备或低频动力学环境响应明显的区域布置低频传感器，在关键设备或高频动力学环境响应明显的区域安装高频传感器。

4）若预计的测点过多，受到空间或测试资源限制时，应重新评估，建议考虑通过多次试验来实现测量。在多数情况下，在地面试验中布置大量的测量点要比飞行试验更经济，因此，应在地面试验中尽可能地进行环境测量。

对于防空导弹，通常在以下位置布置环境测量传感器：

1）在安装重要设备的舱段上，如导引头舱、仪器舱、舵机舱等；

2）特定要求的位置，如导弹质心位置、机载导弹的吊挂附近；

3）振动冲击源、噪声源、热源部位及其影响区，如助推器、发动机及附近部位；

4）能反应导弹结构整体动态特性的位置，如舱段的加强框上、刚硬支架的底部且靠近壳体加强结构的部位。

（4）频率范围

测量的频率范围是指数据测量、采集、记录和分析的最高与最低频率。

对用于测量动、静态组合的低频加速度计，理想的最低频率是零频，但在用已有频率下限为零的加速度传感器测量静态加速度时，就没有必要将所有低频加速度传感器的频率下限降至为零。有时，压力场的测量也可能要求测量频率降至或接近零。例如，发动机点火的瞬时压力往往有一相当大的甚低频分量，其与高频分量的相位关系对确定激励至关重要。同样，高强度的气动压力通常也伴有相当大的低频压力，而飞行器的结构特性一般对应的频率范围较宽，高低频载荷对结构都有一定的影响，因此，最理想的测量低频应尽可能的低，但测量系统往往为了兼顾高频，低频很难做到很低，除非是单独的低频传感器。

高频的确定与多种因素相关，尤其对总数据带宽或系统带宽以及测量系统的各种仪器影响最大，因此高频选择时较复杂，一般按以下原则选择：

1）预期环境或载荷的最高频率；

2）实验室试验中能够模拟的最高频率；

3）数据采集系统可达到的最高频率。

需要说明的是，在以上三项都可以满足的情况下，优先根据环境或载荷的最高频率确定最高频。此外，在不了解环境或载荷频率范围的情况下，频率范围也可根据经验确定，如飞行器的一般频率范围：

1）0～100Hz，主要是由于飞行器瞬态事件导致的低频冲击、振动和应变信号的频率范围；

2）10Hz～2kHz，主要是高频振动和应变的测量频率范围；

3）10Hz～10kHz，主要是高频气动噪声的频率范围；

4）100Hz ~ 1MHz，主要是近场爆炸分离冲击信号的频率范围；

5）100Hz ~ 10kHz，主要是中远场爆炸源的次高频范围。

（5）测量持续时间

测量持续时间是指获得整个激励周期内的环境数据所需的时间，这就要求数据测量系统具有足够的存储容量。如果所选的存储容量不够，至少应保证测得在重要激励期间以及激励变化时的环境数据，如防空导弹，测量持续时间至少应覆盖发射上升阶段，当上升阶段结束但未到动力系统点火阶段就可关闭测量系统。

5.2.2.2　数据采集

数据采集的任务是将所关心的物理参数转换为相应的电信号，并传输到指定的终端设备上，通过适当的媒介予以记录，用于信号分析处理。数据采集的关键是实时有效采集并保证足够容量。数据采集系统通常由传感器、信号适调器、信号传输链路和数据记录仪等组成。

（1）传感器

传感器是数据采集系统的关键仪器，用于将所关心的物理参数转换为相应的电信号。常用的传感器主要包括：加速度传感器、速度传感器、位移传感器、压力传感器、应变计和力传感器。这些传感器中的敏感元件是将物理信号转换为电信号的核心，一般常用的敏感元件类型有压电材料、电容元件、磁电组件、应变敏感材料、光电器件、伺服控制组件等。传感器测量的准确度及精度与其灵敏度、频率范围、幅值特性、相移特性相关。

灵敏度为传感器电输出与物理输入的幅值之比，为了充分利用测量系统的动态范围，考虑灵敏度转换后，应使测量系统的最大输出略小于系统在无失真条件下能够传输信号的最大瞬时值。当所测量的环境幅值不大时，对于低灵敏度的传感器，灵敏度是影响测量结果的重要因素，在此种情况下，需要避免背景电噪声的大幅度增加。

传感器灵敏度与频率的关系曲线称为传感器的频率响应。在规定频率范围内，传感器灵敏度相对于标称值的变化应不大于规定的量值，因此，一般规定的频率范围在频率响应值低于标称值 1dB（12%）或高于标称值 0.5dB（6%）。在某些情况下，所需测量的环境频率可能超出了目前可用仪器的频率范围，在此种情况下，仍可采用目前的仪器，但需要对因测量系统缺陷造成影响的数据进行修正，具体做法是：对采集到的数据，将时间历程变换成傅里叶谱，再除以传感器频率响应函数，以获得修正后的谱，最后对修正后的谱反变换为时间历程。对于上述修正还需注意的是有消缺的数据必须是测量系统线性幅值范围内的数据，否则修正是无效的，且背景噪声不应过大以影响原始信号。

传感器的幅值特性包括量程、线性度、分辨率和阈值。量程通常由传感器刚度元件的刚度、导致输出饱和的机械限位或机械失效所决定，包括测量上限和测量下限，下限和上限之间的区间决定了传感器的测量范围。测量上限为传感器在可接受的线性响应条件下所能测量的最大瞬时值，测量下限为最小瞬时值；线性度是传感器输出与输入之间的关系曲线偏离设定工作直线的程度，反映了实际灵敏度与标称值的偏差；分辨率是指在传感器工作范围内能够产生可观测的输出量变化的最小输入量变化；阈值反应的是传感器的零点分辨率。

传感器的相移特性是传感器电输出和物理输入之间与频率有关的时间延迟，相移可导致对物理输入的时间历程或波形的潜在失真。对于瞬态数据分析，如冲击响应谱计算，相位失真最小很重要，因此，在选择传感器时应加以重视。

（2）信号适调器

信号适调器是将传感器输出信号经过适当调整来适应电缆，用来记录和传输的仪器，主要包括信号变换器、放大器、滤波器、电源等。信号适调器一般由具有一种或多种信号适调功能的独立仪器或单元组成，但随着技术的进步，逐渐将一部分信号适调的功能并入了传感器，如阻抗变换、信号放大等，而另一部分信号适调的功能并入数据记录仪器或采集系统，如滤波、电源等。

（3）信号传输链路

信号传输链路是将来自传感器或信号适调器的信号传输到记录仪，传输方式包括有线传输和无线传输。有线传输一般用于地面的数据传输，无线传输主要用于空中至地面、地面至空中、空中至空中的长距离数据传输。

（4）数据记录仪

数据记录仪是用于将采集的数据进行记录、存储的仪器，包括磁带记录器（有模拟式和数字式）和数字式数据记录系统（或装置）两种基本方式。随着计算机等技术的发展，磁带记录器已逐渐被淘汰，目前常用的是数字式数据记录系统。数字式数据记录系统（或装置）借助计算机配置的高速存储设备（如内存、硬盘等）实现实时数据记录功能，记录的数字信号采用数据文件的形式，同步可实现数据分析。

5.2.2.3　数据记录

数据系统连接正常后，在试验开始数据采集记录前，经常需要检查或确认系统连接及试验设置等事件过程中的具体细节。经验表明，应通过使用详尽的记录表等形式准确、完整地记录和保存有关细节，减小由于不能检查和确认数据采集细节而造成试验无效的风险。需要记录的信息主要包括：

1）试验信息，包括试验条件、地点及相应的环境、试验对象及技术状态等；

2）传感器相关信息，包括安装位置、方向、灵敏度、类型及对应频率范围等；

3）若有信号适配器，还应记录适配器的增益和衰减设定值、滤波器的截止频率等；

4）采集记录仪的采样频率、幅值范围、数据位数、数据通道设置等；

5）对于飞行试验，还应记录飞行弹道信息等。

5.3 分析环境量值

5.3.1 概述

如前所述，武器装备在寿命期内经受的环境可分为两部分：自然环境和诱发环境。

自然环境是武器装备在贮存、运输和发射飞行过程中经受的自然界中存在的环境因素所构成的周围条件，包括大气环境、水环境和土壤环境。目前，随着各种技术的进步和军事需求提升，大部分装备经受的是大气环境的作用，少部分装备会经受水环境的作用。按照大气温度分布，可将大气层分为对流层、平流层、中间层、热成层、逸散层和地磁层，见图 5-4 所示；根据大气中分子的组成也可分为均质层和非均质层。均质层是从地表到 90 ~ 100km 之间大气成分保持定常的大气层；均质层之上空气成分随高度而变化的大气层为非均质层；根据大气的化学和物理性质，还可将大气层分为光化层和电离层。

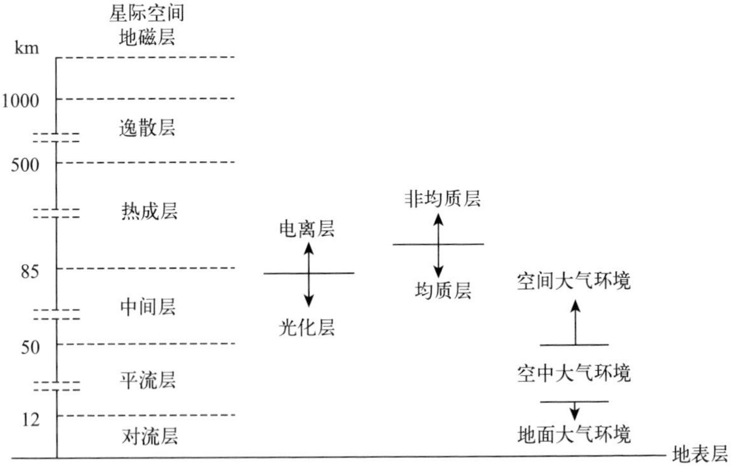

图 5-4　不同大气层示意图

1）对流层。对流层是地球大气层最贴近地面的一层，几乎集中了整个大气层四分之三的质量，垂直对流作用使对流层中气体成分均匀化，对流层内温度随高度增加而均匀下降，且受地面物理特征及气候的影响很大。

2）平流层。在平流层内大气水平运动远大于垂直对流，且气流平稳。平流层的温度由下而上递增，但在距地表高度 20～25km 以下温度增加缓慢，大气温度平均值基本不变，在距地表高度 25km 以上随高度增加温度快速递增，距地表高度 50km 处温度上升到最高值（270～290K）。

3）中间层。中间层大气吸收光辐射，进行强烈的光化学反应，该层的温度随高度增加而降低。

4）热成层。热成层又称电离层，具有将电磁波返回地球的能力，对全球的无线电波通信影响很大。该层的温度随高度的增加而迅速增高。

5）逸散层。逸散层又称为外层，该层大气主要由氢和氦所组成，并处于电离状态。由于地球重力场减弱，该层大气稀薄，使大气微粒处于不断向宇宙逃逸的过渡状态。

6）地磁层。地磁层是大气层向星际空间过渡的中间地带，由地球磁场和太阳风相互作用而形成，这一区域常由于复杂的电磁过程而形成辐射带，可出现极光现象。

此外，根据人类活动和武器装备使用场所，还可将大气层分为地面大气环境、空中大气环境（或称“气候环境”）和空间大气环境，这也是武器装备环境适应性保证工作中常用的大气环境的划分方式。

（1）地面大气环境

地面大气环境是最贴近地面的大气层，这里受地壳、地面物理特征及气候的影响很大，不同陆海、纬度、季节及昼夜之间相差也很大，与整个大气层相比该处的大气似乎微不足道，但这里又有多样的天气现象，如雨、雪、云、雾等。任何装备在寿命期的某些阶段都处于地面大气环境中的某些环境中，因此，在武器装备的环境适应性保证工作中，针对地面大气环境的适应性设计及试验是很重要的一部分。

(2) 空中大气环境

空中大气环境是指地面大气以上一直延伸到平流层的空间。由于地表的热辐射构成下热上冷，造成对流层形成以上下对流为主的大气运动。平流层与对流层是飞机经常飞行的区域，也是各种炮弹、火箭、飞行器等穿越的区域。因此，在武器装备的研制期间，研究空中大气环境对飞机飞行和火箭、导弹等穿越时造成的影响和危害，并开展相应的设计也是环境适应性保证工作的一部分。

(3) 空间大气环境

空间大气环境是指电离层以上至外大气层的空间，空间大气环境是人造地球卫星、航天飞船、航天探测器遨游的场所。空间大气环境很复杂，对武器装备及其各级产品因材料等差异会有不同的效应，对于空间环境的分析及试验也是近些年发展起来的新兴研究领域。

诱发环境是武器装备在运输、发射飞行过程中经受的由于平台或周围结构产生的局部环境，主要是由于平台及装备自身运动产生的力学环境。如在运输过程中，运输平台的运动，会使武器装备经受运输振动、冲击、加速度等环境；在发射飞行过程中，动力系统的工作及气动脉动会使武器装备经受飞行振动、点火冲击、噪声、加速度等环境。

5.3.2 气候环境

5.3.2.1 分类

气候环境与区域相关，且受到经纬度差异产生不同气压带、风带的影响，世界各国的气候环境条件千差万别，温度、湿度、降水量等各不相同。此外，各国气候区划分标准不同，存在一定差异，如表 5-5 所示的世界气候分类表，将世界各地分为高温地理气候区和低温地理气候区。

表 5-5　世界气候分类表

<table>
<tr><th colspan="2" rowspan="2">气候区</th><th colspan="2">气候条件</th><th rowspan="2">地区</th></tr>
<tr><th>自然环境</th><th>诱发环境</th></tr>
<tr><td rowspan="2">高温地理气候区</td><td>热</td><td>32～49℃
8%～3% RH</td><td>33～71℃
7%～1% RH</td><td>北非、中东、巴基斯坦、印度、美国西南部和墨西哥北部</td></tr>
<tr><td>基本热</td><td>30～43℃
14%～4% RH</td><td>30～63℃
14%～1.5% RH</td><td>从美国、墨西哥、非洲和亚洲的干热区向前延伸处、澳大利亚、南非、南美、西班牙南部和非洲西南部</td></tr>
<tr><td rowspan="4">低温地理气候区</td><td>微冷</td><td>-6～-19℃</td><td>-10～-21℃</td><td>主要受海洋影响的西欧沿海地区、澳大利亚东南部和新西兰的低洼地</td></tr>
<tr><td>基本冷</td><td>-21～-31℃</td><td>-25～-33℃</td><td>欧洲大部分、美国北部边界地区、加拿大南部、高纬度海岸区，例如阿拉斯加南海岸、低纬度地区的高原地带</td></tr>
<tr><td>冷</td><td>-37～-46℃</td><td>-37～-46℃</td><td>加拿大北部、阿拉斯加（内陆除外）、格陵兰（极冷区除外）、斯堪的纳维亚北部、亚洲北部一些地区、西藏、高原地带（北半球和南半球）；阿尔卑斯山、喜马拉雅山、安第斯山</td></tr>
<tr><td>极冷</td><td>-51℃</td><td>-51℃</td><td>阿拉斯加内陆、龙卡（加拿大）、北方岛屿的内陆、格陵兰冰帽地区、北亚</td></tr>
</table>

中国东临太平洋，西接欧亚大陆，幅员辽阔。从地形地势来看，中国西高东低，大致呈阶梯状分布：第一阶梯位于西南部被称为“世界屋脊”的青藏高原，是中国地势最高的地区，海拔 3 000m 以上，气候多变、空气稀薄、缺氧严重；第二阶梯处于中间部位，大部分是海拔 1 000～3 000m 的高原和盆地，还有西北地区的沙漠；第三阶梯为在海拔 1 000m 以下的东部地区，大部分为丘陵和平原，多为沿海地区。

根据中国的气候区划分标准，按地区气温和湿度，中国的气候分类见表 5-6，按日平均极值，中国的气候分类见表 5-7。

表 5-6 按气温和湿度划分的中国气候分类表

气候带	气候区	特征		地区
热带	湿热	月平均气温≥25℃的月份，有 6～12 个月，2 月～12 月为湿热月		雷州半岛、海南省、台湾南部
亚热带	亚湿热	全年月平均气温≥25℃的月份，有 3～5 个月以上，8 个月以上的平均气温>10℃	全年连续有 1～4 个月湿热月	秦岭以南、长江流域、四川、珠江流域、台湾北部
	亚干热		连续出现 1～4 个干热月	新疆天山以南、戈壁沙漠
温带	温和	月平均气温>10℃，最多为 7 个月，年最低温度≥-4℃	湿热天连续不到 1 个月	秦岭以北、内蒙古南部、华北、东北南部
	干热		仅出现 1 个干热月	内蒙古中部和西部、陕西北部、青海、新疆天山以北
寒带	寒冷	最低气温<-40℃		内蒙古北部、黑龙江

表 5-7 按日平均极值划分的中国气候分类表

气候类型	气候类别	日平均温度和湿度的年极值平均值
寒冷	寒冷	低温 -40℃；高温 25℃；相对湿度≥95% 时的最高温度 15℃；最大绝对湿度 $17g \cdot m^{-3}$
寒温Ⅰ	寒温 寒温沙漠 寒温高原	低温 -29℃；高温 29℃；相对湿度≥95% 时的最高温度 18℃；最大绝对湿度 $19g \cdot m^{-3}$
寒温Ⅱ		低温 -26℃；高温 22℃；相对湿度≥95% 时的最高温度 6℃；最大绝对湿度 $10g \cdot m^{-3}$
暖温	暖温 暖温高原 暖温海洋	低温 -15℃；高温 32℃；相对湿度≥95% 时的最高温度 24℃；最大绝对湿度 $24g \cdot m^{-3}$
干热	干热沙漠	低温 -15℃；高温 35℃；最大绝对湿度 $13g \cdot m^{-3}$

续表

气候类型	气候类别	日平均温度和湿度的年极值平均值
亚热带	亚热带 亚热带海洋	低温 -5℃；高温 35℃；相对湿度≥95% 时的最高温度 25℃；最大绝对湿度 25g · m^{-3}
湿热	湿热海洋 湿热雨林	低温 -7℃；高温 35℃；相对湿度≥95% 时的最高温度 26℃；最大绝对湿度 26g · m^{-3}

5.3.2.2　环境因素

武器装备在寿命剖面内，在贮存、运输和作战使用阶段，都会经受自然环境因素的作用，且由于各个阶段中所处地域和任务需求的不同，所经受的自然环境因素类型及应力条件也是不同的。

（1）贮存阶段

武器装备在贮存时经受的环境因素与库房环境有关，大部分时间在专用库房内带包装箱贮存，贮存环境相对较好，装备可能经受的环境因素包括：

1）自然环境因素，包括高温、低温、湿度、低气压等；

2）化学类因素，如盐雾；

3）生物环境因素，包括霉菌、白蚁等。

相比专用库房，当武器装备在简易库房或露天棚下存放时，还会经受雨、风、砂尘、雪等自然环境的作用。

GJB 2770—1996《军用物资贮存环境条件》等相关标准对导弹等军用物资在贮存阶段经受的自然环境进行了分析并提出了要求。根据 GJB 2770—1996 的规定，导弹等军用物资的贮存环境基本要求如下：

1）一般应满足防潮、防热、防冻、防雷、防洪、防火、防雨、防虫、防毒、防腐、防辐射、防电磁、防盐雾等环境基本要求；

2）防核、生物、化学武器的贮存要求应参考 GJB 1629—1993《军事后勤装备防核、生物、化学武器通用规范》的相关要求执行。

3）一般应在带包装条件下贮存，应满足相应贮存级别和贮存条件的要求。在湿热地区贮存的军用物资，其防护包装方法应按照GJB 145A-1993《防护包装规范》中“防潮、防锈、防霉”等技术要求执行。

此外，还规定了如下要求：

1）各类军用物资的贮存，应根据GJB 2770—1996规定的环境条件及其严酷等级确定相应的军用物资包装等级；

2）军用物资的贮存环境条件一般由若干环境参数描述。当确定某一军用物资贮存的环境条件时，必须考虑的因素为所涉及的环境条件，以及每一个环境条件所涉及的环境参数等级；

3）贮存环境条件等级应满足中国应用范围的需要，需选择能满足贮存环境条件的最严酷等级的耐环境参数作为防护包装的设计依据；

4）在有特殊需要时，可根据中国各地区的情况，对各种环境参数出现的时间周期和频率做出补充规定；

5）应考虑两种以上环境参数综合作用对军用物资贮存的影响；

6）应考虑在某些场所中出现的热源、特殊生产流程等其他因素对贮存环境及贮存军用物资的影响。

（2）运输阶段

武器装备在运输阶段经受的环境因素与运输平台相关，运输平台包括汽车、火车、飞机、船。

1）当用汽车、火车运输时，经受的环境包括高温、低温、湿度、风、砂尘、低气压、雨雪等；

2）当用飞机运输时，经受的环境包括低气压、低温等；

3）当用船舶运输时，经受的环境包括高温、低温、湿度、风、砂尘、雨雪、盐雾等。

（3）作战使用阶段

武器装备在作战使用阶段，相比运输、贮存时，经受的自然环境作用时间相对较短，如防空导弹武器系统在作战准备阶段和作战阶段所经历的一般自然环境因素见表5-8。

表 5-8　防空导弹武器系统在作战准备阶段和作战阶段经历的一般自然环境因素

	技术阵地	任务/作战	
		发射阵地	导弹发射与飞行
自然环境因素	高温 低温 湿度 低气压	高温 低温 湿度 雨、冰、雪 低气压 太阳辐射 风 雷电 盐雾 霉菌	高温 低温 风 低气压 雨、冰、雪 湿度 雷电

5.3.2.3　气候环境分析极值理论

极值理论是 Gumbel 分布的重要理论依据，也是对本章中使用 Gumbel 分布计算承受极值的重要理论支持。

极值理论或者极值分析（extreme value analysis，EVA）是统计学从概率分布的平均值处理极值偏差的一个分支。它的理念是从一个给定的随机变量取出的给定顺序的样本中，分析比观测到的数据更加极限的情况发生的概率。

极值理论是处理在概率分布中的极大值分布情况的理论，常用来分析概率罕见的情况，如百年一遇的地震、洪水等，在风险管理和可靠性研究中时常用到。极值理论最早由提出 Gumbel 分布的 Emil Julius Gambul 阐述。

（1）Gumbel 分布

在本节中将阐述利用 Gumbel 分布来预测相应时间风险率和预计暴露期下的承受极值，该方法是自然环境条件设计方法的核心内容。

Gumbel 极值分布是广义极值分布（Fisher-Tippett 分布）的一个

特殊形式。它通常也被叫作对数威布尔分布或者双指数分布。

在概率论与数理统计之中，Gumbel 分布用来对一些样本极大值（或极小值）的分布进行建模。极值理论指出如果相关样本数据的分布是正态分布或者是指数分布，那么 Gumbel 分布将会是更加有效的。

（2）工作极值

工作极值是根据极端地区极端月内逐时测得的数据和时间风险率所确定的值，具体的确定方法如下：

首先比较各月最高值或月最低值、月平均值、大于或小于某一阈值的天数等，选出严酷月。

再将严酷月的逐时（空中气象要素是逐次）记录由大到小或由小到大排序。根据下式可以确定第 i 个记录为时间风险率等于 t 的工作极值

$$i=\mathrm{INT}\ (t \cdot N_i) \tag{5-1}$$

式中 i——排序后的记录号；

$\mathrm{INT}\ (t \cdot N_i)$ ——将“$t \cdot N_i$”整数化；

t——时间风险率；

N_i——对地面气象要素而言，N_i 是应有记录数；对空中气象要素而言，N_i 是实有记录数。

（3）极大承受极值

承受极值是根据极值分布理论推断的有一定再现性的极值。设备遭遇此环境时，可能会出现不可逆的损坏。

取极大值渐进分布模型为 Gumbel 分布，其表达式为

$$F_N(x)=\exp(-\exp(-A(x-X_0))),\ (-\infty<x<\infty) \tag{5-2}$$

式中 $F_N\ (x)$ ——极大值分布函数；

exp——以自然对数为底的指数运算符号；

x——气象要素年极大值；

A——极大值分布参数，A^{-1} 与 x 同单位；

X_0——极大值分布参数，与 x 同单位。

对实测年极值样本，用极大似然估计分布参数 A、X_0，则取保证率函数为此序统计量分布的数学期望时，再现期为 N 年的再现期值的计算公式为

$$X_N = X_0 - (1/A)\ln(-\ln(N/(N+1))) \tag{5-3}$$

式中　X_N——再现期为 N 年的极大值再现期值，与 x 单位相同。

（4）极小承受极值

取极小值渐进分布模型的表达式为

$$F_1(x) = 1 - \exp(-\exp(-A(x - X_0))),\ (-\infty < x < \infty) \tag{5-4}$$

式中　$F_1(x)$——极小值分布函数；

x——气象要素年极小值；

A——极小值分布参数，A^{-1}与 x 同单位；

X_0——极小值分布参数，与 x 同单位。

对实测年极值样本，用极大似然估计分布参数 A、X_0，则取保证率函数为此序统计量分布的数学期望时，N 年一遇的极小值计算公式为

$$X_N = X_0 + (1/A)\ln(-\ln(N/(N+1))) \tag{5-5}$$

式中　X_N——再现期为 N 年的极小值再现期值，与 x 单位相同。

（5）任意暴露期 T 对应的承受极值

任意预期暴露期 T、再现风险率 r 相应承受极值的计算方法是：根据预期暴露期 T 为 2、5、10、25 年的承受极值 F_c（T），求出 4 组分布参数的估计，取其算术平均值作为分布参数

$$N = T/r \tag{5-6}$$

最后将 N 带入相应公式中求得承受极大、极小值。

（6）面积风险率极值

将国土分为 N_0（如 3596）份，求出每份的面积；用客观分析方法，根据全国若干个测站的极值求出每小块的极值；将 N_0 个极值由大到小或由小到大排序，同时记录每个小块的面积；按顺序将排好

序的小块面积相加，当和等于 σ 乘总面积时，对应的小块极值就是面积风险率为 σ 的极值。将 N_0 个小块极值填到图上，按面积风险率分析等值线，即得到面积风险率极值的全国分布图。

5.3.2.4　地面气候环境极值

5.3.2.4.1　温度

地面气温是离地面 1.5m 处百叶箱温度表测试出的空气温度。

根据极值理论，GJB 1172—1991《军用设备气候极值》记录了中国地面高温、低温的极值，在时间风险率为 1%、5%、10% 和 20% 的工作极值，及再现风险率为 10%、预期暴露期为 2 年、5 年、10 年、25 年的承受极值。其中，时间风险率是指某气象要素在严酷月出现不小于或不大于某特定值的小时数占应有记录总小时数的百分率。

（1）高温

记录极值：全国高温记录极值为 47.7℃，于 1986 年 7 月 23 日出现在新疆维吾尔自治区吐鲁番市（42°56′N，89°12′E，海拔 34.5m）。

工作极值：在时间风险率为 1%，5%，10%，20% 的高温全国工作极值分别为 45.5℃、42.9℃、41.1℃、40.0℃，出现在新疆维吾尔自治区吐鲁番市。

承受极值：再现风险率为 10%、预期暴露期为 2 年、5 年、10 年、25 年的高温承受极值分别为 48.4℃、49.5℃、50.3℃、51.3℃，出现在新疆维吾尔自治区吐鲁番市。

（2）低温

记录极值：全国低温记录极值为−52.3℃，于 1969 年 2 月 13 日出现在黑龙江省漠河市（53°28′N，112°22′E，海拔 296.0m）。

工作极值：在时间风险率为 1%、5%、10%、20% 的低温全国工作极值分别为−48.8℃、−46.1℃、−44.1℃、−41.3℃，出现在黑龙江省漠河市。

承受极值：再现风险率为 10%、预期暴露期为 2 年、5 年、10 年、25 年的低温承受极值分别为 -52.4℃、-54.6℃、-56.0℃、-58.1℃，出现在黑龙江省漠河市。

5.3.2.4.2　湿热

GJB 1172—1991 记录了中国地面高绝对湿度，低绝对湿度，高温下高相对湿度，高温下低相对湿度，低温下高相对湿度的记录极值、工作极值和承受极值。

（1）高温下高相对湿度

1）记录极值：全国高温下高相对湿度记录极值于 1953 年 8 月 14 日出现在四川省遂宁市（30°30′N，105°35′E，海拔 278.2m），相对湿度为 100%，气温为 30.4℃；

2）工作条件：高温下高相对湿度的全国工作条件用高温下高相对湿度的典型日变化模型规定，见表 5-9；

3）承受条件：高温下高相对湿度的全国承受条件用高温下高相对湿度最严重一天的气温、相对湿度和风速的日变化规定，见表 5-9。

表 5-9　高温下高相对湿度的全国工作条件和全国承受条件

时间/h	工作条件			承受条件		
	气温/℃	相对湿度/%	风速/(m/s)	气温/℃	相对湿度/%	风速/(m/s)
1	28.5	96	1.5	30.3	96	3.0
2	28.2	96	1.1	29.8	98	2.0
3	27.6	98	0.8	29.2	100	2.0
4	27.2	99	0.8	29.0	100	2.0
5	26.8	99	1.1	28.5	100	2.0
6	27.1	98	1.1	28.7	98	1.0
7	28.7	95	1.3	29.3	98	1.0
8	30.5	87	1.8	30.1	94	2.0
9	32.4	80	1.8	32.1	90	1.0

续表

时间/h	工作条件			承受条件		
	气温/℃	相对湿度/%	风速/(m/s)	气温/℃	相对湿度/%	风速/(m/s)
10	33.8	77	1.6	33.6	85	1.0
11	34.8	73	2.0	35.6	75	3.0
12	34.7	73	2.0	36.5	74	3.0
13	35.4	70	2.0	36.5	76	2.0
14	36.0	70	2.1	37.6	72	3.0
15	36.3	69	2.3	38.0	73	3.0
16	36.5	69	2.1	37.5	72	3.0
17	35.9	71	2.0	37.8	72	3.0
18	35.2	72	1.5	36.8	76	3.0
19	33.3	80	1.6	33.5	89	2.0
20	31.8	86	1.4	29.7	100	3.0
21	30.6	90	1.1	27.3	98	3.0
22	29.9	93	1.0	26.9	96	2.0
23	29.3	95	1.3	26.5	96	2.0
24	28.8	95	1.0	26.0	96	2.0

（2）高温下低相对湿度

1）记录极值：高温下低相对湿度全国记录极值于1956年7月23日14时出现在新疆维吾尔自治区吐鲁番市（42°56′N，89°12′E，海拔34.5m），相对湿度为4%，气温为42.7℃；

2）工作条件：高温下低相对湿度的全国工作条件用高温下低相对湿度的典型日变化模型规定，见表5-10；

3）承受条件：高温下低相对湿度的全国承受条件用极端地区（新疆维吾尔自治区吐鲁番市）最严重一天的气温和相对湿度的变化规定。

表 5-10　高温下低相对湿度的全国工作条件

时间/h	1	2	3	4	5	6	7	8	9	10	11	12
气温/℃	35.7	34.9	33.6	33.6	32.5	34.0	36.8	38.0	39.2	40.8	41.9	42.9
相对湿度/%	18	19	19	20	23	23	22	22	22	19	16	15
时间/h	13	14	15	16	17	18	19	20	21	22	23	24
气温/℃	44.0	45.6	45.8	45.4	44.3	41.5	41.0	40.3	39.6	40.0	36.8	35.9
相对湿度/%	14	12	10	12	14	16	15	14	16	14	18	22

（3）低温下高相对湿度

1）记录极值：低温下高相对湿度的全国记录极值于1969年2月13日出现在黑龙江省漠河市，对应的气候量值：相对湿度100%，气温为-52.3℃，水汽压为0.028hPa，混合比为18ppm；

2）工作条件：低温下高相对湿度的全国工作条件为相对湿度100%，气温则取低气温的工作极值；

3）承受条件：低温下高相对湿度的全国承受条件为相对湿度100%，气温则取低气温的承受极值。

5.3.2.4.3　气压

GJB 1172—1991记录了地面高气压的记录极值、低气压的记录极值以及时间风险率在1%、5%、10%和20%的工作极值和承受极值。

1）中国高气压的记录极值于1952年12月1日出现在新疆维吾尔自治区吐鲁番市，对应气压为1067.9hPa；

2）中国低气压的记录极值于1969年1月27日出现在西藏自治区那曲市班戈县，对应气压为553.4hPa；对应时间风险率在1%、5%、10%、20%的低气压工作极值分别为554.7hPa、557.9hPa、559.0hPa、560.3hPa；低气压的承受极值则是低气压全国记录极值553.4hPa。

5.3.2.4.4　降雨

GJB 1172—1991 规定了地面降雨 1h、6h、24h 等的降水量极值（mm），时间风险率在 0.1%、0.5%、1% 的降水强度极值（mm/min），及再现风险率为 10%，暴露期 2 年、5 年、10 年、25 年的承受极值（mm/d）。

1）瞬时降水强度：全国记录极值于 1979 年 7 月 20 日出现在贵州省安顺市，量值为 27.0mm/min，该值是用水文部门收集的 19 万站年资料中选出的发生于同一地点、同一天的 10min 降水量（72.6mm）和 1h 降水量（156.9mm）记录值按下式进行估算的

$$R = at^b \quad (5-7)$$

式中　R——降水历时为 t 的降水量，mm；

t——降水历时，min；

a，b——经验系数。

2）一定时间内的降水量全国记录极值，见表 5-11；

表 5-11　一定时间内的降水量全国记录极值

时间段	全面记录极值/mm	发生地点	发生时间
1h	252.8	陕西省渭南市	1981 年 6 月 20 日
6h	830.1	河南省沁阳市	1975 年 8 月 7 日
24h	1672	台湾省新寮	1967 年 10 月 17 日
3d	2749	台湾省新寮	1967 年 10 月
1y	8409	台湾省火烧寮	1912 年

3）按时间风险率的瞬时降水强度：时间风险率在 0.1%、0.5%、1% 的瞬时降水强度全国工作极值分别为 1.7 mm/min、0.7 mm/min、0.4mm/min，发生在广西壮族自治区东兴市；

4）按暴露期的承受极值：当再现率为 10%，预期暴露期为 2 年、5 年、10 年、25 年的普通降水承受极值分别为 391 mm/d、457 mm/d、507 mm/d、574mm/d，出现在广东省普宁市。

需要说明的是，雷暴引起的降水，一般在气压涌升、气温急降、

风速最大值出现后开始。降水强度最大时，风速（距地面 10m 高度处）一般为 4 ~ 10m/s，气温为 26 ~ 28℃。

5.3.2.4.5　砂尘

自然界中的大多数砂尘，主要成份是石英。石英的主要特点是硬度大，它能导致装备，特别是运动部件的快速磨损或损伤。在沙漠及类似的多尘地区，砂尘会使装备遭受损伤。

砂尘浓度及大颗粒出现的机会，随风速的增大而增加，如大于 150μm 的粒子，一般被限制在近地面 1m 的空气层内。在这层空气层内约有半数沙粒子（质量计）是在地表面上 10mm 内的空气层运动，而另一半，多数是在近地表面上 100mm 内的空气层运动。

砂尘环境受诸如地形、风、温度、湿度和降水因素的影响和控制。这些因素中的任一个都不能独立地支配某地区有尘或无尘问题，通常要有两个或更多个因素的相互结合才起作用。自然界中发生的最严酷的砂尘情况在沙漠地区，沙漠地区所有因素都普遍而强烈地导致砂尘的高浓度。如地形的结构特征能够引起高速的强风，引起砂尘暴。

5.3.2.4.6　盐雾

盐雾是指大气中由含盐微小液滴所构成的弥散系统。盐雾颗粒的直径一般较小，直径大于 40μm 的很少，大多在 2μm 以下，盐雾颗粒的质量在10^{-11}~10^{-5}mg，主要成分是氯化物、钠和硫酸盐离子。

在对流层以下 2 ~ 3km 的高空，起初在最低层盐雾粒子浓度最高，当海洋气团向内陆移动过程中将盐粒冲淡，形成雨、大颗粒盐粒降落，其余小颗粒盐粒在对流层空间均匀分布。

影响盐雾的主要因素有风向和风速、空气相对湿度、离海距离。当风由海洋吹向陆地时，则有利于将海面上的盐雾带入内陆，使地面空气中的盐雾含量增加，并随风力的增大使含盐量增加。当空气湿度较大时，易被盐核吸附凝结，使直径变大、变重、易于降落。反之，当空气干燥时，盐雾粒子中的水分会蒸发，粒径变小，生成干盐核，利于随风传播。海洋中产生的盐雾向陆地运送的距离，一般随粒子大小，风的速度而定，大气含盐量常随海岸到内陆的距离增大而迅速降低。

盐雾的沉降量与邻近海域海水的含盐量、温度、气团特性与厚度、风向风速、降水、空气湿度、沿海地形、森林覆盖情况等有关。一般在海水拍岸浪大且雾重的地区，盐雾沉降量也大。在沿海地区，盐雾沉降量可高达 122.8mg/(m^2·d)，一般情况下为 12.3～60mg/(m^2·d)。一般采用 GB 10593.2—1990《电工电子产品环境参数测量方法　盐雾》中的湿纱布法精确测定盐雾沉降量值，用该值用来表示空气中的含盐量。

5.3.2.5　空中气候环境极值

5.3.2.5.1　温度

根据极值理论，GJB 1172—1991 规定了 30km 内，空中高、低气温的记录极值，时间风险率在 0.5%、1%、5%、10% 和 20% 对应几何高度和压力高度下的工作极值。但随着装备的发展，飞行高度已经远超 30km，针对该类装备的空中温度应查阅其他标准，如 GJB 5601—2006《中国参考大气　地面～80km》，可查询高度到 80km 的空中温度。

(1) 温度极值

在各几何高度和压力高度上，时间风险率在 0.5%、1%、5%、10% 和 20% 的高气温和低气温全国工作极值，分别参见附录 B.1 和附录 B.2。

几何高度在 6km、10km、20km、30km 高度时，由时间风险率为 1% 和 10% 的高气温全国工作极值出现时间和地点确定的垂直剖面，参见 GJB 1172.12—1991《军用设备气候极值　空中气温》中附录表 A.1～表 A.4。

(2) 温度插值算法

在设计温度条件时，需要考虑几何高度和压力高度这两个条件的约束，在实际的几何高度和压力高度下气温的全国工作极值可以通过插值的方法获得。

几何高度气温插值公式如下

$$t_h = t_{h_1} - \frac{h - h_1}{h_2 - h_1}(t_{h_1} - t_{h_2}) \tag{5-8}$$

式中　t_h——预求几何高度的气温；

h——已知几何高度；

h_1——已知几何高度 h 的下一层高度；

h_2——已知几何高度 h 的上一层高度；

t_{h_1}——已知几何高度 h_1 上的气温；

t_{h_2}——已知几何高度 h_2 上的气温。

压力高度气温插值公式

$$t_{Zp} = t_{Zp1} - \frac{\ln p - \ln p_1}{\ln p_2 - \ln p_1}(t_{Zp_1} - t_{Zp_2}) \tag{5-9}$$

式中　t_{Zp}——预求压力高度上的气温；

p——压力高度 Zp 上对应的气压；

p_1——已知压力高度 1 上的气压；

p_2——已知压力高度 2 上的气压；

t_{Zp_1}——压力高度 Zp_1 上的气温；

t_{Zp_2}——压力高度 Zp_2 上的气温。

5.3.2.5.2　湿热

本节中描述的空中湿热环境主要是针对在 8km 以下工作的装备，空中湿热环境包括高绝对湿度、低绝对湿度环境。空中湿度可用霜点温度或霜点温度和湿空气中水汽与干空气的混合比来表示。

各几何高度和压力高度上的高绝对湿度全国纪录极值的霜点温度及相关的混合比，参见附录 C. 1。

在各个几何高度和压力高度上，时间风险率为 0.5%、1%、5%、10% 和 20% 的高绝对湿度全国工作极值的露点温度或霜点温度及累积平均混合比，参见附录 C. 2。

各几何高度和压力高度上的低绝对湿度全国纪录极值的相关信息，参见附录 C. 3。

在各个几何高度和压力高度上，时间风险率为 0.5%、1%、5%、10% 和 20% 的低绝对湿度全国工作极值的霜点温度及累计平均混合比，参见附录 C.4。

其他几何高度上的露点温度可按以下插值公式进行计算

$$t_{dh} = t_{dh_1} - \frac{h - h_1}{h_2 - h_1}(t_{dh_1} - t_{dh_2}) \tag{5-10}$$

式中　t_{dh}——预求高度的露点温度；

h——已知高度；

h_1——已知高度 h 的下一层高度；

h_2——已知高度 h 的上一层高度；

t_{dh_1}——高度 h_1 上的露点温度；

t_{dh_2}——高度 h_2 上的露点温度。

其他压力高度上的气温可按以下插值公式进行计算

$$t_{dzp} = t_{dzp1} - \frac{\ln p - \ln p_1}{\ln p_2 - \ln p_1}(t_{dzp_1} - t_{dzp_2}) \tag{5-11}$$

式中　t_{dzp}——预求压力高度上的气温；

p——已知压力高度上对应的气压；

p_1——已知压力高度 1 上的气压；

p_2——已知压力高度 2 上的气压；

t_{dzp_1}——压力高度 $zp1$ 上的气温；

t_{dzp_2}——已知压力高度 $zp2$ 上的气温。

5.3.2.5.3　气压

根据极值理论，GJB 1172—1991 规定了 30km 内几何高度上，高、低气压的记录极值、时间风险率在 0.5%、1%、5%、10% 和 20% 下每月份对应的工作极值。当飞行器飞行高度更高时，应查阅其他标准。

（1）气压极值

高气压全国纪录极值参见 GJB 1172.16—1991《军用设备气候极值　空中气压》中的表 1 及表 2。

在各个几何高度上，时间风险率为 0.5%，1%，5%，10%，20% 的高气压全国工作极值参见 GJB 1172.16—1991 中的表 3～表 7。

低气压全国纪录极值参见表 5-12。在各个几何高度上时间风险率为 0.5%，1%，5%，10%，20% 的低气压全国工作极值参见 GJB 1172.16—1991 中的表 10～表 14。

表 5-12 低气压全国纪录极值

几何高度/km	气压/hPa	月份	地点
1	856	10	西沙岛
2	757	5	齐齐哈尔市
4	569	1	嫩江县
6	420	12	嫩江县
8	308	1	嫩江县
10	226	1	嫩江县
12	164	12	海拉尔市
14	119	12	海拉尔市
16	86	12	海拉尔市
18	64	2	海拉尔市
20	47	12	海拉尔市
22	34	2	索伦县
24	25	12	海拉尔市
26	18	12	嫩江县
28	13	12	嫩江县
30	10	12	海拉尔市

（2）气压插值算法

对于两个给定几何高度之间的某几何高度的高、低气压全国工作极值，可以通过以下插值公式进行计算

$$\ln P_h = \ln P_{h_1} - \frac{h - h_1}{h_2 - h_1}(\ln P_{h_1} - \ln P_{h_2}) \tag{5-12}$$

式中 h——已知高度；

h_1——已知高度 h 的下一层高度；

h_2——已知高度 h 的上一层高度；

P_h——预求高度上的气压；

P_{h_1}——已知高度 h_1 上的气压；

P_{h_2}——已知高度 h_2 上的气压。

5.3.2.5.4　风

根据极值理论，GJB 1172—1991 规定了 30km 内，空中风速的纪录极值、时间风险率在 0.5%、1%、5%、10% 和 20% 对应几何高度和压力高度下的工作极值及几何高度、压力高度下的风速插值算法。

（1）风速极值

在各几何高度和压力高度上，风速的全国纪录极值参见 GJB 1172.14—1991《军用设备气候极值　空中风速》中的表 1～表 3。在各个几何高度和压力高度上，时间风险率在 0.5%、1%、5%、10% 和 20% 的风速全国工作极值可参见 GJB 1172.14—1991 中的表 4～表 8。

在各几何高度和压力高度上，风的垂直切变全国纪录极值可参见 GJB 1172.14—1991 中的表 9～表 11。在各个几何高度和压力高度上，时间风险率在 0.5%、1%、5%、10% 和 20% 的风的垂直切变全国工作极值参见 GJB 1172.14—1991 中的表 12～表 16。

（2）风速插值算法

对于给定几何高度或压力高度的风速工作极值，可以通过以下插值公式进行计算：

几何高度风速插值公式

$$\begin{aligned}
\boldsymbol{\mu}_h &= \boldsymbol{\mu}_{h_1} - \frac{h - h_1}{h_2 - h_1}(\boldsymbol{\mu}_{h_1} - \boldsymbol{\mu}_{h_2}) \\
\boldsymbol{v}_h &= \boldsymbol{v}_{h_1} - \frac{h - h_1}{h_2 - h_1}(\boldsymbol{v}_{h_1} - \boldsymbol{v}_{h_2}) \qquad (5\text{-}13) \\
V_h &= (\mu_h^2 + v_h^2)^{\frac{1}{2}}
\end{aligned}$$

式中　h——已知高度；

h_1——已知高度 h 的下一层高度；

h_2——已知高度 h 的上一层高度；

$\boldsymbol{\mu}_h$——预求的 h 高度上的风向量纬向向量；

$\boldsymbol{v}_h$——预求的 h 高度上的风向量径向向量；

V_h——预求的 h 高度上的风速；

$\boldsymbol{\mu}_{h_1}$——h_1 高度上的风向量纬向向量；

$\boldsymbol{v}_{h_1}$——h_1 高度上的风向量径向向量；

$\boldsymbol{\mu}_{h_2}$——h_2 高度上的风向量纬向向量；

$\boldsymbol{v}_{h_2}$——h_2 高度上的风向量径向向量。

压力高度风速插值公式

$$
\begin{aligned}
\boldsymbol{\mu}_{Zp} &= \boldsymbol{\mu}_{Zp_1} - \frac{\ln P - \ln P_1}{\ln P_2 - \ln P_1}(\boldsymbol{\mu}_{Zp_1} - \boldsymbol{\mu}_{Zp_2}) \\
\boldsymbol{v}_{Z_p} &= \boldsymbol{v}_{Zp1} - \frac{\ln P - \ln P_1}{\ln P_2 - \ln P_1}(\boldsymbol{v}_{Zp_1} - \boldsymbol{v}_{Zp_2}) \\
V_{Z_p} &= (\mu_{Z_p}^2 + v_{Z_p}^2)^{\frac{1}{2}}
\end{aligned}
\tag{5-14}
$$

式中　Z_p——已知压力高度；

Z_{p1}——已知压力高度 Z_p 的下一层高度；

Z_{p2}——已知压力高度 Z_p 的上一层高度；

$\boldsymbol{\mu}_{Zp}$——预求的 Z_p 高度上的风向量纬向向量；

$\boldsymbol{v}_{Z_p}$——预求的 Z_p 高度上的风向量径向向量；

$\boldsymbol{V}_{Z_p}$——预求的 Z_p 高度上的风速；

$\boldsymbol{\mu}_{Zp_1}$——Z_{p_1}高度上的风向量纬向向量；

$\boldsymbol{v}_{Zp_1}$——Z_{p_1}高度上的风向量径向向量；

$\boldsymbol{\mu}_{Zp_2}$——Z_{p_2}高度上的风向量纬向向量；

$\boldsymbol{v}_{Zp_2}$——Z_{p_2}高度上的风向量径向向量。

5.3.3　力学环境

5.3.3.1　分类

力学环境是武器装备在运输、作战使用等过程中由于动激励产生的动力学现象，也称“动力学环境”。这些激励可以是施加的外力，也可以是一种运动输入，它们既可以由内部产生也可由外部诱发，内部产生的激励如转动部件的不平衡力、机构运动、组件中的磁力、气动或流体动力、贮箱内推进剂液体的晃动力等，因为内部产生的激励是和特定设计以及部件功能紧密联系的，很难有普适的方法来分析内部激励产生的力学环境。外部的激励有装卸、转运、发射及分离过程中的平台激励或火工推力等。

根据动力学环境数据特性，动力学环境通常分为确定性的、随机的或是二者兼有的。随机的动力学环境根据信号统计特性又可分为稳态的、非稳态的或瞬态的。

(1) 确定性动力学环境

确定性动力学环境是在任意时刻，在允许的试验误差范围内，激励的瞬时值都可以通过前一时间对激励的测量值来确定。确定性动力学环境通常是比较容易理解和描述的物理过程，因此，我们常使用确定性方法来描述和预估这些激励，并分析这种激励产生的响应，即动力学环境。

鉴于此，可以将确定性环境描述为一个时间的函数 $x(t)$，它是一个周期的或非周期的（瞬态）时间历程信号，见图 5-5。信号 $x(t)$ 的傅里叶变换 $X(f)$ 可以用来描述确定性动力学环境在频域上的表现，该部分内容在本章稍后的小节中将有详细论述。

(2) 随机动力学环境

随机动力学环境是指时间历程信号的统计学属性（如均值和标准偏差）是不变的，而特定时刻的信号值又是不一样的环境，因此在特定时刻，信号的精确值无法通过前一环境因素的测量值获得，例如管道中高速气流产生的空气动力学噪声。

根据随机动力学环境统计学特性随时间的变化特征，随机动力学环境可分为“时不变”或“时变”的，这取决于在所关心的时间范围内，随机动力学环境特性的统计学特性随时间是不变的还是变化的。时不变随机动力学环境通常被称为“平稳随机动力学环境”，当一个或多个表现环境特性的随机信号统计学特性随时间变化时，该环境则为时变的动力学环境，如飞行器在发射阶段，大多数动力学环境特性都是时变的，发射阶段的飞行器动力学环境则为时变动力学环境。

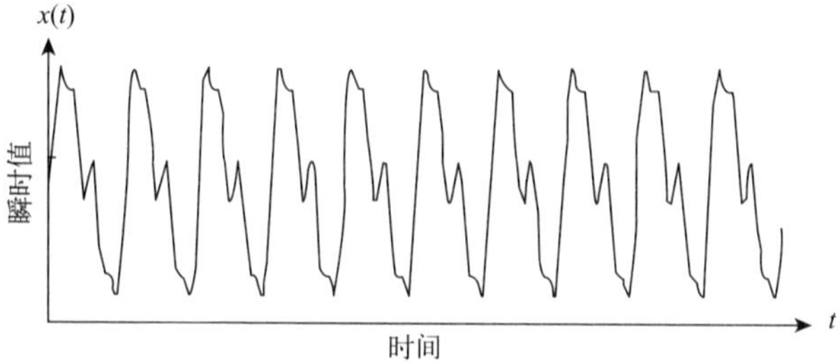

(a) 周期信号

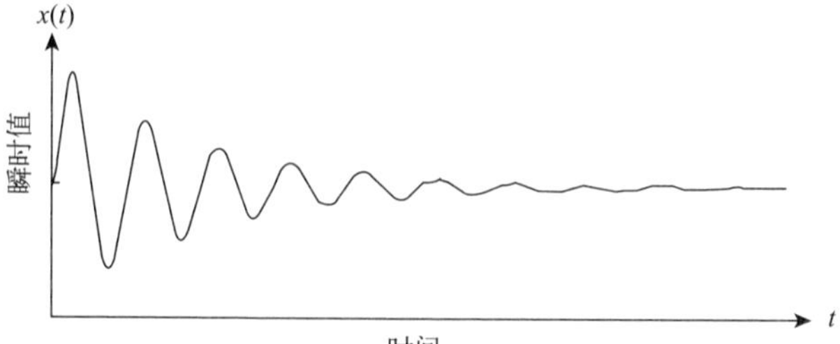

(b) 瞬态信号

图 5-5　周期及瞬态确定性信号示意图

时变动力学环境根据信号特征又可分为非平稳随机动力学环境和瞬态随机动力学环境。如果时变动力学环境至少有一个统计特性是随时间变化的，则这种随机环境被称为非平稳随机动力学环境，典型的如飞行器在大气层中上升时造成的气动噪声，它的均方根值就是时变的，故飞行器在大气层内上升过程中的气动噪声是非平稳随机动力学环境。如果时变动力学环境有明确的开始和结束时间，且作用时间较短，就称之为瞬态动力学环境，例如火箭发动机点火瞬时气压，或是爆炸分离冲击，是典型的非平稳和瞬态动力学环境，见图 5-6。

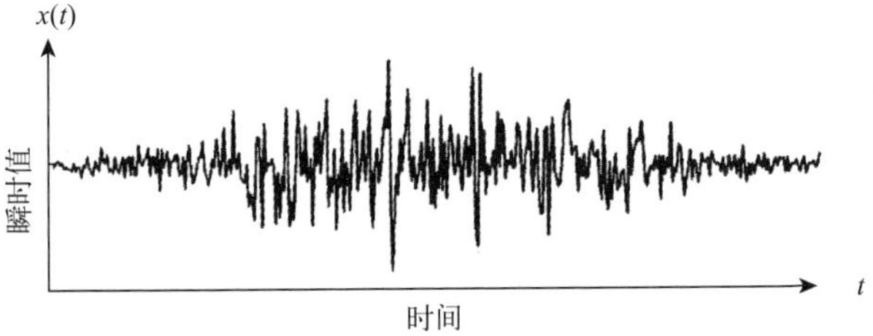

(a) 非平稳信号

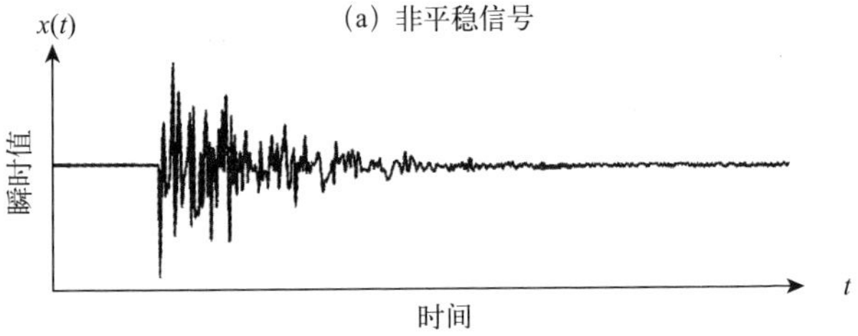

(b) 瞬态信号

图 5-6　非平稳和瞬态随机动力学环境

5. 3. 3. 2　环境因素

根据 5. 3. 3. 1 节，将动力学环境分为确定性动力学环境和随机动力学环境。武器装备的动力学环境一般由确定性部分和随机部分共同组成，在分析装备的动力学环境时，更多的是根据数据特征按照环境因素进行分类，包括振动、冲击、噪声、加速度。

(1) 振动

振动是机械运动或位置的量值相对于某一平均值或参考值随时间时大时小交替变化的现象。

根据确定性动力学环境和随机性动力学环境特征，又可将振动分为确定性振动、平稳随机振动和瞬态振动，其中典型的确定性振动如正弦振动。

(2) 冲击

冲击是系统受到瞬态激励后，其力、位置、速度或加速度发生突然变化的现象，其中瞬态载荷的作用持续时间比结构的自由衰减振动周期还要短。

（3）噪声

噪声是指紊乱、断续或在统计上随机的声振荡。不同于振动、冲击信号，噪声属于一种压力信号。

（4）加速度

加速度是表示速度对时间导数的矢量，相比振动信号，加速度信号相对变化缓慢。

导弹、火箭等飞行器在运输、作战使用等阶段经受的动力学环境，与其平台环境、动作、结构等相关，而加速度主要是与功能性能设计相关，且与振动、冲击、噪声环境分析相比较简单。后文将重点针对振动、冲击、噪声环境分析进行描述。

5.3.3.3　力学环境数据分析

5.3.3.3.1　原则

受一些客观条件的限制，在实际测量中常常存在各种噪声干扰、动态范围和分辨率不满足要求等问题，导致测量数据的品质较差，很多数据不能直接使用，必须对实测数据进行异常信号的识别、分析及处理。因此，在对动力学环境数据进行分析处理前，应遵循以下基本原则：

1）在数据分析前，应对所有测到的信号进行确认和编辑，以保证分析结果的有效性；

2）在数据确认过程中，凡出现不能通过编辑进行有效修正的异常数据，应予以剔除，同时也不能在工程中应用；

3）基于对试验和试验费用等因素的考虑，允许适当放宽要求，从有疑问或者不完善的测量数据中提取有用信号；

4）对原始数据的编辑要针对数据的特征，选择科学的处理方法，必要时，应通过多种方法对比选择出最优的处理方法；

5）对数据确认和编辑的结果应作详细记录。

5.3.3.3.2 异常信号检查

(1) 信号削波

数据采集中最常见数据异常现象是在一台或多台的数据采集仪器中，由于灵敏度设置过高或者仪器测量量程上限不够，导致数据采集系统采集的信号存在削波或饱和的现象。另外，信号输出装置的量程选择不当也会引起明显的信号削波，但这种信号削波现象很容易被纠正。因此，如果发现信号有削波现象，应首先检查输出装置选择的量程，排除因为信号输出装置的原因所导致的削波。

从信号的时间历程看，存在削波现象的信号中有明显的上限强加在信号值上，典型的削波现象可参见 GJB/Z 222—2005《动力学环境数据采集和分析指南》中的图 85。

(2) 过大仪器噪声

过大仪器噪声是由于一台或多台数据采集仪器的灵敏度（增益）设置得过低，导致数据采集系统动态范围不适当，造成信号与测量系统背景噪声相比太小，即信噪比过低。

(3) 间歇噪声

在数据采集期间，有时会出现一类特殊的噪声问题，即在所测的时间历程中存在间歇的“噪声尖峰”。这种噪声尖峰往往与数据采集系统不正常有关，如传感器和适配器之间的接插件连接不可靠或者屏蔽电缆有缺陷，当受到振动、冲击时就会产生间歇噪声。

(4) 虚假趋势

力学环境数据时间历程对应的均值有时存在随时间缓慢变化的现象，它的变化周期一般大于测量持续时间，多数情况下，这种变化趋势是虚假趋势。

(5) 信号丢失

实测信号有时会受到未知干扰突然消失在测量仪器的背景噪声中，这种信号在以后测量中也许会或也许不会再恢复的现象就是信号丢失，这种信号丢失通常表明传感器或数据采集系统中某些仪器出现故障或者信号存在干扰。

5.3.3.3.3　异常信号分析

(1) 信号削波

对于确定性动力学环境数据，通过目视检查很容易确定信号是否削波，但对于非平稳的瞬态信号，有时单凭时间历程的目视检查，难以检测到削波，尤其是单次瞬态信号的削波。为了进一步检测在瞬态信号上可能出现的削波，通常限定测量系统的输出峰值电压大小，并与所测瞬态信号峰值电压进行比较，如果信号的峰值电压等于或大于测量系统峰值电压的 95%，就认为削波可能已产生。而对平稳随机信号这种特殊情况，采用概率密度分析方法就可以检测削波。

对于周期信号和瞬态信号，削波会显著地降低信号峰值，另外，削波还会明显地增加信号的高频分量，因此如果模拟时间历程的目视检查已确认削波现象存在，则这些所测得的周期信号和瞬态信号应予以剔除。对于随机信号，假如削波发生在信号满量程的 95% 范围内，则应剔除该削波数据。

但在工程中，有限的实测数据非常宝贵，有时需要尽可能地恢复削波数据以供使用。恢复削波信号的常用方法有回归分析法、样条插值法、神经网络法等。回归分析法包括线性回归法和非线性回归法，对于随机振动数据，常用的是非线性回归分析法，即采用多项式来逼近实测数据随时间的变化规律。

假设振动为变量 x，时间为 t，则非线性回归模型为

$$x = \sum_{i=0}^{\infty} b_i t^i \tag{5-15}$$

式中　b_i——系数。

样条插值法中常用的是三次样条插值法，三次样条插值法是将时间 t 和振动响应 x 分成 n 个区间，则对第 j 个区间，三次样条插值法满足

$$x_j(t) = b_0^j + b_1^j t + b_2^j t^2 + b_3^j t^3 \qquad t \in (t_{i-1},\ t_i) \tag{5-16}$$

利用 n 点实测值，结合三次样条函数的假设（函数一、二阶导数连续），通过多项式计算得到系数 b_0^j、b_1^j、b_2^j 和 b_3^j。

基于公式（5-15）或公式（5-16）及削波数据对应的时间点，即可恢复削波数据。

但对于导弹、火箭等飞行器的动力学环境，主要由随机信号组成，削波信号很难恢复，在不得已的情况下，不建议恢复并利用。

（2）过大仪器噪声

检测测量仪器噪声过大最有效的方法就是在进行正式测量前或后，测量数据采集系统的输出（通常称它为静态时间历程），单独测量仪器的本底噪声，而后可将它直接与动态测量数据相比较，但需要说明的是，在测量本底噪声和正式测量时的系统设置应相同。

本底噪声信号通常是平稳随机的，因此，若周期信号和瞬态信号中存在过大仪器噪声，一般很容易在测量的信号中识别。但是对于平稳随机信号，则难以通过目视来检查时间历程中过大的测量仪器噪声的存在，通常需通过功率谱计算来判断。

（3）间歇噪声

对于周期数据，通过时间历程的目视检查可以很容易发现间歇噪声尖峰的存在；而对于瞬态信号，有时很难发现间歇噪声尖峰的存在；对于平稳随机信号，在间歇噪声的平稳随机信号的概率密度曲线上会呈现过长的尾缘，因此，可用概率密度分析来检测噪声尖峰。

间歇噪声尖峰作为附加的宽带噪声出现在频谱分析中，它会使真实信号的频谱值严重失真。因此，应剔除所有已辨识到在模拟时间历程中带有噪声尖峰的测量数据，除非这些噪声尖峰能通过修正、编辑方法消除。对于宽带平稳随机信号，时间历程中的噪声尖峰有可能与有效信号的峰值相混淆，因此，应将所有超出信号均方根±4 倍的信号时间历程值认为是有问题的噪声尖峰，从而把它去掉。

可按下列步骤从时间历程中简单消除间歇噪声：

1）消除所有噪声尖峰对应的数字时间历程值；

2）在尖峰之后的第一个值和尖峰之前的最后一个值之间插一个适当的新值，替代所消除的每个尖峰值，假如信号是周期性的，应采用信号前一个周期中所观察到的数据值内插；对随机和瞬态信号，虽然可以使用较复杂的内插程序，但一般线性内插已足够。

此外，需要强调的是，为了保证数字时间历程所有其他值的时间基准不变，所有的消除值都必须用内插值替代，而且，数据编辑处理不应在编辑后的时间历程中留下任何不连续的断点。

（4）虚假趋势

在有效的测量数据中，时间历程信号中的虚假趋势通常是显而易见的，只要数据采集系统中数据信号的频率下限 f_1 明显高于测量持续时间 T_r 的倒数，即 $f_1 \geqslant \frac{1}{T_r}$，则认为信号中存在虚假趋势。

多数情况下，虚假趋势并非由于放大器或压电传感器元件的饱和而产生，数据信号中这种虚假趋势的存在只会使频谱计算中低频分量失真。因此，假设信号中有工程意义的最低频率 f_1 明显高于测量持续时间 T_r 的倒数，则有效信号通常可用高通滤波恢复。如若对频率低于 $f=10/T_r$ 的信号频谱分量不感兴趣，虚假趋势可用截止频率不低于 $f=10/T_r$ 的高通滤波消除，这种方法也适用于所有将总的测量持续时间 T_r 细分成 Nd 段（$Nd \geqslant 10$），每段长度为 T，计算随机信号自谱的情况。

信号中的线性和其他单调的趋势还可按以下方法消除。

假设振动为变量 x，时间为 t，则去除趋势项后的振动是

$$x' = x - \hat{x} \tag{5-17}$$

式中　$\hat{x}$——趋势项；

x'——去除趋势项后的振动。

常用的趋势项计算方法有滑动平均法、多项式拟合法等。

①滑动平均法

滑动平均法的步骤是：

1）将 x 分为 N 段；

2）计算每段数据的平均值 $\hat{x}_i$；

3）计算 $x'_i(x'_i=x_i-\hat{x}_i)$。

②多项式拟合法

在多项式拟合法中，$\hat{x}_i$ 满足

$$\hat{x}_i = \sum_{k=0}^{K} b_k \times (i \times \Delta t)^k \qquad i = 1,\ 2,\ \cdots,\ N \tag{5-18}$$

式中 K——多项式的阶数；

N——振动数据点数；

b_k——系数。

（5）信号丢失

永久性和暂时信号丢失很容易通过信号时间历程的目视检查检测到。但对于瞬态数据这种情况，信号丢失可能发生在瞬态事件期间，导致有效瞬态信号畸变或模糊，从而使时间历程的目视检查效果不明显。对于此种情况，应弄清瞬态信号在时间历程中出现的准确时间，以便辨识瞬态信号丢失。

对于丢失前或丢失后的信号，在证明未有其他问题的情况下，可以分析利用。

5.3.3.3.4 平稳性检验

根据 5.3.3.1 节中关于力学环境的分类，随机动力学环境可分为平稳随机动力学环境和非平稳随机动力学环境。平稳随机信号和非平稳随机信号对应的分析方法有别，因此，一般在动力学环境数据分析前，需要辨识信号的平稳性。

平稳性的概念通常在构成随机过程样本记录的集合意义上进行定义，如果任一瞬时计算的集合平均特性不随时间变化，则该过程是平稳的。对于某一单条时间历程的测量数据，它构成一个单一的

随机过程物理实现，此时，平稳性可解释成在一系列邻接的短时间段上算得的平均特性与时间无关。然而，在以短平均时间计算随机数据的平均值时，由于存在固有的统计随机误差，因此，要区分所计算平均值序列的时变性和统计抽样误差就存在困难。有一种简单的统计检验方法可用来确定一系列以短时间平均计算出时间历程的平均特性是否明显随时间变化，它是一种非参数的检验方法，适用于所有时间历程，不管它是确定性的还是随机的，并且该方法与概率密度函数无关。这种检验方法对检验在整个测量期间内所关心参数值的单调趋势是有效的，但不适用于检测某种类型的周期趋势。

平稳性的重要特征是：数据的平均值波动很小，波形的峰谷变化较均匀，频率结构比较一致。一般说来，只要现象的基本物理因素不随时间变化，即数据的统计特性不随时间而变化，就可以认为数据是平稳的。对于平稳性的检验，理论上应该从随机过程的总体来检验，但这显然不可能，所以在工程上只能近似检验，就是把单个时间历程记录分成若干段，若每段各自按时间平均的统计特性都一样，就可当作是平稳随机过程。

在随机振动的平稳性检验中，以均方根离散程度为研究基础的轮次检验法用的较多，它只与出现一组均方根中的轮次的数目有关，不要求了解均方根的实际采样分布情况。该方法的具体操作步骤如下：

1）把采样记录 x 分成 k 个等时间区间，认为这 k 个区间上的数据是独立的；

2）对每个区间计算均方根 $\bar{x}_1^2$，$\bar{x}_2^2$，……，$\bar{x}_k^2$；

3）计算上述均方根时间序列的平均值 $\bar{x}_0^2$：

$$\bar{x}_0^2 = \frac{1}{k}\sum_{i=1}^{k}\bar{x}_i^2 \tag{5-19}$$

4）对每个大于和小于平均值的均方根分别标以（+）和（-），

并按原来的次序排列，计算序列（+）、（-）变号的次数，即轮次的数目 R；

5）给定置信水平（$1-\alpha$），根据 α 和 $N/2$（N 是 x 的长度），查轮次分布表，得到相应的轮次数区间［R_1，R_2］。

若计算出的轮次数 R 落在此区间内，则该随机振动信号是平稳的，反之，则是不平稳的。

5.3.3.3.5　正态性检验

针对动力学环境数据的分析方法，需要判断数据是否满足正态分布，判断随机信号 $x(t)$ 的概率分布是否满足正态分布在工程中有重要意义。例如在结构疲劳寿命设计中，可根据应力数据的正态分布规律计算结构寿命。

一般情况下，若信号 $x(t)$ 服从正态（或高斯）分布，它的概率密度函数为

$$p(x)=\frac{1}{\sqrt{2\pi}\sigma_x}\exp\left[\frac{-(x-\mu_x)}{2\sigma_x^2}\right] \tag{5-20}$$

式中　μ_x——随机信号 $x(t)$ 的均值；

σ_x——随机信号 $x(t)$ 的标准差。

随机数据的正态性检验方法较多，最常用的是 χ^2 检验，尤其是当统计独立的数据值在 200 ~ 2 000 时，χ^2 检验最有效。经验表明，由于动态数据的离散时间序列都与时间相关，χ^2 检验方法适用于 $100<BT<1\ 000$ 的离散时间序列，其中 B 为主要动态数据值的近似频带带宽，T 为数据序列的持续时间。

此外，需要说明的是，在进行随机信号的正态性检验前，应确认信号 $x(t)$ 必须是平稳的，如果信号是非平稳的，特别是有时变的标准差时，即使产生测量结果的现象本身确实是服从高斯分布的，但根据时间平均计算得到的概率密度函数会呈现非高斯分布。因此，正态性检验的前提是要求测量的随机信号 $x(t)$ 是平稳的，否则会产生虚假的正态性偏差。

5.3.3.3.6　数据分析

(1) 表征

各种环境因素的表征不同，对应的数据分析方法也不同，因此，需要从各种环境因素的数据特征出发，根据其表征建立相应的数据分析方法。综合5.3.3.1节和5.3.3.2节的描述，根据因素及统计特性，可将动力学环境数据分为：

1）平稳随机振动；

2）局部平稳随机振动；

3）瞬态振动；

4）确定性振动（主要是准正弦振动）；

5）冲击；

6）噪声。

根据动力学环境数据特性，动力学环境一般通过时域、频域和时-频域特征来描述；对于导弹等武器装备的动力学环境数据，常用时域和频域描述。时域主要是描述时间历程及信号的统计特性，如均值、均方根、标准差等；频域的描述根据数据统计特性不同而不同，一般的要求为：

1）准正弦振动通过傅里叶幅值谱描述；

2）平稳随机振动、局部平稳随机振动通过功率谱密度描述；

3）瞬态振动通过冲击响应谱描述；

4）冲击通过冲击波形或者冲击响应谱描述；

5）噪声通过声压级描述。

(2) 时间历程

时间历程是对武器装备动力学环境量值随时间变化的描述。一般对于具有确定性特性的低频（50Hz以下）瞬态环境，时间历程可以为预测结构响应、确定试验量级等提供充分的描述，但这种时间历程对于随机动力学环境或高频确定性环境的工程应用来说是不准确的。

典型的时间历程，见图 5-7。

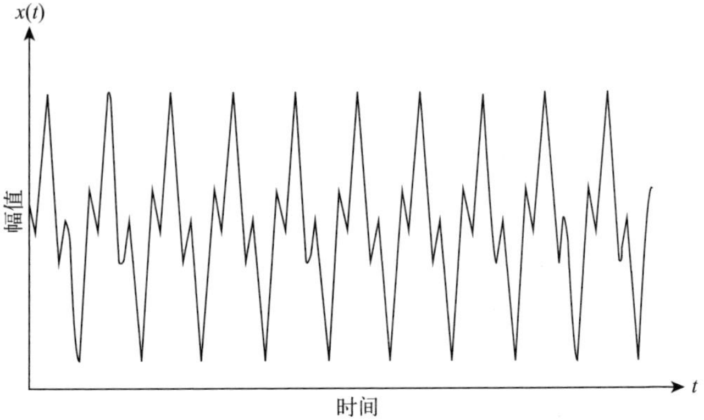

图 5-7 典型时间历程

(3) 均值、标准差、均方根

均值 μ_x 是表示一组数据集中趋势的量数，它可以描述信号 $x(t)$ 的集中趋势；标准差 σ_x 是一种量度数据分布的分散程度的标准，用以衡量数据值偏离算术平均值的程度，即可以描述信号 $x(t)$ 的散布情况，标准差越小，这些值偏离平均值就越少，反之亦然；均方根（rms）ψ_x 描述了信号 $x(t)$ 的集中趋势和散布情况。

信号 $x(t)$ 在时间段 $0 < t < T$ 内对应的均值、标准差、均方根的计算方法如下：

①均值

$$\mu_x = \frac{1}{T}\int_0^T x(t)\,\mathrm{d}t \tag{5-21}$$

②标准差

$$\sigma_x = \sqrt{\frac{1}{T}\int_0^T [x(t) - \mu_x]^2\mathrm{d}t} \tag{5-22}$$

③均方根

$$\psi_x = \sqrt{\frac{1}{T}\int_0^T x^2(t)\,\mathrm{d}t} \tag{5-23}$$

对于确定性动力学环境或平稳随机信号，其均值、标准差和均方根都是一定的。但对于非平稳动力学环境，其统计特性是随时间变化的，因此，一般用时变均值、标准差和均方根值来表示，通常取短时、连续的时间段分别进行计算，得到连续变化的 μ_x 、σ_x 和 ψ_x 。

(4) 傅里叶谱

傅里叶变换是一种线性的积分变换，应用于信号在时域和频域之间变换。傅里叶变换在物理学、结构动力学、声学等多个领域内都有着广泛的应用。

假设信号 $f(t)$ 满足狄里赫利条件，则其傅里叶变换为

$$F(\omega) = \int_{-\infty}^{+\infty} \mathrm{e}^{-\mathrm{i}\omega t} f(t)\,\mathrm{d}t \tag{5-24}$$

$F(\omega)$ 的傅里叶逆变换为

$$f(t) = \frac{1}{2\pi}\int_{-\infty}^{+\infty} \mathrm{e}^{\mathrm{i}\omega t} F(\omega)\,\mathrm{d}\omega \tag{5-25}$$

傅里叶变换是一种能量守恒变换。即用时间表示信号或用频率表示信号，其总能量是一样的，即

$$\int_{-\infty}^{+\infty} |f(t)|^2 \mathrm{d}t = \frac{1}{2\pi}\int_{-\infty}^{+\infty} |F(\omega)|^2 \mathrm{d}\omega \tag{5-26}$$

傅里叶变换利用一系列不同频率的正弦波叠加和的形式来代替用时间信息表示的信号，但是傅里叶变换在变换过程中丢失了时域信息，因此也丧失了时域分辨率。

傅里叶变换针对的是连续信号，但对于工程界的计算应用，信号主要是离散的，由此离散傅里叶变换（Discrete Fourier Transform）应运而生。离散傅里叶变换的提出是傅里叶分析发展的一个重要里程碑，它使得有限长的离散信号可被变换到频域。离散傅里叶变换的定义如下：

假设离散时间序列 f_0，f_1，…，f_{N-1}，绝对可和，即满足 $\sum_{k=0}^{N-1} |f_k| < \infty$ ，则该离散序列的傅里叶变换为

$$G_n = \sum_{k=0}^{N-1} f_k e^{-i\frac{2\pi n}{N}k} \qquad n = 0,\ 1,\ \cdots,\ N-1 \tag{5-27}$$

$\{G_n\}$ 的离散傅里叶逆变换为

$$f_k = \frac{1}{N}\sum_{n=0}^{N-1} G_n e^{i\frac{2\pi n}{N}k} \qquad k = 0,\ 1,\ \cdots,\ N-1 \tag{5-28}$$

在计算 G_n 的过程中，当 n 取一个值时需要 N 次乘法计算，因此计算 G_n 共需 N^2 次乘法，可知离散傅里叶变换的计算量很大，这也是在离散傅里叶诞生后在很长时间里，只经历了漫长的理论研究阶段的原因。后来随着计算机的发展，离散傅里叶变换得以广泛应用，但离散傅里叶变换算法的时间复杂度仍然很高，难以实现实时分析处理。直到 Cooley 等于 1965 年提出快速傅里叶变换（FFT），采用采样序列的倒序排列和蝶形递推算法，该算法大大减少了离散傅里叶变换的计算量，使得傅里叶变换在数字信号处理中发挥了很大作用。

快速傅里叶变换是离散傅里叶变换的快速算法

$$X(f) = \frac{1}{N}\sum_{k=0}^{N-1} x(k)\, e^{-i2\pi k f \Delta t} \tag{5-29}$$

基于公式（5-29）计算得到傅里叶幅值谱，但在工程中，一般用单边幅值谱

$$P(f) = \begin{cases} 2\,|X(f)|, & f > 0 \\ |X(f)|, & f = 0 \\ 0, & f < 0 \end{cases} \tag{5-30}$$

根据公式（5-30）即可得到准正弦振动的表征，见图 5-8，图中所示为典型正弦信号的傅里叶谱。

(5) 功率谱密度

功率谱密度是对信号单位带宽上的功率描述，对平稳或局部平稳随机振动信号，基于傅里叶谱进行功率谱密度分析：

$$\mathrm{PSD}(f) = \frac{2}{n_d \Delta f}\sum_{i=1}^{n_d} |X_i(f)|^2,\ f \geqslant 1 \tag{5-31}$$

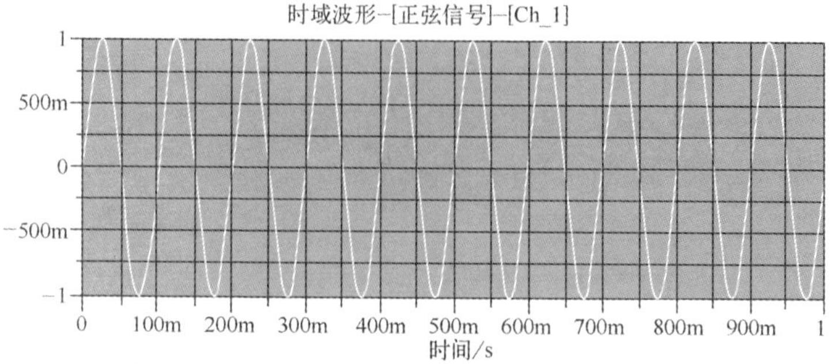

(a) 正弦信号时间历程（信号频率10Hz，幅值1，采样频率1024Hz）

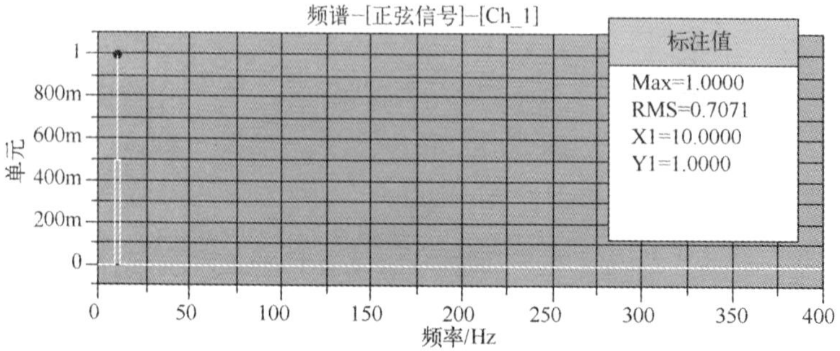

(b) 图 (a) 的正弦信号的傅里叶幅值谱

图 5-8　正弦信号及对应的傅里叶幅值谱

式中　PSD(f) ——功率谱密度；

n_d ——平均次数；

Δf ——频率间隔；

$X_i(f)$ ——傅里叶幅值谱。

基于公式（5-31）计算功率谱密度时，需要说明的是：

1）平均次数一般至少为 5；

2）若数据长度不足以平均 5 次时，允许通过重叠增加平均次数，但重叠长度不超过分析数据长度的 50%；

3）若功率谱分析时做了加窗处理，则需要对功率谱分析结果进行功率修正。

某典型平稳随机振动信号的功率谱密度分析结果见图 5-9。

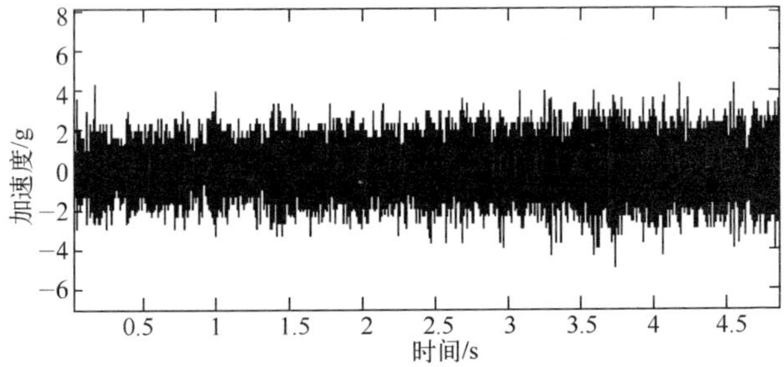

(a) 典型平稳随机振动时间历程

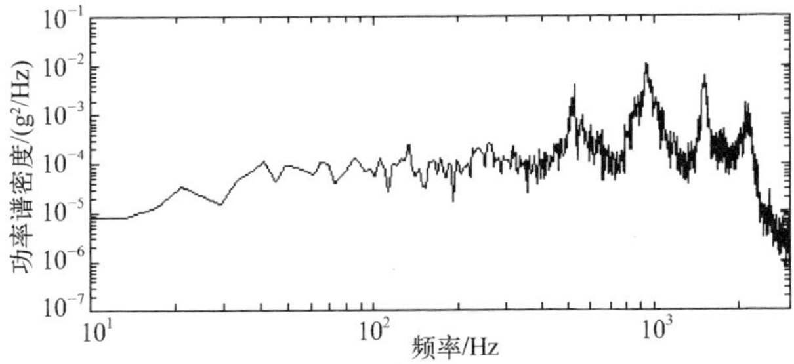

(b) 典型平稳随机振动信号的功率谱密度

图 5-9　典型平稳随机振动信号及对应的功率谱密度

(6) 冲击响应谱

装备受到冲击激励后，其位移、速度、加速度会在较短时间内发生变化，这种变化称为冲击响应，冲击响应一般用冲击波形或者冲击响应谱表征。常用的冲击波形有半正弦波、后峰锯齿波等，冲击响应谱是一系列固有频率不同的单自由度线性系统受到同一冲击激励而产生响应的总结果。

冲击响应谱的概念自提出以来，其计算方法不断完善，使得它成为装备耐冲击设计和冲击环境试验的主要依据。根据响应峰值取法的不同，可将冲击响应谱分为以下几种：

1) 初始响应谱，又称为“主谱”。它是在保持有持续冲击的时间段内，反应产生对应的最大响应峰值与系统固有频率之间的关系。它有正负之分，正向是指与激励同方向的响应峰值，负向是与激励反方向的响应峰值；

2）剩余响应谱，又称为“余谱”。它表达了在持续冲击作用完结之后的时间范围内出现的最大响应峰值与系统固有频率之间的关系。它也有正负之分，正负代表的含义与初始响应谱的相同；

3）最大响应谱。它是最大响应峰值和系统固有频率之间的关系，也就是“主谱”和“余谱”所构成的包络谱。当它是绝对值最大时，称为绝对最大响应谱；

4）最小响应谱。它是在整个响应过程内，在负方向上的最大响应值与系统固有频率之间的关系。

根据响应参数的不同，又可将冲击响应谱分为绝对加速度谱、等效加速度谱、速度谱、等效速度谱、绝对位移谱和相对位移谱。一般常用的是绝对加速度谱和相对位移谱，绝对加速度谱是规范冲击环境、考核冲击环境适应性的表征。

冲击响应谱的数值解法有多种，大体可分为两类：一类是直接积分法；另一类是传统计算方法递归数字滤波法和现在广泛应用于实际工程中的改进递归数字滤波法。常用的递归数字滤波法参见附录 D。

某典型冲击信号的冲击响应谱分析结果见图 5-10。

（7）声压级

声压级是噪声信号的表征。其计算方法是在功率谱密度计算的基础上做变换。

声压级的计算公式如下

$$SPL = 20\lg \frac{P_e}{p_0} \tag{5-32}$$

式中　SPL——声压级，dB；

P_e——声压，Pa；

p_0——参考声压，Pa，一般取 20μPa。

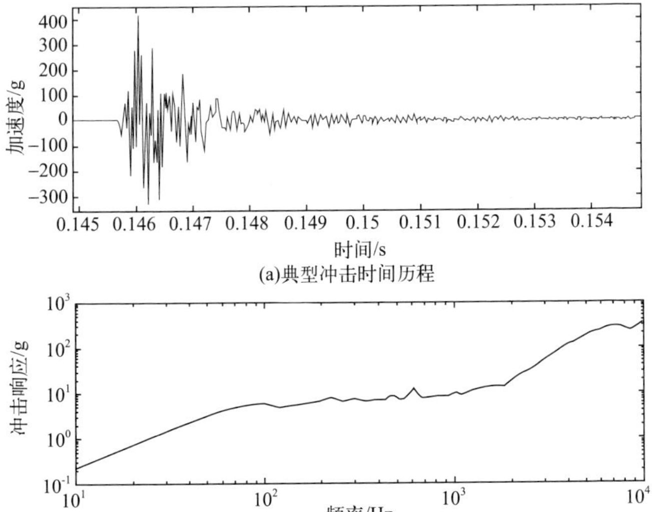

(a)典型冲击时间历程

(b)典型冲击信号的冲击响应谱

图 5-10　典型冲击信号及对应的冲击响应谱

需要说明的是，区别于傅里叶谱、功率谱密度等振动信号的表征，声能量在高频比较低，一般用 1/3 倍频程带宽来表征随频率的声压级变化。

某典型噪声信号的声压级分析结果见图 5-11。

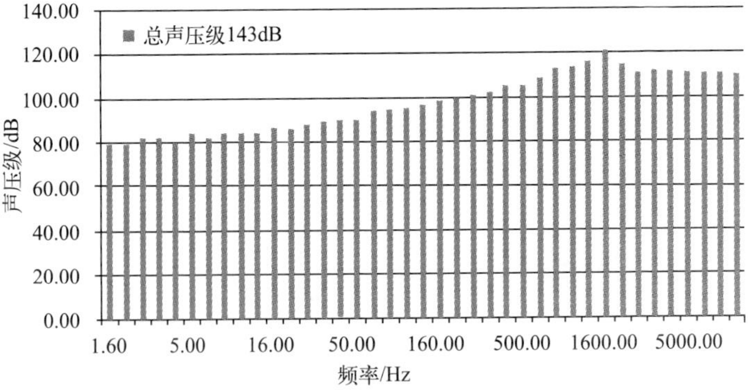

图 5-11　典型噪声信号的声压级

5.3.3.3.7　分析流程

综合5.3.3.3.2～5.3.3.3.6节的内容，动力学环境数据分析处理流程见图5-12，按照此流程对动力学环境数据进行分析。

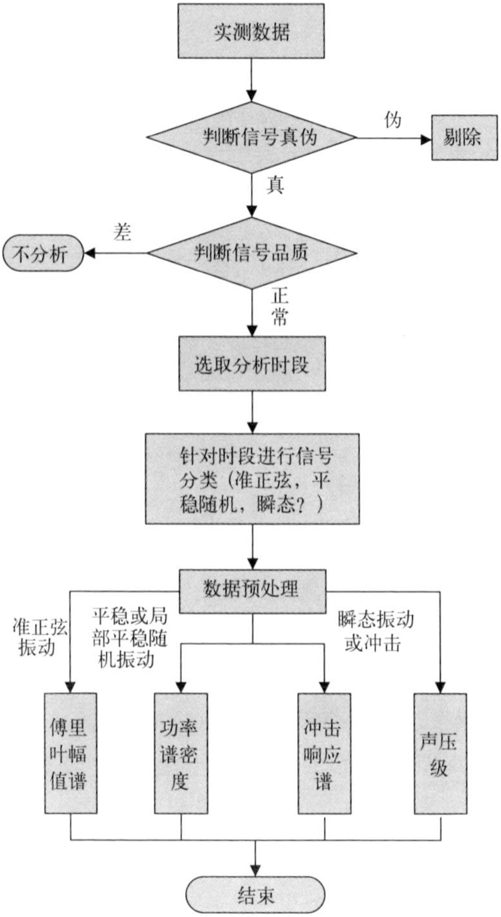

图5-12　动力学环境数据分析处理流程

5.3.3.4　力学环境预示

常用的力学环境预示方法主要有两类：一类是相似结构外推方

法，另一类是计算分析方法。相似结构外推方法曾在航天工业发展的初期被广泛使用，其简单快捷的特点契合了航天工业飞速发展的时代背景。但由于相似结构外推方法对新研飞行器和参考飞行器的参数相似性要求较高，且外推预示精度不高，通常只作为辅助分析使用。

随着各型号武器装备的迅速发展，为保证武器装备的高可靠性，人们对环境预示精度的要求越来越高，因此衍生出多种用于环境预示的计算分析方法，但现有的计算分析方法仅针对特定频段有效。例如，在低频段，结构和声腔的模态较为稀疏，有限元法（Finite Element Method，FEM）和边界元法（Boundary Element Method，BEM）等基于单元离散技术的方法最为常用；而在高频段，结构和声腔的模态密集且随机特性影响显著，因此以能量为研究变量的统计能量分析（Statistical Energy Analysis，SEA）方法和能量有限元方法（Energy Finite Element Method，EFEM）等在工程上获得广泛应用。此外，当系统内的子结构或子系统模态密度差异较大时，即一部分子结构或子系统在某频段内模态密集，而另一部分在此频段内模态稀疏，则称这个频段的环境预示问题为“中频”问题。对于中频问题而言，单独使用上述的低频或高频方法均不能很好地解决问题，这使得该频段的环境预示问题备受关注。目前，常用的中频段环境预示计算分析方法主要有子结构方法、混合方法以及波基（Wave-based，WB）方法。其中，子结构方法还可用于处理低频段环境预示问题，主要包括模态综合法（Component Mode Synthesis，CMS）和频域子结构方法（FRF-based Substructuring Method，FBSM）；混合方法主要包括有限元-统计能量分析（FE-SEA）方法和有限元-能量有限元方法（FE-EFEM）。综上所述，在工程应用中，应根据实际问题和所关注的频段选择最优的环境预示方法。

常用环境预示方法汇总见图 5-13。

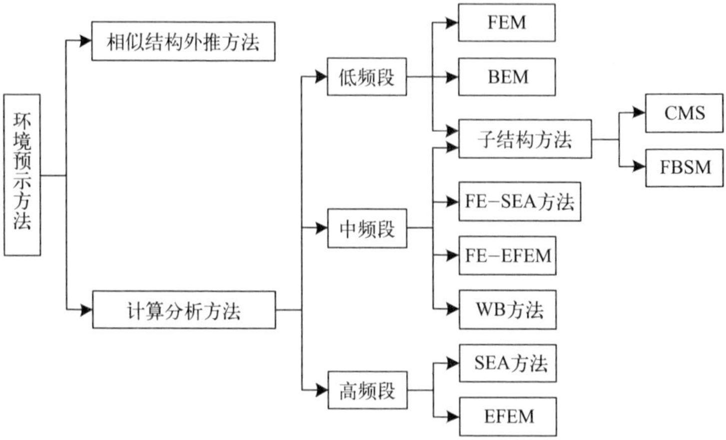

图 5-13　常用环境预示方法汇总图

5.3.3.4.1　低频段环境预示方法

(1) 有限元法

FEM 是一种近似的数值计算方法，其要旨为：首先划分连续区域，把它看作是有限个子区域的集合，每个子区域称为一个单元；然后在每个单元上假设各自独立的容许位移函数，同类单元通常使用相同的势函数或形函数序列，不同的只是各单元具有自己的待定系数或结点位移；最后，再将各单元组合起来进行问题求解。因此，FEM 是对一个由有限个单元组成的与连续区域非常接近的离散区域进行求解计算，其计算精度取决于单元的选择和划分。

在工程实际中，基于 FEM 建立了系统的运动方程后，通常采用模态叠加法求解系统的响应，即通过叠加系统的前 n 阶主振动来求解系统的响应，故其适用频率范围的上限取决于参加叠加的模态阶数。然而，对于复杂多自由系统，求出系统的全部模态或频率基本是不可能的，且随着分析频率的提高，单元密度的增加会直接导致计算成本骤增；此外，FEM 在高频段对结构几何和物理等存在不确定性的参数变化较为敏感，这些都限制了 FEM 在中、高频段的应用。

FEM 的基本步骤及推导过程参见附录 E. 1。

(2) 边界元法

对于具有复杂边界的力学边值问题，要直接求得可同时满足域内微分方程和边界条件的解是困难的，但求出只满足域内微分方程的基本解则较为容易，BEM 恰好体现了这种求解思路。BEM 就是把微分方程的定解问题转化为边界积分方程的离散求解问题，BEM 以解析基本解为基础，因此其应用范围是均质的有限域、半无限域和无限域问题，且具有高精度的特点。但与 FEM 一样，随着分析频率的提高，BEM 中边界单元密度的增加会直接导致计算成本骤增，且对不确定性参数的变化较为敏感，故 BEM 也仅适用于处理低频段环境预示问题。

BEM 的基本步骤及推导过程见附录 E. 2。

(3) 子结构方法

子结构方法的基本思路是"先化整为零，再积零为整"，即先根据实际问题和分析要求将整体结构划分为若干子结构，然后分别对子结构进行计算分析，最后再将各子结构进行"组装"，从而建立整体结构自由度缩减后的模型并进行计算分析。子结构方法的优点为：整体结构的自由度大量缩减，在保证计算精度的基础上可提高分析频段的频率上限，从而使其适用范围能实现对中频段的覆盖。

按照求解域的不同，子结构方法又可分为时域的 CMS 和频域的 FBSM。其中，根据子结构界面结点自由度处理方法的不同，CMS 又可分为固定界面模态综合法（Fixed Interface Component Mode Synthesis，FiICMS）、自由界面模态综合法（Free Interface Component Mode Synthesis，FrICMS）以及混合界面模态综合法（Hybird Interface Component Mode Synthesis，HyICMS）。各种方法之间的关系见图 5-14。具体的推导过程参见附录 E. 3。

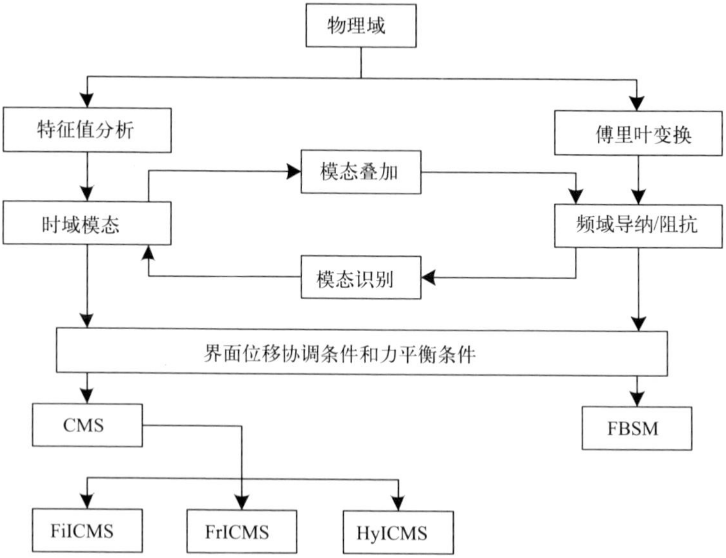

图 5-14　子结构方法关系

5.3.3.4.2　高频段环境预示方法

上述提到，随着计算频率的升高，FEM、BEM 以及子结构方法的单元网格需要划分的更加精细，这将导致系统自由度和计算量的骤增，而且，高频模态分析和相应计算结果对各种不确定因素十分敏感，难以给出满足工程需要的结果。针对高频段的环境预示问题，学术界提出了各种新的方法，其中在工程上应用较为广泛的有统计能量分析（SEA）方法和能量有限元方法（EFEM）。

SEA 方法是将一个复杂系统（高频段）划分成若干耦合的子系统，基于能量守恒原理，通过内损耗因子、耦合损耗因子和模态密度等参数建立子系统能量的耦合方程组，求解方程组后得到每个子系统的能量，进而换算为各种动响应。SEA 方法的具体的推导过程参见附录 E. 4。

SEA 方法是将子系统的振动进行统计平均，以改善确定性方法在高频段计算量过大以及不确定性的影响，但无法精确预示每个子系统在某个局部的影响，且对子系统的模态密度要求较高，这都限制了该方法在实际工程中的应用。因此，处理高频段环境预示问题的理想方法是既可以克服确定性方法（如 FEM）的缺点又具备 SEA 方法优点，而 EFEM 就是具有这种特点的一种方法。

EFEM 是 SEA 改进方法中的一种重要方法，该方法类似于热传导分析，其主要变量为按时间和空间平均的能量密度，通过功率传递系数推导关于非连续域能量密度的耦合矩阵（非连续特性包含板壳厚度变化、板壳和加强筋连接等），进而由波动方程建立能量流的表达式，最后求解能量密度。EFEM 的具体推导过程参见附录 E. 5。

5. 3. 3. 4. 3　中频段环境预示方法

由于武器装备结构形式、材料属性非常复杂，环境预示模型中可能出现子系统模态密度差异较大的情况，这就是通常所说的“中频”问题。实现中频段精确的环境预示对武器装备的环境预示具有重要意义，但采用单一传统的单元离散技术或能量方法都不能很好地解决问题，这使得中频段的环境预示要比低、高频段更为复杂。目前，常用的计算分析方法有三类：子结构方法、有限元-能量混合方法（FE-SEA 方法和 FE-EFEM）以及 WB 方法。工程上广泛应用的是 FE-SEA 方法。

FE-SEA 方法包括基于模态理论的 FE-SEA 和基于波动理论的 FE-SEA 两种方法。相对于基于模态理论的 FE-SEA 方法，基于波动理论的 FE-SEA 方法物理概念更清晰、适应面更广，且可操作性更强，具体的推导过程参见附录 E. 6。

5. 3. 4　空间环境

5. 3. 4. 1　环境因素

空间环境受太阳活动、地球大气层以及地球磁场的影响，包含的环境因素多且范围宽。总的说来，空间环境因素包括真空、带电粒子辐照（包括地球辐射带电子与质子、太阳宇宙射线、银河宇宙射线）、太阳电磁辐射、等离子体、空间粉尘与碎片、微重力、空间原子氧以及临近空间环境（包括自外辐照、臭氧、中子等）等。这些环境因素会随着轨道高度和倾角、航天器入轨和飞行周期等因素而发生很大变化，因此分析空间环境因素是进行航天器材料和可靠性研究及寿命评价的基础。

（1）真空

真空是环境中几乎没有大气的一种环境。在 100km 的高度上，大气压力比海平面大气压力低 6 个数量级，甚至在航天器离开运载器之前，其周围的大气压力也会降到类似真空的水平，即相对地球表面而言，基本上是真空环境。

表 5-13 为大气压力随典型高度的变化。

表 5-13 标准大气条件下大气压力随高度变化表

海拔高度/km	大气压力/Pa	海拔高度/km	大气压力/Pa
0	$P_0=1.013\ 25\times10^5$	135	$10^{-8}P_0$
16	$10^{-1}P_0$	220	$10^{-9}P_0$
31	$10^{-2}P_0$	350	$10^{-10}P_0$
48	$10^{-3}P_0$	520	$10^{-11}P_0$
65	$10^{-4}P_0$	730	$10^{-12}P_0$
80	$10^{-5}P_0$	1100	$10^{-13}P_0$
92	$10^{-6}P_0$	2100	$10^{-14}P_0$
108	$10^{-7}P_0$		

（2）带电粒子辐射

带电粒子辐射主要来源于地球辐射带、太阳宇宙射线和银河宇宙射线，其主要成分是电子、质子及少量重离子等。

（3）太阳电磁辐射

太阳电磁辐射主要来源于太阳辐射，其次来源于其他恒星的辐射和经过地球大气的散射、反射回来的电磁波，最后还有来自地球大气的发光。

(4) 等离子体

当原子中的电子得到能量，摆脱原子核对电子的束缚时，就形成了等离子体。即等离子体可以定义为由带电粒子组成的气体。

(5) 空间原子氧

原子氧是指低地球轨道（通常认为是 200～700km 高度）上以原子氧存在的残余气体环境。环境组分有 N_2、O_2、Ar、He、H 及 O 等，相应的粒子密度约为 106～$109cm^{-3}$。

(6) 微流星和空间碎片

微流星实质是极其微小的物体碎片，这些碎片是无人驾驶的航天器、助推器、固体火箭燃料粒子等的残留物。

5.3.4.2 空间环境分析

5.3.4.2.1 空间辐射环境

空间中有 3 种天然辐射源：地球辐射带、银河系宇宙射线（GCR）以及太阳质子事件（SPE）。地球辐射带大多是电子和质子，均为高能粒子，它们在地磁场内作旋转运动。GCR 是来自太阳系外的核能粒子，它们起源于其他星系里的新星或超新星爆炸。SPE 主要是高能质子，是太阳出现耀斑时喷发形成的。

目前已有多种计算空间辐射环境的模型，但是迄今尚未形成真正意义上的标准模型。Nymmic 模型已经被确定为计算银河宇宙射线环境的标准模型，但西方国家仍然应用自己的模型作为计算标准。实际上，已有一些模型被国际大多数国家所接受，成为计算空间辐射环境的标准模型。一般被作为标准模型使用的有：AP/AE 模型用于计算辐射带质子、电子；JPL 模型用于计算太阳质子事件；CREME 模型用于计算银河宇宙线及太阳重离子。

(1) AE/AP 模型

AE/AP 系列模型由 NASA 戈达德航天飞行中心维特等专家根据大量不同轨道、不同寿命卫星的飞行探测数据编制而成。随着空间探测的时间、空间和能量范围的不断发展，辐射带模型也在不断完善和改进中，从而形成了一系列辐射带电子模型和质子模型。电子模型定名为AE，目前已从AE-1发展到了AE-9；质子模型定名为AP，目前也从AP-1发展到了AP-9。目前公开且广泛使用的是AE-8/AP-8模型。

AP-8模型是在AP-1、AP-5、AP-6和AP-7模型版本的基础上，进一步结合飞行器的探测数据所建立的。AP-8模型描述了在磁平静条件下地球辐射带质子的全向积分通量与地磁坐标的关系，包括太阳活动高年的AP-8MAX模型和低年的AP-8MIN模型两部分，所涉及的辐射带质子的能量（E）范围为0.1～400MeV。AP-8模型的主要表述形式为列线图，能量高于10MeV的辐射带质子主要集中在高度低于20 000km的区域，而低能质子在空间存在的范围很广。

AE-8模型是在AE-4、AE-5和AE-6等模型版本的基础上，并进一步结合飞行器探测数据所建立的。AE-8模型是迄今对地球电子辐射带在空间和能谱范围上覆盖程度最广的模型。常见的AE-8模型包括太阳活动高年的AE-8MAX和低年的AE-8MIN两部分，所覆盖的电子能量范围为0.04～7.5MeV。

AE/AP系列模型发展一览表见表5-14和表5-15。

表5-14　AE系列模型发展一览表

模型	作者	空间范围/L	能量范围/MeV
AE-1	维特	1.2～3	0.5～5
AE-2	维特	1.1～6.3	0.04～5
AE-3	维特	6.6	0.04～5
AE-4	辛格利	2.8～11	0.04～5
AE-5	蒂格	1.2～2.8	0.04～4
AE-6	蒂格	1.2～2.8	0.04～4
AE-7	蒂格	1.2～2.8	0.04～4
AE-8	维特	1.2～11	0.04～7
AE-9	格罗夫斯·柯乐文等	优于AE-8的范围，具体未知	0.000 1～10

表 5-15　AP 系列模型发展一览表

模型	作者	空间范围/L	能量范围/MeV
AP-1	维特	1.17～4.6	30～50
AP-2	维特	1.17～3.5	15～30
AP-3	维特	1.17～3.15	4～15
AP-4	维特	1.17～2.9	>50
AP-5	金	1.2～6.6	0.1～4
AP-6	莱文	1.2～4	4～30
AP-7	莱文	1.15～3	>50
AP-8	索耶	1.15～6.6	0.1～400
AP-9	格罗夫斯·柯乐文等	优于 AE-8 的范围，具体未知	0.000 1～1 000

虽然 AE-8/AP-8 模型在工程中广泛被应用，但该模型的时间分辨能力较差，只是区分了太阳高年和低年条件。在某些空间环境区域，模型计算出的结果有较大的误差或不确定性。对于一些能量范围来说，环境的界定尚不完善。目前，有些在轨飞行器要求给出有关太阳活动和地磁活动的影响、平均及最坏的情况等信息，而这些结果是现有模型难以给出的。

（2）JPL 模型

JPL 模型是由 Feynman 等人在 1985 年开始提出（JPL-85），并在 1991 年进行了修改（JPL-91）。Feynman 等人认为，King 模型将太阳质子事件人为地分成特大和普通两类有不尽合理之处。而且，在第 20 次太阳活动周期所记录的事件数量较少，会使建立统计学模型的有效度受到限制。为此，在建立 JPL-85 模型时，除第 20 次太阳活动周期外，还应用了第 19 次与第 21 次周期的数据。

JPL 模型将一个周期内的太阳活跃期间事件统计特性与太阳平静期区别开来，认为在太阳平静期内没有显著的质子通量事件存在，模型只是用于太阳活跃期。

（3）CREME 模型

银河宇宙线的强度受太阳活动调制明显，宇宙线强度同太阳黑子数存在着负相关性，即在太阳活动极大年时，宇宙线强度有极小值，在太阳活动极小年时，宇宙线强度有极大值。

国际上，已有多种描述银河宇宙线通量变化的模型，包括：CREME-86/96 模型、Badhwar 与 O’Neil 模型、Davis 模型及莫斯科大学 Nymmic 模型等。在 2004 年 6 月 1 日出版的 ISO-15390《航天环境（天然的和人工的）——银河宇宙射线模型》国际标准中，采纳了 Nymmic 模型作为银河宇宙线的通用模型。该模型适用于地磁层外近地空间中 $10\sim10^5$MeV 的银河宇宙线粒子，包括质子及 $Z=2\sim92$ 的重核粒子。CREME-96 模型是在 CREME-86 模型版本上进行了升级，该模型改进了银河宇宙线模型、异常宇宙线模型及近地轨道太阳事件粒子成分模型等，且模型考虑了低能部分 Nymmic 模型的修正。Badhwar 与 O’Neil 模型基本与 Nymicc 模型近似，只是运用的插值方法不同。Davis 模型是研究银河宇宙线在高层大气中传输渗透和产生二次效应的模型。国际上常用的研究银河宇宙线能谱的模型是 CREME-86/96 模型。该模型利用解析表达式描述银河宇宙线粒子的强度变化，适用能量范围为 10～105MeV/amu。

5.3.4.2.2　太阳电磁辐射环境

太阳电磁辐射，即从波长极短的 γ-射线至太阳紫外、可见光、红外及微波和更长波长的所有电磁波，其中，太阳紫外、可见光和近红外辐射能量占太阳辐射能量的 99% 以上。

（1）太阳常数

太阳常数是指在距离太阳一个天文单位（地球到太阳的平均距离）处，在地球大气层外垂直于太阳射线的单位面积上，单位时间内接收到的来自太阳的总电磁辐射能量，单位是 W/m^2，这一能量随太阳活动变化很小。

在过去半个世纪中，人们对太阳常数进行了广泛的测量。随着测量技术的不断进步，太阳常数测量的定标和精度得到很大提高。NASA 从 1982 年开始选取数值 1371W/m^2 作为空间环境规范，欧洲空间局的空间环境标准中也采用该值作为太阳常数。太阳常数的不确定范围在 10W/m^2 左右。

（2）太阳辐射光谱分布

太阳辐射以连续谱为主，同时由于太阳大气的吸收和发射，在连续谱的不同波段上又分别叠加了许多吸收线和发射线。可见光和红外部分的辐射通量占太阳辐照总通量的 90% 以上，在 500nm 左右太阳辐射强度达到最大值。而太阳的紫外辐射、X 射线和无线电波在太阳辐射的总通量中所占比例很小，波长小于 300nm 和波长大于 4μm 的辐射通量的总和仅占太阳辐射总通量的 2% 。

太阳辐射能 99. 5% 集中在波长在 0. 28 ~ 1 000μm 的范围内，主要是可见光和近红外区，其来源是太阳光球的热辐射，辐射功率比较稳定，变化不大。在太阳光谱的两端，即波长小于 0. 28μm 的紫外线、X 射线、R 射线及大于 1 000μm 的射电波，主要来源是太阳大气高温日冕区的非热辐射。这些波段太阳辐射的功率很小，但变化很大，太阳耀斑爆发时，在这些光谱区太阳的辐射功率成倍或几十倍的增加。在太阳 27 天自转周期和太阳活动 11 年周期内，部分谱段变化更加强烈。对于近紫外谱段，这一变化在 50% 左右，对于紫外和远紫外部分其变化在两倍左右，而对于耀斑期间的 X 射线谱段，会产生数量级的变化。

表 5-16 给出了太阳活动 11 年周期中部分波长的太阳辐射通量变化幅度的具体数据。从表中可以看到，不同的波长的变化幅度不同，波长越短，变化幅度越大。X 射线变化幅度为 1 ~ 3 个量级，10 ~ 120nm 的通量变化 2 ~ 10 倍，而可见光部分只变化了 0. 08% 。其他短期的变化也大致和以 11 年为周期的变化在同一量级上。

表 5-16　太阳活动 11 年周期中部分波长的太阳辐射通量的变化

波长/nm	11 年太阳活动周期变化幅度
<10	$10 \sim 10^3$
10 ~ 120	2 ~ 10
120 ~ 125	2
125 ~ 175	50%
175 ~ 205	15%
205 ~ 250	4%
250 ~ 300	0. 5%
300 ~ 400	0. 1%
400 ~ 800	0. 08%

（3）太阳电磁辐射特征

太阳电磁辐射（主要是可见光和近红外电磁辐射）是引起装备热效应的主要环境因素，太阳紫外辐射是引起装备介电材料表面损伤的重要原因。在地球同步轨道上，紫外辐射谱会随着太阳活动状态而不断变化。一般装备的服役轨道大于 200km，真空度高，空间轨道大气吸收几乎忽略不计，因此太阳电磁辐射的特征与地球同步轨道的辐射特征基本类似。但是在低地球轨道上，由于地球反照光强度可到太阳电磁辐射强度的 1/4 ~ 1/3，因此低轨道装备的服役辐照与热效应分析必须考虑地球反照光辐射效应。需要指出的是，地球反照光主要是以可见光和红外光为主，除产生部分光压效应、辐射热效应外，对装备材料几乎不会产生损伤效应（因为没有高能的紫外线反射）。

5. 3. 4. 2. 3　空间原子氧环境

原子氧是地球高层大气的重要组成成分，会对在低地球轨道运行的飞行器构成严重的威胁。原子氧撞击飞行器表面会产生多种效应，如在撞击表面上可能发生弹性镜面反射，或者因其能量和动能有所变化产生漫散射。入射的原子氧可能附着在表面上并与到达的其他物质发生反应，直接与飞行器表面材料发生反应，形成可挥发的反应产物，产生强烈的剥蚀效应。其结果不但会导致材料质量损失，还会使表面性能变坏，从而成为影响飞行器在轨寿命与可靠性的重要因素。许多聚合物、碳纤维复合材料及 Ag 等金属材料，都是易受原子氧损伤的敏感材料。

空间原子氧的分布与轨道高度、季节、太阳活动等诸多因素有关。通常，原子氧的密度随高度增加呈指数降低。在太阳活动高年时，原子氧的密度增大。高度越高，太阳活动高年与低年的原子氧密度相差越明显。在 1 000km 高度时，两者相差约 4 个数量级。太阳紫外辐射对热层大气有重要影响，是导致原子氧产生的根源，故可由地球自转使原子氧的密度出现昼夜变化。在高度一定时，原子氧密度常在地方时 14 点出现最大值，地方时 4 点出现最小值。每年 10 月大气温度和原子氧密度达到最大值，7 月达到最小值。

在分析原子氧与飞行器相互作用时，所涉及的主要环境参数包括原子氧的能量、通量及注量。这涉及飞行器的飞行速度、原子氧的热运动及原子氧飞行攻角等的影响。有关原子氧环境参数计算方法如下。

(1) 原子氧能量

原子氧的能量是表征其与飞行器相互作用能力的重要参量，原子氧能量越高，对飞行器材料的剥蚀能力越强。原子氧能量与其自身的热运动速度及飞行器的相对运动速度有关。

尽管原子氧的热运动速度一般较低，但在与飞行器相遇时会产生很高的相对运动速度。若在轨飞行器的速度达 7.8km/s，这相当于使原子氧定向高速运动并达到很高的能量状态。在迎风面，即飞行器表面法线与飞行夹角 α 小于 90°时，若不考虑原子氧热运动速度，原子氧可获得约达 5eV 的能量；若考虑原子氧的热运动，可使其与飞行器表面撞击能量略有增加。为准确计算原子氧的动能，应针对具体轨道并考虑各种摄动因素的影响计算飞行器的实际在轨飞行速度。在非迎风面（$\alpha>90°$），由于取向不同，可使原子氧与飞行器相碰撞的速度介于飞行器在轨飞行速度与热运动速度之间。因此，对不同的非迎风面而言，原子氧的能量可在一定范围内变化，可从约 5eV 降至 0.1eV 以下。

（2）原子氧通量

原子氧通量也是表征原子氧环境与飞行器表面相互作用强度的重要参量，由空间原子氧密度和定向运动速度共同决定。空间原子氧密度可根据轨道高度，按照高层大气模型确定。原子氧的定向运动速度为原子氧撞击飞行器表面的速度，由原子氧的热运动速度与飞行器的飞行速度共同决定。

计算飞行器迎风面上平均原子氧通量时，可忽略原子氧热运动速度的影响，近似认为原子氧的入射速度等于飞行器在轨飞行速度。计算飞行器非迎风面上原子氧通量时，需考虑空间原子氧的热运动，涉及原子氧热运动的正态分布。因此，考虑原子氧热运动时，可计算入射原子氧通量相对于飞行器表面法线倾角分布。

（3）原子氧注量

注量或累积通量是直接制约原子氧对飞行器表面材料剥蚀效应进展程度的重要参量。入射原子氧的注量或累积通量越大，飞行器表面材料的剥蚀程度越严重。按照注量或累积通量的定义，应为一定时间内原子氧的平均通量与时间的乘积。由此可计算轨道上任一点的累积通量及飞行器整个飞行期内的累积通量。

（4）飞行攻角对原子氧的影响

飞行攻角是影响原子氧与飞行器表面材料交互作用所产生效应程度的重要因素。在相同轨道高度比较时，减小飞行攻角使原子氧累积通量增高。相应地，原子氧对飞行器表面材料所产生的剥蚀厚度增加。

实际上，飞行攻角的影响是对入射原子氧与飞行器不同取向表面交互作用时能量效应与通量效应的综合体现。当飞行器表面与速度矢量取向关系不同时，入射原子氧的能量会有所变化。如飞行攻角为 0°时，入射原子氧的能量可达到 5eV，而飞行攻角为 90°时，入射原子氧的能量主要为热运动动能（约 0.1eV 以下）。另外，飞行攻角 α 不同时，原子氧的通量不同。随着飞行攻角减小，原子氧通量与注量增大。故可认为，原子氧飞行攻角对飞行器表面损伤效应的影响与原子氧能量和通量的综合影响具有相关性。

（5）原子氧计算的关键

空间原子氧环境参数计算是深入开展原子氧损伤效应的基础与前提，具有十分重要的工程需求背景与实际意义，但需注意如下问题：

1）原子氧密度是表征空间原子氧环境的基本参量，可通过国际上通用的参考大气模式如 MSIS-90 及 MET-V 2.0 加以确定。

2）计算空间原子氧环境参数时，应区分迎风面（平行于速度矢量或攻角为零）与非迎风面（与速度矢量相交或攻角大于零）。

3）原子氧通量是表征空间原子氧环境与飞行器相互作用强度的重要参量，可通过原子氧密度与定向运动速度求得。在迎风面上，原子氧的定向运动速度等于飞行器在轨飞行速度；在非迎风面上，计算原子氧通量应考虑热运动概率分布的影响。

4）原子氧飞行攻角也是影响空间原子氧环境对飞行器表面材料损伤效应的重要因素之一，并与原子氧能量和通量的综合影响具有一定的相关性。

5.3.4.2.4　空间等离子体环境

等离子体是部分或完全电离的气体，由带电粒子和中性粒子组成，总体上呈电中性。在电场与磁场中，等离子体呈集团性运动，带电粒子间的静电作用是导致这种集团性运动的原因。空间等离子体是目前了解最少的环境参数之一，因为空间等离子体并非静态，很容易受其他环境因素的影响；其空间分布、能量和密度等经常发生变化，存在各种尺度的扰动，也有周期性的变化等。正由于空间等离子体在时空分布上的极端复杂性，密度和能量有非常大的变化范围，使得不可能用统一的探测方法进行探测，也不能用有限时空的观测代表所有的时空分布，对理论研究和空间探测造成很大的难度。因此至今的观测资料尚不足以建立一个统一的空间等离子体模式。描述等离子体环境的主要参数包括：密度（常以电子密度 n_e 描述，单位为 m^{-3}），化学成分（常以所占总百分比表述）及温度（以绝对温度 K 或 eV 描述）。

空间等离子体的扰动变化很剧烈，因此分布函数复杂。为了简化问题，同时也为了便于计算，常采用麦克斯韦—玻尔兹曼分布函数描述等离子体环境。麦克斯韦—玻尔兹曼分布函数是理想状态下粒子的分布函数。

根据等离子体能量或温度的不同，可将空间等离子体分为热等离子体（≥10eV）和冷等离子体（<10eV）两类。等离子体是空间环境的重要组成部分，几乎充满着整个日地空间。在近地空间，等离子体区域主要包括：电离层，指地球大气上部的冷等离子体区域；地磁层，指电离层以上至磁层顶之间受地磁场控制的区域，地磁层等离子体又常分为等离子体层与外磁层等离子体区；太阳风，指地磁层周围源于太阳并流过行星际空间的等离子体。空间等离子体及其特征和变化规律是导致航天器充放电损伤和失效行为的主要原因，因此，了解等离子体环境特征和参数是十分必要的。

（1）电离层

多年来，已在电离层观测和研究的基础上，建立了多种电离层模式，既有经验模式，也有理论模式。其中，以国际参考电离层模式应用最为广泛，它是一个有关全球的电离层经验模式，常用版本为 IRI-90 和 IRI-95。

IRI-95 模式适用于±60°纬度以下，能够计算地磁平静条件下电离层等离子体在 60～3 000km 高度的各特征参数，包括月平均的等离子体密度、成分及温度。

（2）地磁层

等离子体层会随着太阳活动和地磁场变化而变化，目前尚未建立相应的标准模式。为了更好地描述等离子体层参数，在 ESA 的

ECSS 空间环境标准中推荐应用 Carpenter 和 Anderson 所建立的经验模式。该模式考虑比较全面，包括了太阳周期变化及年和半年变化等影响。

（3）太阳风

太阳风流向地磁层时，除遭遇弓形激波外几乎不受调制作用。可以认为，太阳风在近地空间是均匀的，能够用流体麦克斯韦分布表征。太阳风等离子体在平均状态和极端状态下的参数由表 5-17 给出。

表 5-17　太阳风等离子体参数

参量	平均	5%～95%范围
速度/（km/s）	468	320～710
密度/cm^{-3}	8.7	3.2～20
质子温度 T_p /K	1.2×10^5	1.2×10^4～3×10^5
电子温度 T_e /K	1.0×10^5	9×10^4～2×10^5
α 粒子与质子的密度比	0.047	0.017～0.078

（4）小结

空间等离子体几乎充满着整个日地空间，也是影响飞行器在轨运行可靠性和寿命的重要环境因素。自然的等离子体环境对不同轨道有较大差别，需视飞行器所穿越的空间区域加以分析和确定。

需要说明的是，由于空间等离子体在时空分布上十分复杂，密度和能量的变化范围很大，不能用统一的探测方法进行探测，也不能用有限时空的探测数据代表所有的时空分布。目前的探测数据尚不足以建立统一的空间等离子体模式，只有分区描述性的模式。

5.3.4.2.5　微流星和空间碎片环境

空间碎片和微流星高速撞击是航天器所承受的一种典型空间环境，随着人类航天活动的不断增加，空间碎片和微流星的数量急剧增多，其对航天器构成的潜在威胁日益增加。以 1cm 空间碎片为例，20 世纪 80 年代与航天飞机（在轨飞行一周）的碰撞概率为 4×

$10^{-6}\%$，90年代与和平号空间站的碰撞概率为1%，而现今与国际空间站的碰撞概率则高达6.5%以上。对于在典型轨道（300～450km）上运行的空间站而言，尺寸为毫米级和毫米级以上空间碎片的撞击可导致系统失效等灾难性事故。数量远多于大尺寸空间碎片的亚毫米级和微米级的微小空间碎片或微流星体与航天器撞击概率高，对航天器外表器件与材料产生累积损伤效应，会引起在轨服役的可靠性问题，影响其服役寿命。

空间碎片对航天器的影响取决于碎片的尺寸、质量、速度和碰撞角度。空间碎片造成的损害是速度的函数。在地球同步轨道上，空间物体之间的相对速度较低，只有低地轨道上的1/10，碰撞产生的破坏性要小一些；同时，在地球同步轨道区域，空间碎片的密度较低，因此，航天器与碎片碰撞的概率相应较小，但仍应引起足够的重视。

（1）微流星环境

微流星是在宇宙移动的天然固体颗粒，它来自彗星和行星。微流星分零星微流星和雨流微流星。根据微流星粒子的成分可将粒子分为两类：石质流星和铁质流星。铁质流星主要由铁、镍、锰以及它们的夹杂物组成，石质流星主要由一些矿物质组成。石质流星占微流星的绝大多数，同铁质流星的数量比约为9∶1。铁质流星平均密度为$8g/cm^3$，石质流星密度为$0.05～2g/cm^3$。一般情况下，微流星体的横向尺寸在1mm以下，微流星相对于地球的运动速度可达10～80km/s，平均速度为10～30km/s。在估计微流星同航天器碰撞的影响时，可把微流星相对于航天器的平均速度选为40km/s，同轨道航天器的最大相对撞击速度可达70km/s，甚至更高。NASA于1969年3月制定了近地球到月球范围的微流星环境规范NASA-SP8013，该规范经过15年的实践检验后再次被确认。

（2）空间碎片/粉尘环境分布

空间碎片是人类航天活动的产物，因此碎片的分布与人类航天活动时间密切相关。高度在1 000km左右的空间，存在一个空间碎片的分布最大区域。随着航天器在轨运行时间增长，体积增大，轨道空间碎片和流星体的影响不容忽视，特别是微小空间碎片对航天器表面的砂蚀作用，它将降低太阳电池的效率并使温控包覆材料性能变差。国际上微小空间碎片的探测数据较少，目前各微小空间碎片模式在碎片的数量上存在较大的差异，给航天工程应用的评估带来困难。

5.4　环境适应性要求的制定

根据3.1节的描述，环境适应性要求包括两部分，一部分是客观存在的环境因素及对应的量值，即环境条件，另一部分是环境影响程度，即武器装备的合格判据。因为各类产品敏感的环境因素不同且功能、性能有较大差异，几乎没有通用的方法用于建立合格判据，因此，本节将重点针对环境条件介绍通用的制定方法，指导确定环境适应性要求。

5.4.1　气候环境

5.4.1.1　地面气候环境条件分析

5.4.1.1.1　温度

地面温度环境条件包括工作条件和承受条件，在依据使用方的要求或有关文件获得时间风险率，及依据寿命剖面等获得预期暴露期的基础上，基于5.3.2.4节中的工作极值、承受极值确定环境条件，除此，还应考虑以下因素：

1）装备是否暴露于太阳辐射环境，太阳辐射是否直接作用于装备、运输包装箱、保护性包装遮盖物等；

2）装备自身的微环境；

3）周围空气和太阳辐射向装备传热的途径。

5.4.1.1.2　湿热

GJB 1172—1991中规定了湿热环境极值，但实际工程中，很难定量给出湿热环境条件，一般都是通过比较严酷的交变湿热试验去验证装备的湿热环境适应性。需要说明的是，交变湿热试验条件不代表自然界实际存在的湿热环境，因此，湿热环境条件的要求一般是定性要求，如能够适应寿命期内的湿热环境。

5.4.1.1.3　气压

高气压环境适应性设计并不困难，因此武器装备的气压环境适应性设计条件一般指低气压环境条件。低气压会对导弹等军用装备产生严重的后果，如气体和液体会从容器的密封垫泄漏；容器内部因受压而破裂；低密度物质的物理化学性能发生变化；以空气对流和传导方式散热产品的散热效率降低，影响冷却效果。

结合武器装备部署区域，在 GJB 1172—1991 纪录极值的基础上，设计地面气压环境条件时应考虑：

1）时间风险率；

2）工作极值、承受极值出现的区域与武器装备实际部署区域的差异；

3）气压环境条件的裕量。

5.4.1.1.4　降雨

地面降雨环境条件包括工作条件和承受条件，在依据使用方的要求或有关文件获得时间风险率，及依据寿命剖面等获得预期暴露期的基础上，基于 5.3.2.4 节中的工作极值、承受极值确定环境条件时，还应考虑以下因素：

1）用于防雨的保护罩、包装箱等措施；

2）地面气温和风速等。

5.4.1.1.5　砂尘

若有可供使用的现场数据，它可以作为确定环境条件的基础。在没有现场数据的情况下，设计砂尘环境条件时需要考虑以下因素。

(1) 风速

在没有规定值可用的情况下，吹尘的最低风速为 1.5m/s，典型沙漠风的较高速度为 8.9m/s。除装备在现场使用中有更大的风速外，否则吹沙的风速应为 18 ~ 29m/s（18m/s 的风能吹动大颗粒沙，29m/s 的阵风不常见。）

（2）砂尘浓度

除另有规定外，砂、尘浓度可按以下规定：吹砂浓度需要考虑工作区域、周围装备的影响，如对于可能会在未铺砌的路面上空飞行的直升机附近工作的装备，砂的浓度为 2.2±0.5g/m^3；不会在飞行的飞机附近使用或暴露，但可能未加防护的在开动着的地面车辆附近工作或贮存的装备，砂的浓度为 1.1±0.3g/m^3；对于只承受自然条件影响的装备，为 0.18+0.20 g/m^3。

吹尘浓度一般为 10.6±7g/m^3。

5.4.1.1.6 盐雾

由于影响盐雾的因素众多，且盐雾内的成分与区域有关，很难定量规定盐雾环境条件，武器装备设计时一般通过密封、选材等措施保证装备在寿命期内能够经受盐雾环境的腐蚀作用，并基于 GJB 150.11A—2009《军用装备实验室环境试验方法 第 11 部分：盐雾试验》规定的盐雾试验方法验证装备盐雾环境适应性。

5.4.1.2 空中气候环境条件分析

5.4.1.2.1 温度

对于导弹、火箭等飞行器，空中温度环境条件一般指工作条件，在依据使用方的要求或有关文件获得时间风险率的基础上，基于 5.3.2.5 节中的工作极值、承受极值确定环境条件，除此，还应考虑以下因素：

1）结构表面的气动热；

2）结构表面的热防护情况；

3）结构的热传导属性；

4）结构自身的微环境；

5）空中飞行时间等。

5.4.1.2.2　气压

飞行器在空中飞行时都会经受气压环境的作用。对于防空导弹，在空中飞行的时间短，一般按飞行弹道内的最高高度设计空中气压环境条件；但对其他飞行器，可能在某一高度内长时间飞行，除了考虑极限高度的气压环境外，还应考虑在这些典型高度上的长时气压环境的影响。此外，在设计气压环境条件时还需考虑以下相关因素：

1）时间风险率或使用方的其他要求；

2）设计裕量。

5.4.1.2.3　风

导弹在空中飞行时，飞行速度、姿态角等会受到风的影响，尤其在风速较大的情况下，会影响导弹的控制效果，因此，需要考虑空中风速环境的影响。设计空中风速环境条件主要是确定时间风险率，根据时间风险率或插值公式基于 5. 3. 2. 5 节中的极值计算得到工作极值，这将作为控制系统设计的输入参数之一或导弹可靠工作的约束条件。

5.4.2　力学环境

5.4.2.1　力学环境条件分析

基于力学环境数据分析或环境预示得到的动力学环境，在制定力学环境条件前，需要考虑所有数据的来源、差异及能否覆盖武器装备整个寿命剖面和任务剖面，因此，综合所有分析结果应分析最大预期环境，保证制定的环境条件能最大概率地覆盖装备实际环境剖面内的严酷环境。

低频动态载荷下结构动力学环境的预示方法，一般是按设计和试验标准给出规定位置上的运动或结构单元上的力，但是一些用来预示高频动力学环境响应的方法只能给出点位置上运动的谱。有些情况下，可以按设计或试验标准对规定位置进行响应预示，例如，仪器设备在结构上的安装位置，但是在大多数情况下，响应预示的位置与感兴趣的位置并不完全一致，即使位置一致，建模预示时通常不考虑预示位置处安装何种设备或者测量时有没有安装设备。因此，必须综合不同位置的预示结果得到一个谱条件，使之相对保守地给出一定结构区域内所有位置上响应的量级界限，其中包括感兴趣的位置。这种方法要求把整个结构分成一系列区间，每个区间称为一个“域”。在一个域内所有位置上的响应谱的保守上界称为“域限”。

（1）域的定义

假设所考虑的是动力学载荷在大型结构（如导弹或大型有效载荷）所有位置上引起的高频动力学响应，在结构上不同点之间的响应一般存在较大的差异。划分域的目的是把结构分成若干不同的区域，使得一个域内所有点的结构响应大体一致，这意味着，每个域内所有点的响应都可以用这样一个谱来描述，它大于域内绝大部分或全部点的谱，而对任何一点的谱又超出不是很多。另外，还要求所选择的区域与设计或试验标准所对应的结构区域相一致。域不一定是连续的结构区间，它可以是不相邻的结构，例如，运载器中尺寸相同的所有框架，无论位于哪里，都可划分为一个域。无论哪种情况，都应该尽量减少整个结构上用来描述载荷引起的动力学响应所划分的域的数量，以便减少结构的试验谱条件的数量。

（2）域的确定

对结构上不同位置进行的动力学响应预示，按照谱的统计等效原则，可以直接用分析方法划分结构的域，但是，域的划分通常依赖于工程判断、工程经验或对预示谱粗略的估计结果。例如，工程判断表明，框架结构和蒙皮应划为不同的域，因为经验证明轻质的蒙皮结构的响应通常大于较重的框架响应。同样，经验证明，在上升段导弹尾部结构的响应高于前部的结构，也就是说，即使导弹的前段和尾端结构相似，也应划分为不同的域。另外，结构表面的法向响应通常高于面内的响应，因此，这两个轴方向的响应应该划分到不同的域。除了上述工程考虑外，还可以对响应的预示谱进行视觉检查，按谱值相近的区域进行分组以得到合适的域。

（3）响应点的无偏选择

所有确定域界限的方法都有如下假设，即在给定域内进行响应预示的那些位置上的谱可以代表本域内所有感兴趣的位置。理论上，可以通过对域内所有可能的响应点进行随机选取来实现，但事实上，由于预示通常是在确定域之前完成的，因此，随机选取是不可行的。实际上，经常用预示的响应谱来确定域。无论怎样，重要的是对这些预示谱所代表的位置进行评估，以确保它们能代表域内所有感兴趣的点。

（4）有关响应的术语定义

x 是域内任意一点上，由载荷引起的动力学响应谱。谱值可以是傅里叶谱（单位：g）、功率谱密度（单位：g^2/Hz）、冲击响应谱（单位：g）等，谱的形式取决于动力学环境数据的表征，见 5.3.3.3.6 节的内容。

x_i 是域内第 i 点上（$i=1, 2, \cdots, n$），由载荷引起的动力学响应的谱。

x_{ij} 是域内第 i 点上（$i=1, 2, \cdots, n$），由载荷引起的动力学响应在第 j（$j=1, 2, \cdots, m$）个频率分辨率带宽内的谱值。

x_{h_j} 是域内 n 个点上由载荷引起的动力学响应在第 j 个频率分辨率带宽内的谱的最大值，即 x_{h_j} 等于 x_{ij} 的最大值。

有些最大预期环境分析方法是提供结构在一个区间上的平均响应谱，在该区间内可能包括了指定的点，但是，没有明确定义保守程度。另外，这些区间预示方法所预示的谱具有相对粗糙的频率分辨率，带宽通常为 1/3 倍频程。在制定环境条件时，有时在一个域内可能包含了几个区间预示结果。

综上所述，根据最大预期环境分析方法涉及的域，可分为点预示方法和区间预示方法。其中点预示方法包括包络限、正态容差限、无分布容差限、经验容差限以及正态预测限方法；区间预示方法包括随频率分辨率带宽的变化以及随结构区间的变化。各种方法的详细情况参见附录 F。

5.4.2.2 力学环境条件制定

利用上述的最大预期环境分析方法设计力学环境条件时，还需要遵循以下原则，以保证设计的环境条件是武器装备寿命剖面内的严酷的真实环境。

(1) 随研制阶段不断修订

环境条件设计是随武器装备研制进展不断完善的过程，尤其对于力学环境条件，由于结构设计的变化、实测数据的积累等，根据具体情况，下一阶段的力学环境条件往往是基于上一阶段的条件的修订或补充，且修订后的力学环境条件需要后续试验（特别是飞行试验）的验证和考核，力学环境条件验证和力学环境条件修订之间可能需要多次循环，直到定型。

(2) 区分环境条件与试验条件

环境条件一般是指装备设计时需要考虑的寿命期内的最严酷环境，试验条件有时因为试验能力、试验性质、产品用途以及试验目的等，会不同于环境条件，如根据 GJB 1027A—2005《运载器、上面级和航天器试验要求》，验收试验条件是 95/50 容差限，而鉴定试验条件是 99/90 容差限。

(3) 考虑一定的设计余量

环境设计余量包括量级的增加、持续时间或循环次数的增加。用设计余量来鉴定同批次产品不因零件、材料性能、尺寸、工艺及制造方面的合理差异而造成飞行产品与鉴定试验之间在环境适应性方面的差异，保证交付使用前经受规定的验收试验和允许的再试验之后不会产生过分的性能下降（如疲劳、磨损、材料性能或功能的下降）导致不能用于飞行试验，以及满足在极端飞行环境条件下按 90% 置信度的 99% 概率得到的估计值不会被超过。

5.4.3　空间环境

空间环境与温度、气压等气候环境类似，都是自然界存在的具有一定统计规律的现象。空间环境条件应根据实际大气模式，结合武器装备的任务剖面、实际设计参数，利用合适的计算模型分析得到。但需要说明的是，某些空间环境因为变化不规律、探测方法的限制等，目前可能还没有一个统一的模型来表征。

5.5　典型防空导弹武器系统环境条件分析案例

本节以某典型防空导弹武器系统为例介绍环境条件的分析结果及具体的确定方法，该防空导弹武器系统的寿命剖面见图 5-15、任务剖面见图 5-16。根据寿命剖面、任务剖面，分析得到该装备在寿命期内可能遭遇的环境因素见表 5-18。

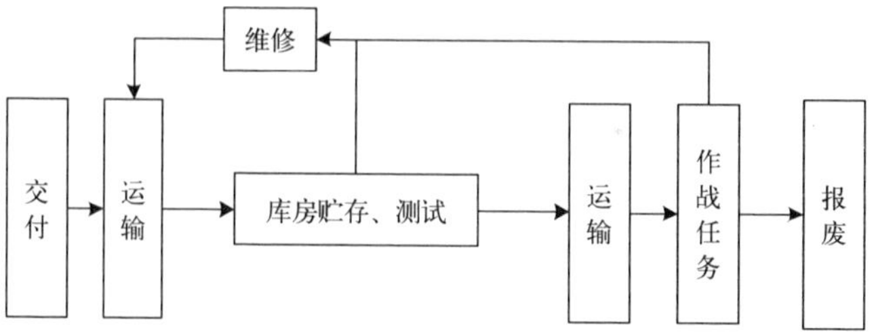

图 5-15　某典型防空导弹武器系统的寿命剖面

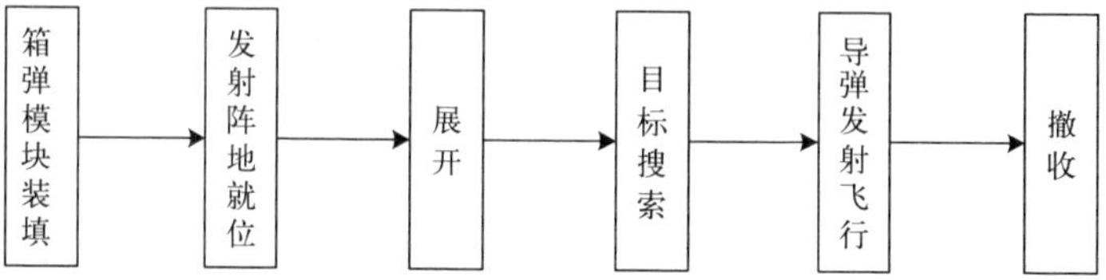

图 5-16　某典型防空导弹武器系统的任务剖面

表 5-18　武器系统寿命期环境因素

寿命期事件	产品出厂、发货/运输				贮存/停放		任务/作战
	公路/装卸	铁路/装卸	船运/装卸	空运/装卸	库房	露天	勤务、战备、作战
高温	√	√	√	×	△	√	√
低温	√	√	√	√	△	√	√
低气压	√	√	×	√	√	√	√
淋雨	△	△	△	×	×	√	√
湿热	√	√	√	×	△	√	√
霉菌	×	×	√	×	√	√	√
盐雾	×	×	√	×	√	√	√
砂尘	△	△	×	×	×	√	√
振动	√	√	√	√	×	×	√
冲击	√	√	√	√	×	×	√
符号说明	√—一般适用　△—根据需要选用　×—不适用						

针对表 5-18 中的环境因素，在已知时间风险率 20%、预期暴露期 10 年及参考相似装备环境数据的基础上，设计的环境条件见表 5-19。

表 5-19　装备环境条件

序号	环境因素	工作条件	承受/贮存条件	备注
1	低气压	3km 海拔高度的大气压	满足空运要求	工作条件由装备可能工作的最高海拔决定
2	温度	-40℃～+60℃（含太阳辐射）	-45℃～+70℃（含太阳辐射）	防空导弹武器系统的温度环境条件一般考虑地面温度环境，由 5.3.2.4.1 节的方法确定，时间风险率为 20%、预期暴露期为 10 年

续表

序号	环境因素	工作条件	承受/贮存条件	备注
3	湿热	温度为+35℃时，相对湿度为 95%		自然环境中除了波斯湾等个别地区外，在自然空气流动条件下不会长期出现大于 35 ℃和相对湿度 95% 的综合
4	淋雨	降雨强度为 0. 8mm/min	降雨强度为 5mm/min	武器系统寿命期内可能遇到的强度
5	风	稳定风：20m/s		
6	砂与尘	$0.18_{0}^{+0.2}$ g/m^3		该型装备主要承受自然砂尘的影响
7	霉菌	黑曲霉、黄曲霉、杂色曲霉、绳状青霉、球毛壳霉		该武器系统属地空导弹武器系统，考虑陆上典型霉种
8	盐雾	浓度 5% （重量），当盐溶液温度为 35℃时，其 pH 在 6. 5 ～ 7. 2		5% 的盐溶液既有较高的腐蚀速度，又接近海水中氯化钠的浓度
9	振动	1）在运输过程中，地面装备和导弹经受运输振动环境作用，在有测量数据时尽量采用测量数据进行环境分析，没有实测数据时推荐 GJB 150. 16A—2009《军用装备实验室环境试验方法 第 16 部分：振动试验》中的运输振动谱； 2）在导弹发射飞行过程中，导弹经受飞行振动环境作用，飞行振动与飞行弹道、结构等有关。典型防空导弹的飞行振动谱： 频段：10 ～ 2 000Hz； 谱型：梯形谱（100 ～ 1 000Hz，幅值为定值，一般不会超过 0. 1g^2/Hz；10 ～ 100Hz 和 1 000 ～ 2 000Hz，按一定斜率变化）		对于发射飞行过程中的飞行振动，研制初期推荐开展环境预示或者参考相似型号数据进行外推，随着研制阶段进展，应开展实测，不断更新振动环境条件

续表

序号	环境因素	工作条件	承受/贮存条件	备注
10	冲击	1）地面装备考虑运输过程中的冲击环境，在有测量数据时尽量采用测量数据进行环境分析，没有实测数据时推荐 GJB 150. 18A—2009《军用装备实验室环境试验方法 第18部分：冲击试验》中的典型冲击谱； 2）导弹冲击包括运输及发射飞行过程中的冲击，研制初期推荐开展环境预示或者参考相似型号数据进行外推，随着研制阶段的进展，应开展实测，不断更新冲击环境条件		防空导弹武器系统研制初期，一般制定经典冲击波形，随着实测数据的积累，再补充冲击响应谱

参考文献

[1] 施建荣，王晓侠，党弦．装备全寿命环境剖面与任务剖面［J］. 装备环境工程，2010，7（2）：18-20.

[2] GJB/Z 222—2005. 动力学环境数据采集和分析指南［S］. 2005.

[3] GJB 2770—1996. 军用物资贮存环境条件［S］. 1996.

[4] GJB 3752. 7—1999. 地地战略导弹武器系统作战使用要求 论证方法 环境适应力［S］. 1999.

[5] 汪学华，等．自然环境试验技术［M］. 北京：航空工业出版社，2003.

[6] GJB 1172. 军用设备气候极值［S］. 1991.

[7] GJB 150A—2009. 军用装备实验室环境试验方法［S］. 2009.

[8] 韩英杰．电能质量数据压缩算法的研究［D］. 吉林：吉林大学，2016.

[9] GJB 1027A—2005. 运载器、上面级和航天器试验要求［S］. 2005.

[10] 沈自才．空间辐射环境工程［M］. 北京：中国宇航出版社，2013.

[11] 唐贤明，译．空间环境［M］. 北京：中国宇航出版社，2009.

[12] 王冬，刘炜．飞行器动力学环境预示技术应用研究［J］. 现代防御技术，2000，28（2）：28-33.

[13] 袁宏杰，姚军，李志强．振动、冲击环境与试验［M］. 北京：北京航空航

天大学出版社，2017.
[14] 邹元杰，韩增尧，张瑾．航天器全频域力学环境预示技术研究进展［J］. 力学进展，2012，42（4）：445-454.
[15] 骆寰宇，邓忠民，孙兰，等．飞行器声振动力学环境响应预示方法［J］. 战术导弹技术，2012（6）：22-27.
[16] 谢久林，杨松，张俊刚，等．航天器声振动力学环境响应分析［J］. 航天器环境工程，2006，23（2）：83-89.
[17] HIMELBLAU H，FULLER C M，SCHARTON T D. Assessment of space vehicle aeroacoustic - vibration prediction，design，and testing［R］. NASA CR - 1596，1970.
[18] 林华刚，闫云聚，李鹏博．飞行器结构在高强宽频噪声环境下的响应预示分析与试验研究［J］. 机械工程学报，2016，52（3）：71-78.
[19] SHORTER P J，GARDNER B K，BREMNER P G. A hybrid method for full spectrum noise and vibration prediction［J］. Journal of Computational Acoustics，2003，11（2）：323-338.
[20] FEREBEE R C. Using the saturn V and Titan III vibro-acoustic databanks for random vibration criteria development［R］. NASA-TM-2009-215902.
[21] 赵欣，丁继锋，韩增尧，等．航天器火工冲击模拟试验及响应预示方法研究综述［J］. 爆炸与冲击，2016，36（2）：259-268.
[22] 赵欣，丁继锋，韩增尧，等．航天器火工冲击环境分析预示方法研究综述［J］. 航天器环境工程，2016，33（3）：247-256.
[23] Dynamic environmental criteria［S］. NASA-HDBK-7005，2001.
[24] 邢誉峰，李敏．计算固体力学原理与方法［M］. 北京：北京航空航天大学出版社，2011.
[25] 邢誉峰，李敏．工程振动基础［M］. 2 版．北京：北京航空航天大学出版社，2011.
[26] 王永岩．动态子结构方法理论及应用［M］. 北京：科学出版社，1999.
[27] REN Y，BEARDS C F. On substructure synthesis with FRF data［J］. Journal of Sound and Vibration，1995，185（5）：845-866.
[28] 曹树谦，张文德，萧龙翔．振动结构模态分析-理论、实验与应用［M］. 2 版．天津：天津大学出版社，2014.
[29] BENNIGHOF J K，KIM C K. An adaptive multi-level substructuring method for

efficient modeling of complex structures. In Proceedings of the 33rd AIAA/ASME/ASCE/AHS/ASC Structures, Structural Dynamics, and Materials Conference and Exhibit. Reston, 1992: 1631-1639.

[30] GEORGE A. Nested dissection of a regular finite element mesh [J]. SIAM Journal on Numerical Analysis, 1973, 10 (2): 345-363.

[31] CRAIG R R, BAMPTON M C C. Coupling of substructures for dynamic analyses [J]. AIAA Journal, 1968, 6 (7): 1313-1319.

[32] 孙目，王小军，潘忠文，等．统计能量分析在飞行器动力学环境预示中的应用 [J]. 导弹与航天运载技术，2009 (3): 11-14.

[33] 姚德元，王其政．统计能量分析原理及其应用 [M]. 北京：北京理工大学出版社，1995.

[34] 王军评，毛勇建，黄含军，等．统计能量分析法在爆炸分离冲击响应预示中的应用 [J]. 航天器环境工程，2011, 28 (5): 414-420.

[35] 王怀志．航天器典型结构中高频动力学环境预示的能量有限元方法 [D]. 哈尔滨：哈尔滨工业大学，2015.

[36] 朱卫红，马兴瑞，韩增尧．航天器中频力学环境预示研究进展 [J]. 航天器工程，2014, 23 (1): 110-117.

[37] SHORTER P J, LANGLEY R S. On the reciprocity relationship between direct field radiation and diffuse reverberant loading [J]. The Journal of the Acoustic Society of American, 2005, 117 (1): 85-95.

[38] 张瑾，马兴瑞，韩增尧，等．中频力学环境预示的 FE-SEA 混合方法研究 [J]. 振动工程学报，2012, 25 (2): 206-214.

[39] VLAHOPOULOS N, ZHAO X. Basic development of hybrid finite element method for midfrequency structural vibration [J]. AIAA Journal, 1999, 37 (11): 1495-1505.

[40] DESMET W. A wave based prediction technique for coupled vibro-acoustic analysis [D]. Leuven, Belgium: KU Leuven University, 1998.

[41] 何锃，彭伟才，王加强．WB 法分析结构与声耦合问题 [J]. 华中科技大学学报（自然科学版），2007, 35 (8): 119-121.

[42] HAL B V, DESMET W, Vandepitte D. Hybrid finite element - wave based method for steady - state interior structural - acoustic problems [J]. Computers and Structures, 2005, 83 (2): 167-180.

[43] 何成. 高温环境下结构动力学建模关键技术研究 [D]. 南京：南京航空航天大学，2014.
[44] 郭静，吴振强，张伟，等. 热噪声复合环境下飞行器结构动响应预示技术研究进展 [J]. 强度与环境，2014，41（6）：1-10.

第 6 章　环境适应性设计

6.1　环境效应

6.1.1　气候环境效应

6.1.1.1　低气压

低气压会对武器装备中的密闭产品、挥发性物质、电性能等产生影响：

(1) 对密闭产品的影响

低气压会使密闭产品产生如下环境效应：

1) 密封垫密封的壳体漏气、漏液；

2) 密封容器变形、破损或破裂，密闭容器爆炸；

3) 真空密封失效。

(2) 对挥发性物质的影响

低气压使挥发性物质产生如下环境效应：

1) 压力的降低会使液体的沸点降低，对于那些在海平面大气条件下有较高饱和蒸气压的液体，低气压使其蒸发甚至沸腾；

2) 润滑油或润滑脂蒸发。

(3) 对电性能的影响

1) 在电场强度较强的电极附近产生局部放电现象，引起设备误动作或出现故障；

2) 发生空气间隙击穿，影响设备的正常工作。

(4) 其他影响

除以上的环境效应，低气压还会产生如下的环境效应：

1）装备因热传导降低而发生过热；

2）低密度材料的物理、化学性能发生变化；

3）发动机起动和工作不稳定。

6.1.1.2　高温

高温会改变武器装备所用材料的物理性能或尺寸，因而会暂时或永久性地降低武器装备的性能。典型的高温环境效应如下：

1）不同材料因膨胀不一致使零部件相互咬死；

2）润滑剂粘度降低，或者润滑剂外流造成连接处润滑能力降低；

3）零件尺寸全方位改变或有方向性的改变；

4）包装材料、衬垫、密封垫、轴承和轴发生变形、咬合和失效，引起机械故障或者完整性损坏；

5）衬垫出现永久性变形；

6）外罩和密闭条损坏；

7）固定电阻的阻值改变；

8）温度梯度不同和不同材料的膨胀不一致使电子线路的稳定性发生变化；

9）变压器和机电部件过热；

10）继电器以及磁动或热动装置的吸合/释放范围变化；

11）工作寿命缩短；

12）固体药柱产生裂纹；

13）密闭壳体内产生高压；

14）爆炸物或推进剂的燃烧加速；

15）药柱在壳体内膨胀；

16）炸药熔化并渗出；

17）有机材料褪色、裂解或出现裂纹；

18）复合材料放气。

6.1.1.3　低温

低温几乎会对所有的基体材料都有不利的影响，尤其对于暴露在低温环境中的武器装备，会改变其组成材料的物理特性，可能会对其工作性能造成暂时或永久性的损害。典型的低温环境效应如下：

1）材料的硬化和脆化；

2）在温度瞬变过程中，不同材料产生不同程度的收缩；不同零部件因膨胀率不同，引起零部件相互咬死；

3）润滑剂粘度增加，流动性和润滑作用降低；

4）电子器件（电阻、电容器等）性能改变；

5）变压器和机电部件的性能改变；

6）减振架刚性增加；

7）固体药柱产生裂纹；

8）材料爆裂和开裂、脆裂、冲击强度改变和强度降低；

9）受约束的玻璃产生静疲劳；

10）水的冷凝和结冰；

11）降低操作人员的灵活性，听力和视力降低；

12）燃烧率变化。

6.1.1.4　湿度

潮湿会对武器装备产生物理和化学影响。典型的环境效应如下：

（1）表面效应

1）金属氧化/电化学腐蚀；

2）加速化学反应；

3）有机和无机表面覆盖层的化学或电化学破坏；

4）表面水汽与外来附着物相互作用产生腐蚀层；

5）摩擦系数的改变引起粘合或粘附。

（2）材料性质的改变

1）由于吸收效应引起材料膨胀；

2）物理强度降低；

3）电气绝缘和隔热特性的改变；

4）复合材料的分层；

5）塑性或弹性的改变；

6）吸湿材料性能降低；

7）推进剂因吸湿而性能降低；

8）润滑剂性能降低；

9）光学元件成像传输质量下降。

（3）温湿度导致的凝露和游离水产生的影响

1）电气短路；

2）光学器件表面模糊；

3）热传导特性变化。

6.1.1.5 太阳辐射

（1）太阳辐射导致的热效应

热效应是由太阳辐射的红外光谱产生的，主要引起装备短时间的高温和局部过热，造成武器装备中一些对温度敏感的元器件失效、器材结构破坏和绝缘材料的过热损坏。太阳辐射热效应和仅在高温中的热效应不完全相同，太阳辐射加热时试验样品吸收和反射的热量还取决于试验样品表面的粗糙度和颜色。因此造成除材料之间的膨胀有差异外，太阳辐射强度的变化还可能导致各部件之间以不同速率膨胀或收缩形成的危险应力，可能使器材完整性受到破坏。太阳辐射对器材的破坏作用，除在高温试验中出现过热效应外，还可能出现下列热效应：

1）活动部件卡死或松动；

2）焊接和胶结部件强度降低；

3）强度和弹性发生变化；

4）连接装置准确度下降或失灵；

5）密闭完整性降低；

6）电气或电子部件性能发生变化；

7）电触点过早动作；

8）合成橡胶和聚合物的性能变化；

9）涂层，合成材料和涂有粘合剂的层压板如雷达波吸收材料的起泡、剥落、分层；

10）封装混合物软化；

11）压力变化；

12）合成材料和炸药热析；

13）织物和塑料褪色；

14）涂层龟裂、粉化和褪色；

15）天然、合成橡胶及聚合物，因受较短波长辐射激发的光化反应而破坏。

（2）太阳辐射导致的光化学效应

当足够能量的光线照射到物体上时，把分子离解成原子、较简单的分子或自由基。也就是说，被吸收的能量可以激励分子，通过分子间的碰撞和振动转化为热能。当吸收足够的能量时，便发生化学反应。光化学效应损坏过程最初反应在光化学性质上，是受辐射剂量和波谱分布控制的。典型的光化学效应如下：

1）织物和塑料颜色改变；

2）涂层开裂、粉化和变色；

3）由较短波长辐射引起的光化学反应导致天然橡胶、合成橡胶和聚合物劣化。

6.1.1.6　雨

雨对武器装备的影响主要如下：

1）干扰或破坏无线电通信；

2）限制雷达的有效性；

3）影响导弹发射；

4）降低光学监测效果，甚至无法进行光学监测；

5）降低户外工作效率；

6）引起引信误动作；

7）降低光学装置的能见度；

8）淋雨碰撞冲蚀装备表面；

9）造成某些材料的强度降低或引起材料泡胀；

10）锈蚀可能性增大，引起表面腐蚀甚至生长霉菌；

11）增加装备质量；

12）使电气和电子设备不能工作或不安全；

13）装备内部结冰可能会由于元器件膨胀或破裂造成缓慢性退化和功能失效；

14）改变热交换；

15）推进剂燃烧减慢。

6.1.1.7　砂尘

砂尘对武器装备的影响主要如下：

1）引起表面磨损和磨蚀；

2）使密封件渗透泄漏；

3）造成开口和过滤装置堵塞；

4）对配合部件造成物理影响；

5）使活动部件卡住和（或）受阻碍；

6）冷却系统的热交换器和冷凝器由于表面砂尘的聚集，使表面的散热能力降低，从而使系统的散热效率降低；

7）妨碍通风或冷却，引起过热和引发着火；

8）影响光学特性；

9）在潮湿的环境中，聚集在漆膜表面的砂尘颗粒，能产生明显的缺陷并降低漆膜的耐磨性。

10）砂尘颗粒的大小和浓度可影响能见度；

11）影响装备的电性能：

低电压会使系统的工作不正常；高电压增加了接触电阻引起飞弧或接触表面的迅速损坏。当砂尘在连接器上聚集时，能使连接和切断困难，增加接触电阻；当综合高湿、雾或雨雪环境时，砂尘中的可溶性物质会形成电介质，使通过该部分的电流急剧增加，从而损坏元器件。

6.1.1.8　盐雾

盐雾主要会对武器装备进行腐蚀，并对武器装备的电性能、物理性能产生影响。

（1）腐蚀效应

盐雾环境可能导致武器装备产生下列腐蚀效应：

1）由电化学反应引起的腐蚀；

2）加速应力腐蚀；

3）盐在水中电离形成酸性或碱性溶液产生腐蚀。

（2）电气效应

盐雾环境可能导致武器装备产生下列电气效应：

1）盐沉积物会导致电气设备的损坏；

2）产生导电的覆盖层；

3）腐蚀绝缘材料及金属。

（3）物理效应

盐雾环境可能导致武器装备产生下列物理效应：

1）机械部件和组件的活动部分阻塞或卡死；

2）由电解作用导致涂层起泡。

6.1.1.9　霉菌

（1）有害影响

1）对非抗霉材料的直接侵蚀。霉菌能分解该类材料并将它们作为自己的养分，这将导致武器装备物理性能的劣化。

2）对材料的间接侵蚀。如霉菌分泌的代谢产物（如有机酸）会导致金属腐蚀、玻璃蚀刻、塑料和其他材料着色或降解。

（2）物理影响

可能出现的物理影响如下：

1）直接或间接侵蚀导致电气或电子系统的损坏。如霉菌在绝缘材料上能够形成不应有的导电通路，或对精密调节电路的电特性产生负面影响；

2）对光学系统的间接侵蚀。霉菌对光学系统中光的传播能产生负面影响，阻塞精密活动部位，使干燥表面潮湿并伴随性能的下降。

6.1.2　力学环境效应

6.1.2.1　振动

振动导致武器装备及其内部结构的动态位移。这些动态位移和相应的速度、加速度可能引起或加剧结构疲劳，使结构、组件和零件的机械磨损。另外，动态位移还能导致元器件的碰撞和功能的损坏。振动引起的一些典型现象如下：

1）导线磨损；

2）紧固件/元器件松动；

3）断续的电器接触；

4）电气短路；

5）密封失效；

6）元器件失效；

7）光学上或机械上的失调；

8）结构裂纹或断裂；

9）微粒和松动器件的移位；

10）微粒或松动器件掉入电路或机械装置中；

11）过大的电气噪声；

12）轴承磨蚀。

6.1.2.2　噪声

噪声对武器装备的典型环境效应如下：

1）导线磨损；

2）部件声疲劳和振动疲劳；

3）部件连接导线断裂；

4）印制线路板开裂；

5）波导部件失效；

6）电触点断续工作；

7）小型仪表板和结构零件的破裂；

8）光学失调；

9）小颗粒脱落，会引起回路和机构卡死；

10）过量的电噪声。

6.1.2.3 冲击

冲击可能对整个武器装备的结构和功能完好性产生不利影响，冲击产生的环境效应主要如下：

1）因零件之间的摩擦力增加或减少，或相互干扰而引起装备失效；

2）装备绝缘强度变化、绝缘电阻抗下降、磁场和静电场强度的变化；

3）装备电路板出现故障、损坏和电连接器失效；

4）由装备结构或非结构件的过应力引起装备的永久性机械变形；

5）由于超过极限强度导致装备机械零件的损坏；

6）材料加速疲劳；

7）装备潜在的压电效应；

8）由于晶体、陶瓷、环氧树脂或玻璃封装破裂引起装备失效。

6.1.2.4 加速度

加速度会在武器装备及其内部产生惯性载荷，可能会对装备产生一些影响：

1）产生结构变形从而影响装备运行；

2）产生永久性的变形和断裂使装备失灵或损坏；

3）紧固件或支架的断裂使装备散架；

4）因安装支架断裂导致装备松脱；

5）电子线路板短路和开路；

6）电感和电容值变化；
7）继电器断开或吸合；
8）执行机构或其他机构卡死；
9）发生泄漏；
10）压力和流量调节数值变化；
11）泵出现气蚀；
12）由伺服阀滑阀移位引起错误和危险的控制系统响应。

6.1.3　空间环境效应

6.1.3.1　空间辐射环境效应

空间辐射环境会对航天器带来严重影响，对航天器材料和器件可产生单粒子效应、总剂量效应、表面充放电效应、位移损伤效应等。

6.1.3.1.1　单粒子效应

单粒子效应是高能带电粒子在器件的灵敏区内产生大量带电粒子的现象。所有目前已知的单粒子效应特征都不同于电离效应及位移效应。对于电离效应及位移效应，只要入射粒子的数量足够大，即使最轻的入射粒子也很重要，对效应的贡献是所有粒子产生电离或位移的总和。但对于单粒子效应，其源于粒子辐照过程中产生的局域电离程度及其对电子元器件服役信号的影响程度。

单粒子效应还可以被进一步分为直接电离、间接电离或者直接电离与间接电离的复合。直接电离（常常是重离子的主要过程）在入射粒子产生电子空穴对时发生。间接电离在入射粒子（通常是质子或中子）使目标原子产生一个能量反冲离子和一个核子碎片（或整个核子）时发生，其中后一种粒子可以产生电子空穴对。根据涉及的能量进行区分，间接电离涉及核反应，该过程会产生高能的（高电离度的）反冲离子，但是需要能量很大的入射质子。

不论何种作用方式，对不同结构的器件将会造成不同的单粒子效应。主要的单粒子效应有：单粒子翻转及多位翻转、单粒子闭锁、单粒子瞬态、单粒子烧毁、单粒子栅击穿等。这些效应又可以分为硬错误与软错误，如单粒子翻转为软错误，单粒子烧毁及单粒子栅击穿为硬错误，单粒子闭锁可以是软错误或硬错误。目前所见单粒子效应类型及定义见表 6-1。

表 6-1　单粒子效应类型及定义

类型	英文缩写	定义
单粒子翻转	SEU（Single Event Upset）	存储单元逻辑状态改变
单粒子闭锁	SEL（Single Event Latchup）	pnpn 结构中大电流再生状态
单粒子烧毁	SEB（Single Event Burnout）	大电流导致器件烧毁
单粒子栅击穿	SEGR（Single Event Gate Rupture）	栅介质因大电流流过而击穿
单粒子多位翻转	MBU（Multiple Bit Upset）	一个粒子入射导致存储单元多个位的状态改变
单粒子扰动	SED（Single Event Disturb）	存储单元逻辑状态出现瞬时改变
单粒子瞬态脉冲	SET（Single Event Transient）	瞬态电流在混合逻辑电路中传播，导致输出错误
单粒子快速反向	SES（Single Event Snapback）	NMOS 器件中产生的大电流再生状态
单粒子功能中断	SEFI（Single Event Functional Interrupt）	一个粒子入射导致控制部件出错
单粒子位移损伤	SPDD（Single Particle Displacement Damage）	因位移效应造成的永久损伤
单个位硬错误	SHE（Single Hard Error）& Stuck Bit Error	单个位出现不可恢复性错误

6.1.3.1.2　总剂量效应

总剂量效应通常是许多带电粒子由于长时间辐射累积引起的剂量效应。这与单粒子效应通常与由单个高能重离子或高能质子引起的机制不同。

当具有一定能量的带电粒子入射到材料时，与物质将可能发生以下四种作用：1）与核外电子发生弹性碰撞；2）与原子核发生弹性碰撞；3）与核外电子发生非弹性碰撞；4）与原子核发生非弹性碰撞。碰撞通常是入射带电粒子与材料原子核或核外电子之间的静电库仑作用，而只有在能量极高时才会与材料原子核发生两刚性球体之间的直接碰撞。入射带电粒子与物质原子核发生弹性碰撞可使后者发生位移，而与核外壳层电子之间的非弹性碰撞会导致原子的电离和激发。入射带电粒子与原子核或核外电子发生弹性碰撞会引起带电粒子运动方向的改变，即发生所谓的散射现象。高能带电粒子与物质原子核发生直接碰撞时可能产生核反应。

空间高能带电粒子会对飞行器材料和电子器件产生辐射损伤效应，引起性能退化，主要是通过电离作用与原子位移作用两种方式产生。这样两种作用都易由高能质子和重离子产生，而空间高能电子主要产生电离作用和韧致辐射效应。带电粒子、电子或射线在半导体材料中电离，产生陷阱电荷，随着陷阱电荷的积累，半导体器件发生功能异常，它是一个渐进的过程。因此，空间辐射对物质的损伤常表现为累积效应，并可用辐射吸收剂量进行量化表征。

总剂量效应可导致航天器电子元器件或材料的性能产生退化，甚至失效，主要表现为：涂层开裂、变色，太阳吸收率和热发射率衰退；高分子绝缘材料、密封圈等强度降低、开裂；玻璃类材料变黑、变暗；双极晶体管电流放大系数降低、漏电流升高、反向击穿电压降低等；MOS 器件阀电压漂移，漏电流升高；光电器件暗电流增加、背景噪声增加等。

6.1.3.1.3　表面充放电效应

充放电效应是指航天器与空间等离子体和高能电子等环境相互

作用而发生的静电电荷积累及泄放过程。

现代飞行器通常有复杂的构形，在表面和内部有大量的介质材料。这会使得不同表面及结构单元上电荷累积不均匀，所形成的电荷不仅数量上不同，也会在极性上存在差异。这种不均匀充电的结构在飞行器不同的结构单元之间产生电位差，发展到一定程度时便发生静电放电，导致材料和器件破坏或对电路系统产生电磁干扰。因此，辐射充电易使飞行器的仪器设备产生不可修复的破坏。

受地球辐射带电子作用时，飞行器介质材料产生体充放电的条件是：电子束流密度不小于 10^{-13} A · cm^{-2}，充电时间为小时量级。试验发现，聚集在介质上的电子注量达到 $10^{12} \sim 10^{14}$ cm^{-2}后，才会产生体放电，并形成分支放电通道。这一注量阈值是在单能电子束（能量约为 1 ~ 10MeV）辐照玻璃时，所进行的大量试验研究得出的。在空间条件下，介质发生静电放电时难于达到如此高的体电荷量，原因是地球辐射带的电子通量较低，在长时间辐照时介质的导电性会有所升高从而导致电荷松弛。但是，一系列空间试验，特别是在 CRRES 卫星上进行的试验结果表明，在空间具有能谱的地球辐射带电子辐射作用下，飞行器上介质体放电的电子注量阈值约下降至 $10^{10} \sim 10^{11}$ cm^{-2}，即与实验室试验数据相比约低 2 ~ 3 个量级。

充放电效应的主要危害包括：放电电流会造成供配电系统烧毁、短路，破坏航天器能源系统；静电放电会击穿元器件，破坏航天器电子系统；放电产生的电磁脉冲干扰会造成电路器件翻转；静电放电会击穿表面材料，影响材料性能；航天器带电会导致结构电位漂移，影响测量系统；航天器材料表面带电还会增强表面污染，影响传感器、光学玻璃、镜头等的性能。

6.1.3.1.4　位移损伤效应

位移损伤效应是带电离子、中子、电子等与靶原子相互作用，使其离开正常晶格位置，产生缺陷，导致半导体器件功能异常的现象。它是一个渐进的过程，是一种永久性损伤。光电器件主要有航天器太阳电池、光电耦合器、光纤等，对位移损伤比较敏感。

6.1.3.2　太阳电磁辐射效应

太阳电磁辐射主要产生热真空效应、太阳紫外光电效应和光化学效应，对弹上材料与器件和系统的服役可靠性产生重要影响。一般来说，太阳电磁辐射主要作用于飞行器系统的表面，可见光和红外波段电磁辐射主要生成表面热效应（热损伤和热应力效应）。紫外线光子能量高，可使得大多数材料的化学键被打断，造成材料（特别是有机材料）的结构降解和性能退化，且材料降解产生的小分子降解物会引起系统表面分子污染，导致飞行器敏感表面性能退化甚至失效。另外，紫外光辐射产生的光电效应会影响材料和系统表面的充放电行为。

6.1.3.3　原子氧环境效应

当原子氧高速碰撞至飞行器表面时，会导致材料表面发生各种物理和化学变化。

对各种材料的典型影响如下：

（1）聚合物材料

由于聚合物和其他一些有机材料具有高强度/重量比以及优良的力学、热学、电学和热-光性能，因此广泛用于空间系统的结构部件、耐热元件、电子器件、传输和能量装置。这些有机材料极易遭受空间环境中原子氧的侵蚀，从而影响飞行器系统性能。

通常，仅含有 C、H、O、N 和 S 元素的聚合物材料的原子氧侵蚀速率为（1～4）$\times 10^{-24}cm^3/atom$，相对而言，含氟的碳基聚合物和硅树脂材料具有低于一个或更多数量级的原子氧侵蚀速率。最常用的聚合物有聚酰亚胺、碳氟化合物、聚乙烯、聚酯、丙烯酸树脂以及硅树脂等。

（2）有机涂料

各种有机涂料被广泛用于飞行器热控系统，其包括白色涂料和黑色涂料两种，分别用于飞行器的外表面和内表面。空间飞行试验证实原子氧暴露对这些有机涂料性能产生影响，通常这些涂料由紫外辐照造成降解并且易受原子氧侵蚀。这些涂料中聚亚胺酯基涂料和硅树脂基涂料在原子氧环境中降解最严重，并且降解后残留的颜料颗粒还会造成污染。

（3）金属材料

金属银、锇、铝、镍、钯、铜、金、铬、钼等薄膜多用作空间光学涂层，其中银还可用于固体润滑剂以及太阳电池连接板。就金属而言，除银和锇外，大多数金属宏观上没有表现出明显变化，只是微观上暴露后与原子氧反应表面生成了一层不易挥发的金属氧化物，这层氧化物可阻止底层金属的氧化。然而对于光学材料应考虑这层氧化物对光学折射率和吸收率的影响。

对于金属银，由于与原子氧反应生成较厚的氧化银会对表面产生一定应力，因而会与底层金属剥离造成进一步的氧化，这种影响会导致银太阳电池连接板在原子氧环境中的失效。而黑色的氧化银会降低其表面反射率，使折射率和吸收率发生改变。试验表明，石英上的银薄膜经原子氧环境暴露后完全氧化并脱离表面。

锇薄膜是极好的真空紫外光学反射镜，其在原子氧暴露过程中由于生成易挥发的氧化锇（OsO_4）而逐渐消失。飞行试验中原子氧积分通量达 2×10^{20} atoms/cm^2 时，石英基体上 60nm 厚的锇薄膜会完全转化为易挥发的氧化锇而蒸发掉。

（4）非金属材料

常用的空间非金属材料一般为金属的氧化物、氟化物或硫化物，这些材料在原子氧暴露环境下较为稳定，由于其本身为氧化物或经与原子氧反应后生成相应的氧化物，从而起到对底部材料的防护作用。作为绝缘抗辐射层的氟化镁、氟化钙以及氟化钍经原子氧环境暴露后氧原子替代其中的氟原子生成相应的氧化物，因此在原子氧环境中长期使用时，无机非金属材料表面需加防护层。太阳收集和能量分散系统需要太阳辐照反射，作为反射镜材料的铝、银、银合金、多层铝和银等通常会涂敷氧化硅、氟化镁和氧化铝薄膜进行防护，这些薄膜的原子氧侵蚀速率仅为（0.4～2.3）$\times10^{-28}$ cm^3/atom。

6.1.3.4　等离子体环境效应

根据飞行器的服役特点，等离子体环境包括自然存在的电离层等离子体环境（自然存在）以及针对超高声速飞行器在飞行时产生的高温等离子体黑障层，二者均会对相应的飞行器产生重要的影响。

电离层对无线电波存在严重的影响，导致电波时延、信号衰落，以致通信质量下降。等离子体鞘会改变飞行器天线的阻抗特性，可能产生噪声。对于采用 100V 以上高压电源的飞行器，可能造成静电放电、电流泄漏、电磁干扰、污染吸附、离子溅射等效应。

高超声速飞行的飞行器会产生气动热环境，飞行器头部激波对气流会产生强烈压缩，气流与飞行器壁面会发生剧烈摩擦，使飞行器及周围流场温度迅速增高，温度可达 2 000 ~ 3 000℃及以上，诱导形成高温等离子体环境。通常，这种等离子体鞘套的电子密度为 $10^{19} \sim 10^{20}/cm^3$，厚度为 0.25m。飞行器的通信信号被稠密等离子体鞘层反射和吸收，严重干扰通信信号的传送，甚至造成通信中断，这种现象称为“黑障”。

高超声速飞行器飞行产生的高温等离子体与飞行器表面材料间会发生各种强烈的物理化学作用，导致表面材料的融化、汽化、侵蚀、性能退化等一系列的损伤效应，因此高速飞行器的表面材料要求具有良好的耐温性、化学稳定性、在等离子体作用下的稳定性。

6.1.3.5　微流星和空间碎片环境效应

微流星和空间碎片环境对航天器的影响主要是对暴露材料的撞击。美国是世界上最先开展航天器关键暴露材料及器件空间碎片和微流星体高速撞击效应研究的国家之一，除 NASA 相关空间研究中心外，空军实验室和一些大学也从 20 世纪 70 年代甚至更早，相继启动了包括空间粉尘在内的空间碎片或微流星体高速撞击特性飞行搭载及地面模拟试验研究。从 20 世纪 80 年代初开始，NASA 利用试验卫星、长期在轨暴露装置 LDEF 和航天飞机，针对 350 ~ 600km 轨道，开展了航天器关键暴露材料及器件飞行搭载试验，其中一项重要内容是进行微流星和空间碎片环境的探测和关键材料及器件的高速撞击特性研究，仅 LDEF 就搭载了包括太阳能电池、光学器件、热控涂层等在内的数百种上千个样品。美国在进行飞行搭载试验和回收样品分析的同时，陆续成立了专门机构对微流星和空间碎片观测与预警、微流星和空间碎片探测数据库、地面模拟试验技术及高速撞击防护等问题进行系统研究，并加强与欧洲、苏联/俄罗斯、日本等国家或地区的合作，使研究成果在国际空间站建设等工程实践中得以应用。

苏联也是世界上率先开展高速撞击效应研究的国家，其初衷是为和平号空间站的建造和在轨安全运行提供技术支撑，而和平号空间站正常运转后又为航天器关键暴露材料及器件高速撞击效应研究提供了飞行搭载试验条件。20 世纪 90 年代，ESA 和日本 NASDA 分别利用尤里卡飞行装置（EURECA，运行轨道 520km）和空间飞行试验装置（SFU，运行轨道 480km），牵头进行了航天器关键暴露材料及器件飞行搭载试验研究，同时广泛开展了包括对 NASA 回收样品的分析工作及高速撞击地面模拟工作。

上述国家和组织及法国、德国、荷兰、英国、意大利、印度和以色列等对空间碎片高速撞击效应飞行搭载、地面模拟及抗撞击防护技术的研究工作一直持续至今，国际空间站已成为各国合作的一个平台。在多国研究者的共同努力下，航天器关键暴露材料及器件高速撞击效应及损伤特性研究取得了丰富的研究成果。

需要说明的是，在实际轨道空间服役条件下，低轨航天器关键暴露材料及器件除受到空间粉尘高速撞击损伤外，还会受到其他环境因素，如原子氧、带电粒子、真空、低温、太阳紫外、等离子体热循环等环境的影响，因此，空间碎片撞击效应是与其他空间环境因素的综合效应。微流星体和空间碎片具有很高的动能，与航天器发生碰撞后在航天器表面留下凹坑或形成穿孔；原子氧具有极强的活性，可通过化学反应导致航天器表面材料腐蚀，形成各种氧化物，从而改变材料或器件表面的光学和力学特性；波长小于 0.3 μm 的太阳紫外线会直接照射低轨航天器表面，紫外线中的单个光子具有的能量足以使许多物质的有机化学键断裂，从而改变材料的物理性质；高能带电粒子辐照将使航天器外表材料或器件产生电离损伤和位移损伤。

6.2　产品环境效应分析

武器装备经历的环境因素与其寿命剖面和任务剖面有关，且组成复杂，而不同产品的环境效应与其组成、所经受的环境因素以及防护设计等相关，因此，基于 6.1 节中介绍的典型环境效应，针对具体产品的环境效应需要根据产品组成、寿命期环境因素等进行具体分析。

武器装备一般由电子设备、机电设备、火工品等组成。其中，电子设备和机电设备是主要且数量最多、最具代表性的产品。如防空导弹弹上电子设备包括惯性测量装置、弹上计算机、导引头等，机电设备如舵机、安全执行机构等。

本节以防空导弹上的舵机和惯性测量装置为例，阐述了典型环境因素对产品功能、性能的影响。

（1）舵机

①组成

防空导弹弹上常用的舵机有电动舵机和液压舵机，以液压舵机为例说明其组成。液压舵机整机组成包括电机、伺服机构等机电类部件，液压变量泵及高压安全阀、加注活门等机构类部件，其中机构类部件中主要的零件有弹簧、密封圈、轴套、轴等。液压舵机主要组成材料见表 6-2。

表 6-2　液压舵机主要组成材料

材料种类	名称
金属材料	铝合金、不锈钢、合金钢、碳素弹簧钢丝、黄铜
非金属材料	橡胶胶料、聚四氟乙烯薄膜、棉线、热收缩管、润滑剂等
其他	导线、航空液压油、锡铅钎料、软圆铜线、漆包线、钢丝、密封螺纹胶、焊药等

②环境效应

根据液压舵机的部件及材料组成，结合 6.1 节的环境效应，液压舵机在寿命期内受环境的影响主要包括以下方面：

1）高温使润滑剂黏度变低，润滑剂外流造成轴承等部位润滑能力降低；

2）高温使机电部件过热，影响机电部件正常性能；

3）高温可能使电机绝缘发生击穿；

4）高温改变电子线路的稳定性及固定电阻的阻值；

5）高温使密封圈、橡胶制品发生老化，降低其使用寿命；

6）低温使润滑剂发生硬化、凝固，润滑作用丧失；

7）低温使电机的启动时间变慢；

8）振动、冲击使密封失效；

9）振动、冲击使弹簧等弹性元件产生永久变形；

10）振动、冲击、噪声环境使结构发生疲劳损伤；

11）振动、冲击、噪声环境使导线磨损；

12）振动、冲击、噪声环境使设备的精度降低等。

（2）惯性测量装置

①组成

防空导弹弹上常用的惯性测量装置有液浮惯性测量装置和光纤惯性测量装置，液浮惯性测量装置主要由液浮陀螺、石英加速度计、散热板、机体结构及电路板等组成，光纤惯测装置主要由光纤陀螺、石英加速度计、机体结构及电路板等组成。惯性测量装置主要组成材料见表 6-3。

表 6-3　惯性测量装置主要组成材料

材料种类	名称
金属材料	不锈钢、钢、铝合金、锡青铜、铝青铜、合金结构钢
非金属材料	聚酰胺树脂、橡胶胶料、环氧树脂、锦纶、聚氨酯清漆、聚四氟乙烯薄膜、热收缩管、三防保护剂、特种工业用线、锡铅铋焊料、锡铅钎料、硝基胶液、航空橡胶胶料、丁腈橡胶胶料等
其他	导电橡胶、导线等

②环境效应

根据惯性测量装置的部件及材料组成，结合6.1节的环境效应，惯性测量装置在寿命期内受环境的影响主要包括以下方面：

1）长时间高温影响陀螺中的马达工作，增大功耗；

2）高温改变电子线路的稳定性及固定电阻的阻值；

3）高温使树脂、橡胶制品等发生老化，降低寿命；

4）高温使陀螺、加速度计的参数发生漂移；

5）振动、冲击、噪声使结构发生疲劳损伤；

6）振动、冲击、噪声使导线磨损；

7）振动、冲击、噪声环境使设备的精度等降低；

8）振动、冲击、噪声干扰陀螺、加速度计的输出，带来结果误差；

9）振动、冲击、噪声改变惯性测量中的惯性器件的力学性能，影响惯性测量装置的偏值。

6.3　环境适应性设计方法

6.3.1　热设计

6.3.1.1　基本要求

6.3.1.1.1　热设计应满足装备预期工作的热环境的要求

在进行热设计之前，必须分析武器装备预期工作的热环境数据，主要包括：

1）环境温度和压力（高度）的极限值；

2）环境温度和压力（高度）的变化率；

3）太阳或其他物体的辐射载荷；

4）可利用的热沉状况（包括种类、温度、压力和湿度等）；

5）冷却剂的种类、温度、压力（对于由其他系统或设备提供冷却剂进行冷却的设备而言）。

6.3.1.1.2 热设计应满足对冷却系统的限制要求

冷却系统是武器装备热设计中极其重要的部分，它的设计必须满足以下的限制要求：对供冷却系统使用的电源的限制（交流或直流及功率）；对强迫冷却设备的振动和噪声的限制；对强迫空气冷却设备的空气出口温度的限制；对冷却系统的结构限制（包括安装条件、密封、体积和质量等）。

6.3.1.1.3 热设计应考虑的问题

在进行武器装备热设计时，除满足以上所列要求外，还应考虑以下的一些问题：

1）应对可供选择的冷却方式进行权衡分析，使设备的寿命周期费用降至最低，而可用性最高；

2）热设计必须与维修性设计相结合，以提高设备的维修性；

3）热设计应保证整套武器在紧急或战斗情况下，具有最起码的冷却措施。关键的部件或设备，即使在冷却系统某部分遭到破坏或不工作的情况下，也应具有继续工作的能力；

4）在战斗环境下的短时间内，供给武器装备的冷却剂流量可能比规定值要少很多的情况，应考虑避免设备出现过热；

5）对于强迫空气冷却，冷却空气的入口应远离其他设备热空气的出口，以免冷却空气过热；

6）应考虑太阳辐射给电子设备、设备保护罩、运输车厢及飞机带来的严重热问题，应有相应的防护措施；

7）应具有防止诸如燃料油微粒、灰尘、纤维微粒等沉积物和其他物体老化的措施，以免增大设备的有效热阻，降低冷却效果；

8）应尽量防止由于工作周期、功率变化、热环境变化以及冷却剂温度变化引起的热瞬变，使元器件的温度波动减小到最低程度，以免影响设备的可靠性；

9）在选择冷却剂时，冷却剂对操作人员的健康应无影响；

10）用于直接液体冷却的冷却剂应与元器件及相接触的表面相容，不会产生腐蚀和其他的化学反应。

6.3.1.2　热设计的基本依据及原则

热设计主要是控制武器装备内部的温度，使设备的工作环境不超过规定的最高允许温度。在进行装备热设计，尤其是对弹上设备等组成复杂、布局集中且散热条件有限的设备开展热设计前，必须了解热设计的基本依据，遵循基本原则及要求等。

6.3.1.2.1　热设计的基本依据

武器装备热设计的基本依据，主要包括：

1）武器装备的任务和特点；

2）武器装备的环境条件；

3）设计寿命和可靠性指标；

4）结构尺寸、质量指标等；

5）工作状态、设备的复杂程度。

6.3.1.2.2　热设计的基本原则

武器装备热设计的基本原则，主要包括：

1）热设计结果要满足整个寿命期要求；

2）确保高可靠性和长期工作的稳定性；

3）有一定的应变能力；

4）热设计带来的附加质量力求最轻；

5）良好的工艺性；

6）较高的标准化程度和良好的经济性；

7）热设计应与其他设计（电气设计、结构设计、可靠性设计等）同时进行，当出现矛盾时，应进行权衡分析，折中解决。但不得损害电气性能，并符合可靠性要求，使设备的寿命周期费用降至最低；

8）热设计中允许有一定的误差；

9）在设计过程的早期应对散热、冷却效果进行数值分析和计算，并评估各种设计方案的可行性；

10）设计时应考虑尽量防止由于工作周期、功率变化、热环境变化以及冷却剂温度变化引起的热瞬变，使元器件的温度波动减少到最低程度，以免影响设备的可靠性；

11）热设计应保证设备在紧急情况下具有最起码的冷却措施。即使在散热、冷却系统某些部分遭到破坏或不工作的情况下，关键的部件或设备仍应具有继续工作的能力。

6.3.1.3　热设计的基本流程

热设计的基本流程，见图 6-1。

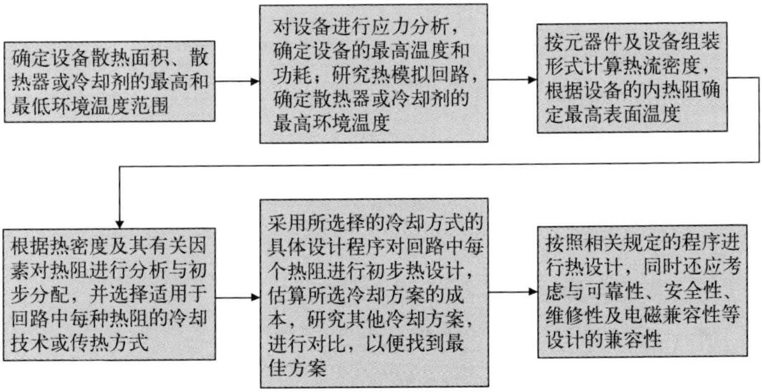

图 6-1　热设计的基本流程

6.3.1.4　热设计方法

热设计主要包括传热设计和散热设计。传热的基本方式包括传导、对流和辐射，它们可单独也可同时发生；散热设计主要是对冷却方法的选择，冷却方法的选择应考虑设备的热流密度、体积功率密度、总功耗、表面积、体积、工作环境条件（温度、湿度、气压、尘埃等）、热沉及其他特殊条件等。

6.3.1.4.1　传热设计方法

（1）热传导

由于温度不均匀，热量从温度高的地方向温度低的地方转移，这种现象叫作热传导。热通过介质传递，但介质并无可见的移动，热能是通过分子和分子传送，并由物质的高温区向低温区移动。

热传导传递的热量为

$$Q = \frac{\Delta T}{R_T} \tag{6-1}$$

$$R_T = \frac{L}{\lambda S} \tag{6-2}$$

式中　Q——单位时间内热传导传递的热量；

ΔT——热传导时的温度差；

R_T——热阻，对物体阻碍热量流过的能力的一种量度；

L——传热路径的长度；

S——传导截面积；

λ——导热系数。

导热系数是一个表示物体导热能力的物理量，其物理定义为单位时间内通过单位长度，温度降低 1℃时所传递的热量。常用材料的导热系数可以通过相关手册、规范查阅。

（2）热对流

热对流（或称自由对流）是流体由于温度梯度导致的微弱密度差而引起的流动，是通过介质本身的运动进行的能量或质量的传递。

热对流传递的热量为

$$Q = \alpha S \Delta T \tag{6-3}$$

式中　Q——单位时间内对流换热所传递的热量；

α——传热系数；

S——固体壁面换热面积；

ΔT——固体壁面与冷却流体介质间的温差。

（3）热辐射

热辐射是在温度高于绝对零度的物体内部微观粒子热运动状态改变时激发出的电磁波辐射，从电磁场与电磁波理论角度可称其为热辐射电磁波。对于一般固体而言，其内部微观粒子热运动状态改变时将激发出电磁波辐射，这些辐射能量又被邻近粒子强烈吸收，并转变为内能，促使邻近粒子的热运动状态继续不断改变，且不断激发出新的电磁波辐射，固体内部粒子如此不断地重复激发和吸收，最终，在距离固体表面微米量级厚度内激发出的电磁波辐射，成为整个固体对外的表面热辐射，此即固体的表面发射。

当固体对外发射表面热辐射时，又同时不断吸收外来热辐射能量，外来热辐射投射至固体表面时，一部分能量被反射，另一部分则被吸收，固体表面的辐射吸收层厚度也是微米量级。固体表面吸收外来辐射，引起表面微观粒子热运动状态的改变，进而引起与之相邻粒子热运动状态的改变，如此不断继续由表面推进至固体内部。固体表面发射和表面吸收同时进行，保持着固体热辐射能量总的收支平衡。热辐射是传热领域能量传递的基本方式之一。

物体辐射能量的多少及辐射能量按波长的分布都与物体的温度有关。热辐射所传递的热量为

$$Q = \xi C_0 S\left[\left(\frac{T_2}{100}\right)^4 - \left(\frac{T_1}{100}\right)^4\right] \tag{6-4}$$

式中 Q——单位时间内物体辐射的热量；

ξ——物体的辐射系数；

C_0——黑体辐射系数；

T_2、T_1——热、冷物体的绝对温度；

S——辐射物体的表面积。

物体辐射系数随物体表面的温度、粗糙度、氧化程度、表面涂料等的表面状态、物体的性质而改变，常用材料的辐射系数可以通过相关手册、规范查阅。好的吸收体表面通常无光泽且深色（或辐射体），有较高的辐射系数，而光泽的表面具有较低的值，且可用作辐射屏蔽体，以保护从辐射源来的有害能量；金属表面的辐射系数也与粗糙度有关，明亮光泽的表面要比粗糙表面有较低的辐射系数，但在温度较高时，这些效应不太明显；低辐射系数的光泽金属表面，如果涂了黑色就有了较高的辐射系数。

(4) 利于传热的措施

综上所述，从热传导、热对流和热辐射三方面进行传热设计，为达到较好的传热效果，根据公式（6-1）~式（6-4），可采取以下措施：

1）选用导热系数大的材料制造导热零件；

2）加大热传导面积，加大与传热零件的接触面积，改善接触表面的粗糙度，增大接触压力，减小接触热阻，增强导热作用；

3）尽量缩短热传导的路径；

4）选用有利于对流散热的介质，加大对流介质的流动速度；

5）增大散热物体和对流介质之间的温度差；

6）增大与对流介质的接触面积，采取最有利于对流散热的形状和安装位置；

7）对发热元件外面的屏蔽罩壳涂以黑色的粗糙漆，以增加热辐射的作用；

8）热敏感的元件表面要做得光亮，以减少吸收辐射热；

9）加大辐射体与周围环境的温度差；

10）加大辐射体的表面积。

6.3.1.4.2 散热设计方法

散热设计主要是通过采用合适的冷却方法对电子设备的温升进行控制，从而保证电子设备或系统能够正常、可靠地工作。冷却方法的选择应与电子线路的模拟试验同时进行，保证设备既能满足电气性能的要求，又能满足热环境适应性要求。

(1) 冷却方法的分类

按传热机理，冷却方法通常有自然冷却、强迫空气冷却、直接液体冷却、蒸发冷却、热电制冷、热管传热等。

冷却方法的选择根据散热设备的热密度（表面散热功率密度或体积发热功率密度）来确定。表面散热功率密度适用于设备外部散热形式的选择；体积发热功率密度适用于设备内部散热形式的选择。

当器件发热表面允许温升为 40℃或更高时，内部各种冷却方式对应的表面散热功率密度和体积发热功率密度如图 6-2 所示。冷却方法的选择如图 6-3 所示。

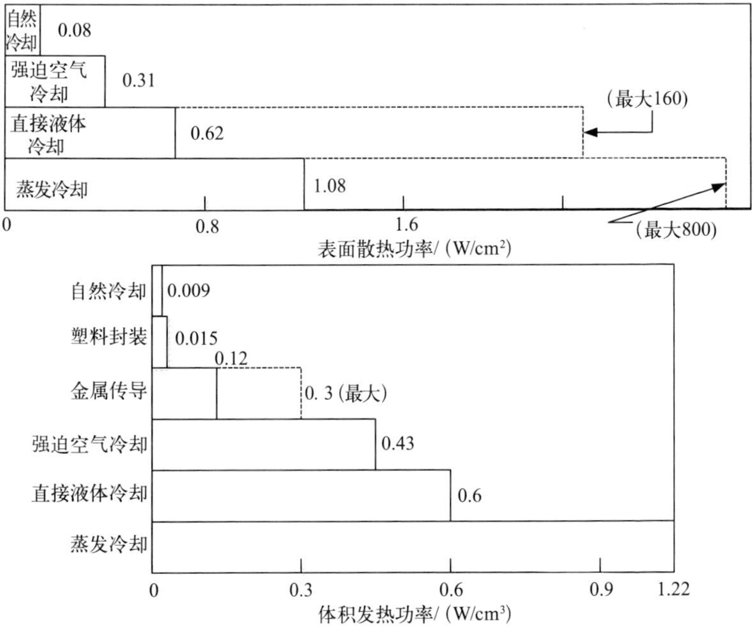

图 6-2　表面散热功率密度和体积发热功率密度

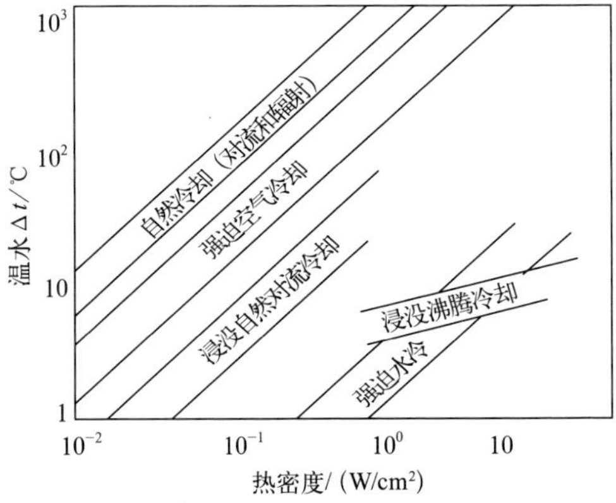

图 6-3　冷却方法的选择

(2) 自然冷却

自然冷却是利用设备中各元件及机壳的自然热传导、热对流、热辐射来达到冷却的目的。自然冷却的主要任务是对设备的结构进行合理的热设计，将设备内部的热量排到设备外部，使设备工作在允许的温度范围内。大多数小型电子设备通常采用自然冷却方法。

(3) 强迫空气冷却

强迫空气冷却是通过风机进行鼓风或抽风，以提高设备内空气流动的速度，达到散热的目的。其散热形式主要是对流散热，冷却介质是空气，主要适用于中、大功率的电子设备。

鼓风冷却的特点是风压大，风量比较集中。整机鼓风冷却通常用在设备内热量分布不均匀、各设备需要有专门风道冷却、风阻较大而元件较多的情况。鼓风机一般装在设备的下部或需局部风冷的位置，出风口常在设备的顶部或侧壁的上部。

抽风冷却的特点是风量大，风压小，对设备内各部分散热较均匀。抽风机常装在设备的上部或顶部，进风口在设备的下部。

若电子元器件之间的空间有利于空气流动或可以安装散热器时，可以采用强迫空气冷却，迫使冷却空气流过发热元器件。

(4) 直接液体冷却

直流液体冷却适用于体积功耗密度很高的元器件或设备。也适用于那些必须在高温环境条件下工作，且元器件与被冷却表面之间的温度梯度又很小的部件。直接液体冷却要求电路的冷却剂与电子元器件相容，能够承受由于液体的高介电常数和功率因素引起寄生电容的增加和电气损失。其典型热阻为每平方厘米 1.25℃/W。直接液体冷却可以分为直接浸没冷却和直接强迫冷却。直接强迫液体冷却的热阻为每平方厘米 0.03℃/W，这种冷却方式的效果较高，但需增加泵功率和热交换器等附件。如果采用喷雾浸没冷却，可以减轻浸没冷却设备的质量。

（5）蒸发冷却

蒸发冷却是利用液体在汽化时能吸收大量热量的原理来实现冷却的方法。它是大功率发射机中的发射管和发热部件的主要冷却方法。在选择蒸发冷却系统的冷却液时要使冷却液的沸点低于设备中发热元件的最低允许工作温度。冷却液应具有粘度小、密度高、体积膨胀系数大、表面张力小、导热性能好、无毒、具有足够的绝缘性能等特性。

（6）其他冷却技术

热电致冷是一种产生负热阻的制冷技术，其优点是不需外界动力且可靠性高，其缺点是质量大效率低。热管是一种新型高效传热元件，它是一种细长、中空、两头封闭的金属管子，管内壁附着一层浸满（饱和状态）工作液体的毛细物体，利用毛细作用来维持工作液体的循环而实现散热，其传热性能比相同的金属导热要高几十倍，且两端的温差很小，但主要问题是如何减小热管两端接触界面上的热阻；直接沸腾冷却适用于体积发热功率密度很高的设备和元器件，其热阻为每平方厘米 0.006℃/W。

6.3.1.4.3　热安装技术

电子设备在工作环境中的放置位置对其传热有很大影响。热设计性能良好的电子设备，如果热安装不当或安装环境不符合技术条件的规定，将使设备过热，影响其可靠性。设备内部电子元器件的安装应符合低热阻的热安装要求，保证其良好的传热性能和可靠性。

（1）设备的热环境问题

技术文件中规定的热环境是指存在于设备周围的热环境。热设计应保证设备能在此环境中正常工作。例如，舰船用电子设备的热环境，包括设备所处空间的局部空气温度和淡水冷却剂（若使用时）的温度等。在设备安装的实际环境的战术技术条件中规定的热环境不得有明显的差别，否则将使设备冷却效果发生变化或导致设备过热。设备的热环境问题包括以下几个方面：

1）靠设备外表面进行自然冷却的设备，一般按单独置于台面上或支架上使用进行设计。当这类设备与其他设备安装在同一机柜时，设备预定的靠自然对流冷却的通路将发生变化。机柜中的气温增高，产生附加热阻，使设备过热。这时，应提供辅助冷却装置；

2）当多台设备安装于同一空间并排放耗热时，将使空间过热，应该避免空调系统过载；

3）设备不得装设在超过湿度规定的环境中，或使设备在低于空气露点的条件下工作；

4）不得将设备安装在比预期的热环境更为严酷的环境下。例如，设备不得安装在紧靠发动机或其他热源的地方；

5）采用强迫空气冷却的小型设备，当其并列或叠装放置时，将使一台设备排出的热空气进入另一台设备的冷空气进口，经循环之后将导致空气的温升大大超过预期的环境温度。故设备安装时，不应使进气口和排气口受阻。

（2）散热措施

为了应付紧急情况或处于战斗中的需要，电子设备的冷却系统应备有应急措施。当供水系统出现故障时，应及时打开机柜的紧急进、排气口，利用现有的风机通风，对设备进行冷却。设备安装之前应对每一设备的冷却系统进行检查，避免因冷却系统的故障造成设备的损坏。

（3）元器件的热安装原则

根据以上描述，电子设备的元器件安装，应遵循以下原则：

1）热敏元器件应放在设备的冷区（如底部），不可直接放在发热元器件之上；

2）元器件的布置应按其额定温度进行分类，额定温度较高的元器件应放在额定温度较低的元器件之上；

3）发热量大的元器件应尽可能靠近温度最低的表面（如金属外壳的内表面、金属底座及金属支架等）安装，并与表面之间具有良好的接触热传导；

4）应尽可能减小安装界面及传热路径上的热阻；

5）带引线的电子元器件应尽量利用引线进行导热。安装时应防止产生热应力，要有消除热应力的结构措施；

6）电子元器件安装的方位应符合气流的流动特性及提高气流紊流程度的原则。为了提高散热效果，在适当位置可以安装紊流器。

6.3.1.4.4　热屏蔽和热隔离

为了减少元件之间热的相互作用，应采取热屏蔽和热隔离措施，以保护对温度敏感的元器件。具体措施包括：

1）尽可能将流通道路直接连接到热沉；

2）减少高温与低温元器件之间的辐射耦合，可增加热屏蔽板形成热区和冷区；

3）尽量降低空气或其他冷却剂的温度梯度；

4）将高温元器件装在内表面具有高黑度、外表面具有低黑度的外壳中，这些外壳与散热器具有良好的导热连接。

6.3.2　振动、冲击环境适应性设计

6.3.2.1　振动、冲击设计要求

武器装备的振动、冲击环境适应性设计主要是设计内部器件及整体结构的力学环境以满足力学环境适应性要求，并使设计的环境具有一定的裕量。在进行装备振动、冲击环境适应性设计前，必须了解相关的基本依据，遵循基本原则及要求等。

6.3.2.1.1　振动、冲击设计的基本依据

武器装备振动、冲击设计的基本依据主要包括：

1）武器装备的寿命剖面和任务剖面；

2）武器装备的环境条件；

3）结构尺寸、质量等；

4）武器装备的材料、器件等组成；

5）武器装备的连接形式等。

6.3.2.1.2　振动、冲击设计的基本原则及要求

进行武器装备振动、冲击环境适应性设计时，应遵循的基本原则及要求主要包括：

1）冲击、振动环境要适应整个寿命期；

2）确保可靠性和长期工作的稳定性；

3）有一定的设计裕量；

4）具有良好的工艺性；

5）具有良好的经济性；

6）在设计过程的早期，应对所采取的措施进行分析或仿真，评估各种设计方案的可行性；

7）考虑综合环境因素的影响；

8）用于防冲击、减振动、抗噪声的设备和控制结构要便于安装使用，并具有良好的散热条件、较高的可靠性和良好的维修性；

9）贯彻标准化原则。设计中应最大限度地选用标准化、规格化的产品，尽可能地减少原材料、元器件和其他零部件的品种规格，提高标准化程度；

10）对同类型产品应考虑系列化设计，对不同类型或同类型不同规格的产品应尽量采用已生产使用过的零部件，努力提高产品设计的继承性。

6.3.2.2　振动、冲击环境适应性设计方法

6.3.2.2.1　隔振与减振

隔振是利用弹性构件的动力学特性，通过附加适当的弹性构件来隔离振源对目标物的振动冲击传递，附加的弹性构件称为隔振器。例如各种金属弹簧与橡胶隔振器、空气弹簧隔振器等，其中隔离振源对基础的振动传递称为第一类隔振（隔力），隔离基础对其上安装物的振动传递称为第二类隔振（隔运动）。

采用耗散振动物体能量来减轻振动影响的方法称为减振，包括附加阻尼元件或机构。附加产生阻尼的元件或机构称（阻尼）减振

器或阻尼器，主要有流体阻尼器、各种类型的干磨擦减振器（构造式及钢丝绳、钢丝网减振器）、颗粒碰撞减振器及电磁阻尼减振器等。

在实际应用中往往要同时用到隔离振动能量传递和耗散振动能量的方法，所以不可能严格区分隔振与减振概念，在此统一称为减振。

（1）基本原理和要求

典型的单自由度振动系统如图 6-4 所示。

根据该系统的动力学方程推导得到绝对运动传递系数 T_F 为

$$T_F = \left|\frac{x}{u}\right| = \left[1 + \left(2\zeta\frac{\omega}{\omega_n}\right)^2\right]^{1/2} \Big/ \left[\left(1 - \frac{\omega^2}{\omega_n^2}\right)^2 + \left(2\zeta\frac{\omega}{\omega_n}\right)^2\right]^{1/2}$$

$$\zeta = c/c_0 \tag{6-5}$$

$$c_0 = 2m\omega_0$$

式中 T_F——绝对运动传递率；

x——质量 m 的绝对位移；

u——基础的绝对位移；

ω_0——系统无阻尼固有频率；

ζ——阻尼比；

c_0——临界阻尼系数。

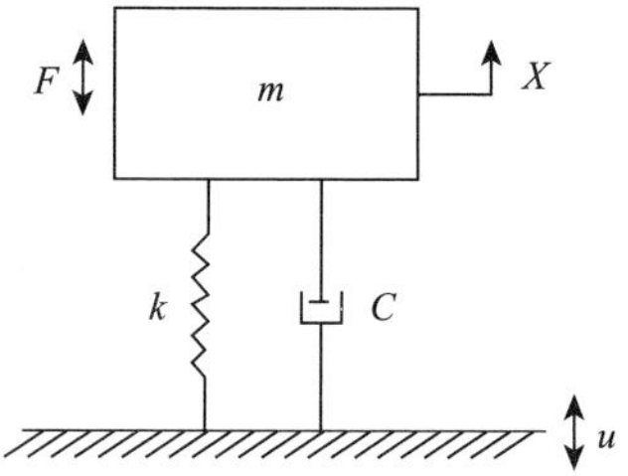

图 6-4 典型的单自由度振动系统

传递曲线 T_F 相对于频率、阻尼的变化趋势如图 6-5 所示。

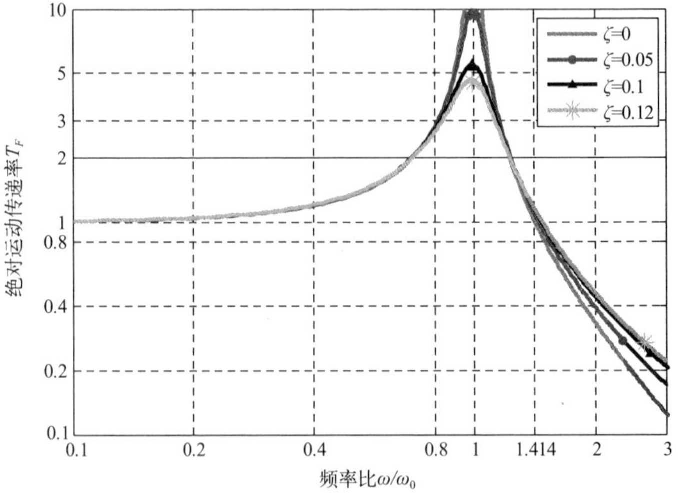

图 6-5　减振设计用阻尼比、频率比与传递系数的关系曲线

根据图 6-5，对减振器的设计提出以下基本要求：

1）减振器的刚度及频率要求。对各种阻尼比 ζ，所有传递曲线均在频率比 $\omega/\omega_n=\sqrt{2}$ 处相交，即当 $\omega/\omega_n\leqslant\sqrt{2}$ 时将不起减振作用，减振器的使用频率范围只能取为 $\omega/\omega_n>\sqrt{2}$ 的频带。据此即可根据主要的使用频率低限来确定频率比，进而确定减振器在承载时的共振频率 ω_n 和减振器的刚度元件 k 值。一般而言 ω_n 较低有利于改善系统的缓冲能力，但也不能过低，因为那样会使得弹性元件太软，造成静挠度过大，使用空间要求过大，还会产生易失稳和一冲到底的不利结果。另外，减振器的固有频率，还要避开其安装结构的主要共振频率，所以需要根据具体使用的各方面要求综合平衡确定合适的 ω_n 值；减振器还应提供试验刚度曲线以进行变形和强度校核。

2）阻尼要求。系统最大响应发生在减振器共振点（即 $\omega/\omega_n=1$）附近，ζ 越小传递系数越高，所以为了在共振区域不损坏设备，需要根据目标物允许经受的最大力幅（或运动幅度）确定许可的共振放大倍数（或许可的最大传递系数）。

3）减振效率。在 $\omega/\omega_n > \sqrt{2}$ 时，对于同一频率，阻尼较大时减振效率较低，亦即与阻尼在共振区域的作用正好相反，对于实际使用区域阻尼较小时效果更好，所以要衡量两方面的要求，综合确定阻尼的取值。

4）高频驻波问题。在中高频区域（一般为 300～500Hz 及以上），会产生复杂的高频驻波响应，某些类型的减振器（如依靠内部元件挤压产生干磨擦的蝶片式减振器）的驻波响应可能从 150Hz 左右就发生，而且量值很高，使得它在中高频的部分区域不能很好地起减振作用。高频驻波有可能造成设备的高频共振故障，所以在选择减振器时不能只注重低频效果而忽略中高频驻波效应。

（2）安装频率要求

装备用减振器并非安装在刚性地基上，而是安装在弹性体上，这就要处理好减振器频率与振动载荷或振动环境的作用频率，以及装备安装结构主要弹性频率三者之间的关系。应当要求三者之间不存在频率耦合关系，这一般较难做到，但至少应当要求减振器的共振频率要避开所安装机体结构的主要共振频率。

（3）多向减振与多向承载要求

减振器必须具备两向或三向的减振与承载能力，这是因为大多数装备振动冲击环境在垂向（*Y* 向）、侧向（*Z* 向）、轴向（*X* 向）都存在，且飞行器各种急剧机动及加速、减速过程中都会产生一定的惯性载荷及振动或冲击，安装推力矢量发动机的飞行器更要求减振器具备三向承载、三向减振的能力。有时甚至要求减振器在三个方向上都具有近似的等强度、等刚度特点。

（4）中高频减振要求

一般飞行器振动环境的特点是在宽带上随机迭加很强的振动峰值，其宽带随机振动的频率范围很宽（10～2 000Hz）。但在 300～500Hz 以上会出现包括减振器高阶共振在内的高频驻波响应，这一事实已由许多减振器试验曲线所证实。目前这种效应还难以在设计中避免，只能要求高阶共振及高频驻波发生的频率尽可能高，响应量值尽可能的低，某些所谓的“无谐振”减振器的高频驻波效应更加严重，因此，对它们必须慎用。

(5) 系统或复杂结构的复合减振要求

武器装备中一些重要系统和复杂结构的减振，安装了符合要求的基础减振器后，仍然出现振动故障，已经不能单纯用减振器技术解决，原因是一个复杂的系统或结构会存在多阶共振，其子系统和子结构也存在各自的共振，如果这些共振的放大倍数较高（通常都能达到10～20倍以上），那么即使基础减振器提供了较好的减振效率，通过减振器传递给系统或结构的那一小部分振动仍会产生10～20倍的放大，进而有可能激起子系统或子结构的较大响应使其发生故障。解决这一问题的根本方法是应用复合减振技术或多级减振技术，将减振器技术与阻尼层附加技术或阻尼结构技术结合起来应用。

(6) 长寿命要求

由于武器装备使用寿命很长，故减振器不宜使用存在老化问题的非金属材料，而应使用金属材料。此外，由金属构件挤压产生干磨擦的蝶片式减振器，由于使用中长期被挤压使结构永久变形导致性能改变（称为物理性老化），即寿命未到，但减振性能已变坏，也不符合长寿命要求。

(7) 尺寸、质量及可靠性、维修性要求

在武器装备的振动冲击环境适应性设计时，减振器所占的空间及其质量应尽可能的小，而且减振器及其相关附件、设备应尽量简单，使其使用可靠性高，易于维修拆换。

6.3.2.2.2 阻尼材料附加减振

通过对振动结构粘贴某种在振动时内部分子会大量磨擦耗能的材料（称为阻尼材料）以消耗结构振动能量的方法称为阻尼材料附加减振。应用阻尼材料附加减振时，主要提出两点要求。

(1) 耗损因子的要求

阻尼材料的耗损因子是随温度改变的，一般要求所使用的阻尼材料的耗损因子在 0.7 以上时对应有一定范围的温度，或者至少这一材料的损耗因子在使用温度范围内应保持在 10^{-1}的量级。一般结构本身的损耗因子很小，钢、铝为 10^{-4}量级，整体加工件及焊接件为 10^{-3}量级，铸铁为 10^{-2}量级，铆接及螺接件也为 10^{-2}量级。

实际使用中，大多只对小型简单构件或动应变较大的大型复杂结构的局部附加阻尼材料，希望将简单构件或大结构局部构件对应的结构振动耗损因子增大到 10^{-1}量级，或是将复杂结构局部动应变衰减到符合使用要求的程度。

(2) 应用要求

使用的阻尼材料一般要求适用温度应在-55 ~+80℃或更高；频率应在 10 ~2 000Hz；材料应满足质量增加最小的原则；符合长寿命的使用和老化要求，在缺乏适用的设计数据及尚不明确约束层材料的某些参数的情况下，应通过一定的试验获得必需的参数数据；且具有无毒、无异味以及分子不挥发等特点。

目前，对于装备、阻尼材料的具体应用方法有三类：自由阻尼层附加、约束阻尼层附加、设计加工专门的阻尼结构或装置。专门的阻尼结构或装置包括：特制的粘弹性阻尼减振垫和阻尼减振器；特制的阻尼梁、杆、管等构件；特制的阻尼板件，用来为各种仪器底板、仪表板、各种印刷电路板等。

6.3.2.2.3 动力吸振

通过将振动物体能量转移给附加的动态子系统，以达到衰减主系统振动的技术称为动力吸振，附加的动态子系统称为动力吸振器。

(1) 基本原理

图 6-6 所示为动力吸振器的原理模型，它是一个由主系统 m_1-k_1和子系统 m_2-k_2构成的无阻尼两自由度系统，受到单频外力 F 或基础位移 u 的周期激励，下面仅对力激励情况下加以说明（二者结果相同）。

图 6-6 中系统受谐和力 $F = F_0\cos\omega t$ 激励的强迫振动解为

$$\begin{cases} \dfrac{A}{X_{st}} = \dfrac{1-(\omega/\omega_2)^2}{[1-(\omega/\omega_2)^2][1+K_2/K_1-(\omega/\omega_1)^2]-K_2/K_1} \\ \dfrac{B}{X_{st}} = \dfrac{1}{[1-(\omega/\omega_2)^2][1+(\omega/\omega_1)^2]-K_2/K_1} \end{cases} \tag{6-6}$$

$$\omega_2 = \sqrt{\frac{K_2}{m_2}}$$

$$\omega_1 = \sqrt{\frac{K_1}{m_1}}$$

$$X_{st} = \frac{F_0}{K_1}$$

式中　A ——主系统质量 m_1 的强迫振动幅值；

B ——子系统质量 m_2 的强迫振动幅值；

ω_2——子系统固有频率；

ω_1——主系统固有频率；

ω ——简谐激励频率；

K_1——主系统刚度；

K_2——子系统刚度；

X_{st} ——主系统的最大静位移。

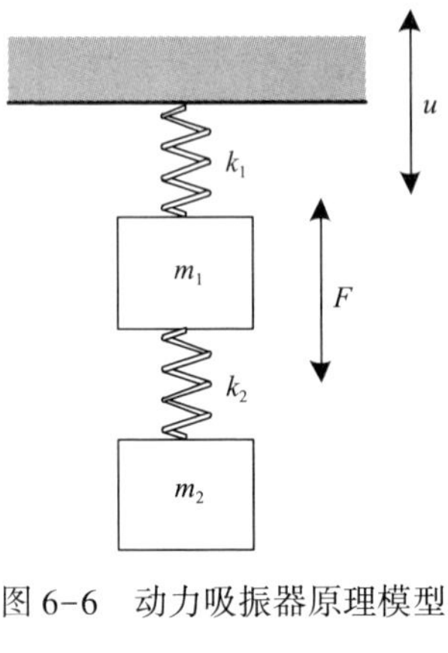

图 6-6　动力吸振器原理模型

由图 6-6 的强迫振动解可有如下结论：如果子系统固有频率 ω_2 与激励频率 ω 相同，则主系统质量 m_1 的振幅 A 将等于零，即静止不动，而子系统质量 m_2 的振幅为

$$B=-\frac{K_1}{K_2}X_{st}=-\frac{F_0}{K_2} \tag{6-7}$$

即此时激振力全部用于产生子系统的振动，而子系统的弹簧力幅 K_2B 正好与激振力幅 F_0 大小相等，方向相反，相互抵消，从而使 m_1 保持静止，即 m_1 的振动被（m_2-K_2）所吸收，这就是动力吸振器的基本原理。

（2）应用要求

应用动力吸振技术的主要条件是：

1）主系统受到的力或位移激励因产生超过许可范围的振动或其他危害，即主系统振动过大，但又难以用其他简易方法有效地加以控制；

2）激励的频率分量是单频或只具有少数几个离散分量，或者造成系统振动过大的激励频率分量是单频或只有少数几个离散分量，并且这些频率分量的值在使用中基本保持不变。

在武器装备上的振动，大多符合应用动力吸振技术的条件，其中一部分振动问题也都可以应用动力吸振技术加以解决。

（3）设计要求

实际结构一般不会是单自由度系统，而是具有多阶共振的多自由度系统；实际结构在外力或基础激励作用下会产生较大的强迫振动响应，这一响应可以是结构的某一共振响应，也可以是离开共振点的纯强迫振动响应，但只要使附加子系统的共振频率与固定的激励频率相等，同时把主系统视为由相近某阶广义质量、广义刚度构成的单自由度系统则仍然可以应用上述动力吸振方法来降低主系统的振动。

实际结构如导弹操纵面结构，在使用中都可能发生较大的单频振动响应。这种对主结构的有影响的共振频率和它所对应的广义质

量是未知的，也不易于得出；这时动力吸振器可以以试验为主进行设计，包括通过试验找到吸振效率高、附加质量小并且具有一定吸振带宽的设计方案。

6.3.2.2.4　结构动力学设计

结构动力学设计技术是在结构设计阶段就采取主动措施控制结构主要共振频率或振动响应，或两者综合控制的优化设计方法，以防止结构在使用中产生振动问题。由于这种设计方法在数学上表现成动力学中的逆问题，难以得到解析解，必须用优化方法进行求解和设计，所以也称为动力学优化设计，这是一种先进的事前振动控制设计方法，往往能够起到事半功倍的效果。

结构动力学设计问题包括：频率控制设计——主要是通过设计使结构的共振频率与振源的某些主要频率相分离；响应控制设计——主要是使所设计结构某一部位的振动响应低于规定值；频率、响应联合控制设计——即设计既要满足一定的频率要求，也要满足一定的响应要求。

在进行结构动力学设计时，主要开展下列工作：

1）结构动载荷预计分析；

2）结构动力学分析，主要是结构动特性即特征值分析；

3）有关参量的灵敏度分析，实际中往往要对初步的结构设计按动力学要求来修改设计，为此就要进行对结构有关参量的灵敏度分析；

4）根据具体结构的动力学要求，建立相应的设计方程，并利用数学规划方法求解，这时需要根据频率、响应等要求建立目标函数，根据质量、静强度等其他要求给出约束条件（两者也可对换），形成相应的约束非线性规划问题，大多是选择罚函数法将约束非线性规划问题化为序列无约束极小化问题来处理。建立数学模型时，应注意使优化变量的数目大于约束数，以使该设计在工程上有解。对于一些重要的性能指标，最好列为约束条件而不是目标函数。

6.3.2.2.5　主动控制技术

应用带有能源的作动机构并能实时自动识别和控制结构振动的技术称为主动振动控制或有源振动控制技术。主动控制技术包括开环和闭环两种。

对比而言，前述隔振、减振、阻振、吸振及动力学设计都属于被动控制技术。但针对上述隔振、减振、阻振、吸振技术也都可以并已经发展了相应的主动控制技术。早期的主动振动控制技术大多针对航空领域的应用开展研究，随着技术的发展，在20世纪后期人们又在研究以智能材料（压电材料、记忆合金、电流变、磁流变材料等）为基础的主动振动控制技术，其中在压电材料研究方面已经取得许多技术进展，包括消振与阻振两种概念，在阻振技术中又包括速度负反馈和电路分流两种技术。

（1）基本原理

将结构振动方程离散化后，用模态坐标 $\boldsymbol{q}$ 表示的动力学方程为：

$$\boldsymbol{M}\ddot{\boldsymbol{q}} + \boldsymbol{C}\dot{\boldsymbol{q}} + \boldsymbol{K}\boldsymbol{q} = \boldsymbol{\varphi}(\boldsymbol{f} + \boldsymbol{u}) = \boldsymbol{F} + \boldsymbol{U} \tag{6-8}$$

式中　$\boldsymbol{M}$、$\boldsymbol{K}$、$\boldsymbol{C}$——分别为广义质量、刚度、阻尼阵；

$\boldsymbol{\varphi}$——模态阵；

$\boldsymbol{F}$、$\boldsymbol{U}$——分别为广义的激励与控制力列阵。

（2）主动消振技术及适用要求

如果使广义控制力 $\boldsymbol{U}$ 在整个结构、整个频带上都与广义激励力 $\boldsymbol{F}$ 大小相等方向相反，则外载引起的结构振动响应就会被全部抵消掉，故称之为主动消振。当然，也可以使某一个或某几个模态的广义控制力与广义激励在一定频段、一定区域内近似抵消。目前在主动消振技术研究中大多采用自适应滤波前馈控制方法，也有研究主动的多自由度动力吸振器方法，这些都属于主动消振技术。

（3）主动阻振—电子阻尼技术及适用要求

如果使广义控制力为 $\boldsymbol{U} = -h\dot{\boldsymbol{q}}$，亦即使控制力以负的振动速度形式反馈作用于结构，速度信号可由传感器测出，使之负反馈至当地作动器，$\boldsymbol{h}$ 矢阵为各传感器对于当地作动器的反馈系数矩阵（受相连的放大器制约），这样就相当于对各个共振模态增加了模态阻尼，从而可使在 $\boldsymbol{F}$ 激励下的模态响应大大减小，这就是主动阻振技术之一的负速度反馈方法，或称电子阻尼技术。

（4）主动阻振—压电分流技术及适用要求

压电分流技术是将由于结构机械振动而在压电片上诱发的电场，外接至电路（R-L）或电路（R-L-C）而消耗掉，其原理是：利用机-电模拟特性（即力-电压、速度-电流、质量-电感、柔度-电容、阻尼-电阻的比拟关系），将压电片外接分流电路，此时，由于振动产生的压电电流将被分流电路的电阻以发热的形式消耗掉，且如果使分流电路的共振与结构共振频率一致（共振分流），就可以从拟控制模态中移出更多的能量以热的形式消耗掉，而对于实际结构受到的复杂激励甚至是随机激励，也可利用模态理论进行多模态分流。在工程实际上，分流电路及其参数的设计原则是使分流电路耗能最大。

6.3.3　噪声环境适应性设计

噪声环境适应性设计方法主要包括隔声、吸声以及消声。

6.3.3.1　隔声

隔声量为材料一侧的入声能与另一侧的透射声能相差的分贝数，一般用隔声量 R 评价隔声设计效果

$$R = 10\lg\left(\frac{E_1}{E_2}\right) = 10\lg\left(\frac{1}{\tau}\right) \tag{6-9}$$

式中　E_1——入射声能；

E_2——透射声能；

τ——透射系数。

工程中，常用的隔声设计方法有单层板隔声、双层板隔声及隔声罩等，各种方法分别有不同的设计要求：

（1）单层结构板设计要求

单层结构板使所隔绝的声波频率段避开低频共振频率和吻合频率，利用质量定律来提高隔声量。匀质单层板做成波形板或层叠板，增加刚性可使吻合频率下移。

（2）双层板及组合结构设计要求

当外界声波的频率与弹性系统固有频率一致时，双层板发生共振，此时隔声量大大减小。为此，必须避免这种情况发生，把共振频率 f_0 设计在 100Hz 以下；采用材料不同的板，使两板的临界频率相互错开，使吻合低谷变浅。

（3）隔声罩适用要求

隔声罩的内壁面与设备应留有较大空间；声罩内应作良好的吸声处理；隔声罩与声源设备不得有刚性连接；使用金属罩时，应在金属板上涂一定厚度的阻尼材料，防止产生振动；对于弹上动力、热源设备，隔声罩需注意通风散热问题。

隔声设计主要涉及三个重点：声源、接受、传播途径。一般设计应从声源着手，对强噪声源可采用固定密封式隔声罩、活动密封式隔声罩以及局部隔声罩等。在隔声设计时必须对孔洞、缝隙特别关注，一些容易被忽略的通道需注意声学设计和处理。在隔声设计时，首先需知道多大的隔声量，继而是明确受声点的噪声负荷和允许的噪声量级，最终进行隔声设计。

6.3.3.2 吸声

吸声结构选择与设计原则：

1）应尽量先对声源进行隔声、消声等处理，当噪声源不宜采用隔声措施，或采用隔声措施后仍达不到隔声标准要求时，可用吸声处理作为辅助手段；

2）对于中高频噪声，可采用 20 ~ 50mm 厚的常规成型吸声板，当吸声要求较高时可采用 50 ~ 80mm 厚的超细玻璃棉等多孔吸声材料，并加适当的护面层；对于宽频带噪声，可在多孔材料后留 50 ~

100mm 的空气层，或采用 80～150mm 厚的吸声层；对于低频带噪声，可采用穿孔板共振吸声结构，其板厚通常可取 2～5mm，孔径可取 3～6mm，穿孔率小于 5%；

3）对于湿度较高的环境，或有清洁要求的吸声设计，可采用薄膜复面的多孔材料或单、双层微穿孔板共振吸声结构，穿孔板的板厚及孔径均不大于 1mm，穿孔率可取 0.5%～3%，空腔深度可取 50～200mm；

4）进行吸声处理时，应满足防火、防潮、防腐、防尘等工艺与安全卫生要求，还应兼顾通风、采光、照明及装修要求，也要注意埋设件的布置。

吸声设计程序：

1）确定吸声处理前应首先了解室内的噪声级和各倍频带的声压级，并了解噪声源特性，选定相应的噪声标准；

2）确定降噪地点允许的噪声量级和各倍频带的允许声压级，计算所需吸声降噪量；

3）根据降噪量，计算吸声处理后应有的室内平均吸声系数；

4）由室内平均吸声系数和房间可供设置吸声材料的面积，确定吸声面的吸声系数；

5）根据确定的吸声面的吸声系数，选择合适的吸声材料或吸声结构、类型、材料厚度、安装方式等。

6.3.3.3　消声

消声主要是采用消声器对噪声进行处理，主要有阻性消声器、抗性消声器和微穿孔板消声器。阻性消声器能在较宽的中、高频范围内消声，缺点是低频效果较差。抗性消声器对频率选择性较强，适合于消减中、低频率噪声，但压力损失较大。微穿孔板消声器在很宽阔的频率范围内具有很好的效果，其阻力小、再生噪声低、耐高温。

此外，武器装备选择消声器时，还需满足如下要求：

1）在较宽的频率范围内有足够大、满足要求的消声量；

2）气流再生噪声低；

3）空间位置合理，便于装拆；

4）与总体装备协调；

5）满足性能价格比要求。

6.3.4 抗疲劳设计

本节以防空导弹为例，简要阐述武器装备开展抗疲劳设计的原则和方法等。鉴于防空导弹武器系统“长期贮存，一次使用”的特点，其疲劳寿命问题并非像飞机那样显著，但防空导弹在其寿命周期内会经历铁路、公路和机动运输等过程，且在运输过程中处于断电状态，故在该过程中累积损伤和疲劳破坏是其主要的故障模式。然而，由防空导弹的特点可知，铁路、公路和机动运输等过程所造成的累积损伤通常是一种不易被辨识的隐患，一旦在发射飞行过程中的恶劣环境作用下发作，则会导致任务失败，造成巨大损失。因此，对于防空导弹而言，由于累积损伤致疲劳破坏的问题不可忽视。防空导弹的疲劳寿命取决于系统中的薄弱环节，在辨识薄弱环节时，应重点考虑以下几方面的因素：

1）在静态载荷作用下，当材料所承受的应力超过其极限强度后就会出现破坏，但材料的极限强度在高应变速率下将会提高；

2）由胡克定律可知，材料所承受的应力取决于应变，装备在随机振动激励作用下，其加速度功率谱中高频部分的响应量值很大，但实际应变很小，所以应力也很小，故疲劳损伤主要是发生在低频部分；

3）每一应力循环都会使材料产生一定的疲劳损伤，考虑到在随机振动激励作用下的结构动力学响应特性，材料主要的损伤累积发生在以装备谐振频率为中心的窄频带内；

4）地面运输和地面机动运输的振动频率主要在 40Hz 以下，但有时振动频率可以覆盖到 200～500Hz。

防空导弹是一个典型的复杂结构系统，从结构动力学的角度分析，其可简化成由多个单自由度二阶系统组成的系统，故满足上述 4 个条件的二阶系统就容易成为导致累积损伤的薄弱环节。例如，防空导弹中的管路结构、带减振器的设备、支撑刚度较弱的大质量设备、在运输筒和发射筒中的导弹以及发动机的固体装药等都可能构成频率较低的二阶系统。其中，容易发生累积损伤的主要是单自由度二阶系统中的承力部分，如减振器和设备的承力支撑等；而机动运输中导弹的振动是连续系统的随机响应问题，受力情况复杂，是系统性问题，需要专门研究，且发动机固体装药的受力情况应包括在其中。本书所阐述的抗疲劳设计主要针对组件级设备简化形成的单自由度二阶系统。

防空导弹的抗疲劳设计要求在其设计初期开展，目的是设计一个许用应力，使防空导弹在铁路、公路和机动运输等过程中的疲劳损伤率降到最低，从而保证防空导弹的环境适应性。国内外相关领域的研究成果显示，开展抗疲劳设计所依据的累积损伤理论流派和方法较多，且不同方法所得出的结果大相径庭。对于随机输入的累积损伤问题，迈因纳（Miner）线性累积损伤理论则更为适用。下面主要介绍利用线性累积损伤理论确定的许用应力。

所谓疲劳就是由载荷重复作用所导致的损伤累积过程。在载荷作用下材料发生变形并产生相应的应力 S，若材料在该载荷作用下发生破坏的循环次数为 N，则可通过试验方法确定材料的 $S-N$ 曲线。$S-N$ 曲线表示的是试验数据的平均值，不同材料的 $S-N$ 曲线不同，其通用表达式可写为

$$N=\left(\frac{S_0}{S}\right)^{\alpha} \tag{6-10}$$

$$\alpha=\frac{\log N_2-\log N_1}{\log S_2-\log S_1} \tag{6-11}$$

式中　S_0——1/4 循环处的破坏应力，实际等于静态极限强度；

α——由 $\log S-\log N$ 曲线导出的常数，通常情况下，α 的取值范围为 5～20。

累积损伤理论假定材料发生破坏时的总损伤量是一个常值，与载荷的作用顺序无关，当各循环应力产生的所有损伤分量之和达到规定值时发生破坏，即

$$D = \sum_{i=1}^{m} \frac{n_i}{N_i} \tag{6-12}$$

式中 D——损伤总量；

n_i——载荷 i 对材料作用的循环次数；

N_i——材料 $S-N$ 曲线上，对应于载荷 i 的破坏循环次数。

上述提到，复杂结构系统中的设备安装可以简化成单自由度二阶系统，其中设备本体等效成质量元件，安装支撑刚度（如减振器）等效成弹性元件。防空导弹在地面和机动运输过程中，简化形成的单自由度二阶系统的输入/激励是宽带随机过程，输出/响应（即设备本体的运动）为窄带随机过程，通常用振动加速度 a 表示，单位为 g。

由于单自由度系统中容易发生累积损伤的主要是其承力部分，故系统中的弹性元件强度是抗疲劳设计的目标。在单自由度二阶系统中，弹性元件所受到的应力与质量元件的振动加速度成正比，即

$$S = Ka \tag{6-13}$$

式中 K——弹性元件应力与质量元件加速度间的比例系数，$\mathrm{N/m^2/g}$。

对于单自由度系统窄带随机响应，其中心频率是单自由度系统的固有频率 f_n，幅值服从瑞利分布，即

$$g(a) = \frac{a}{\sigma^2} \exp\left[-\frac{1}{2}\left(\frac{a}{\sigma}\right)^2\right] \tag{6-14}$$

$$\sigma = \sqrt{\frac{\pi}{2} G_0(f_n) f_n Q} \tag{6-15}$$

$$Q = \frac{1}{2\xi} \tag{6-16}$$

式中 a——取值范围为 $[0, +\infty)$；

σ——窄带随机过程的均方根值；

$G_0(f_n)$ ——输入加速度谱密度函数在频率 f_n 处的幅值；

Q——系统的动力放大因数或品质因数；

ξ——单自由度系统的阻尼系数。

任一幅值水平 a 的循环次数 N 为

$$N = f_n \tan(a)\,\mathrm{d}a = f_n t\,\frac{a}{\sigma^2}\exp\left[-\frac{1}{2}\left(\frac{a}{\sigma}\right)^2\right]\mathrm{d}a \tag{6-17}$$

由式（6-10）、式（6-12）、式（6-13）和式（6-17）可得

$$D = \sum \frac{n}{N} = \int_0^{+\infty} \frac{\left(\frac{f_n t}{\sigma}\right)\left(\frac{a}{\sigma}\right)\exp\left[-\frac{1}{2}\left(\frac{a}{\sigma}\right)^2\right]}{\left(\frac{S_0}{Ka}\right)^{\alpha}}\mathrm{d}a \tag{6-18}$$

记 $X=a/\sigma$，代入式（6-18）并整理可得

$$D = f_n t\left(\frac{K\sigma}{S_0}\right)^{\alpha}\int_0^{+\infty} X^{1+\alpha}\exp\left(-\frac{X^2}{2}\right)\mathrm{d}X = f_n t I_r\left(\frac{K\sigma}{S_0}\right)^{\alpha} \tag{6-19}$$

式中

$$I_r = \int_0^{+\infty} X^{1+\alpha}\exp\left(-\frac{X^2}{2}\right)\mathrm{d}X \tag{6-20}$$

此时，由式（6-19）可得

$$K = \frac{S_0}{\sigma}\left(\frac{D}{f_n t I_r}\right)^{\frac{1}{\alpha}} \tag{6-21}$$

由质量元件加速度引起的设计载荷为 3σ，故由式（6-13）可知弹性元件的疲劳许用应力应为 $3K\sigma$，当疲劳许用应力 $3K\sigma$ 低于材料的疲劳极限 S_0 时，则累积损伤的问题就不存在，即振动不会对设备造成损伤。

考虑到疲劳许用应力 $3K\sigma$ 是一个计算结果，故其与疲劳极限 S_0 不同，无法通过试验测量获得，此时，可将式（6-21）改写成如下形式

$$\frac{K\sigma}{S_0} = \left(\frac{D}{f_n t I_r}\right)^{\frac{1}{\alpha}} \tag{6-22}$$

从上式中可以看出，累积损伤的程度主要决定于材料所承受的实际应力水平 $K\sigma$ 与疲劳极限 S_0 之比。如果系统输入的谱密度函数和作用时间是确定的，要满足损伤要求和寿命要求，可以通过调整材料（改变 S_0、α 和 I_r）、系统的固有频率 f_n 和放大因子 Q 来实现，而无须计算出疲劳许用应力。此外，在初步开展抗疲劳设计时，由于没有准确测量数据，可根据相关国军标来确定系统的输入谱密度函数。

上述为针对防空导弹所开展的抗疲劳设计，其他武器装备可根据自身的产品特点和结构特性参考使用。

6.3.5　“三防”设计

6.3.5.1　设计依据

进行“三防”（防湿热、防盐雾、防霉菌）设计和采取三防防护技术时，需要考虑如下因素：

1）装备的外形尺寸和结构；

2）预期的功能和失效模式；

3）对硬件性能和完成任务的影响；

4）将要处于的环境条件；

5）与装备连接的平台状况；

6）与其他设备的连接装置；

7）环境暴露阶段的绝对和相对持续时间；

8）各阶段出现的次数、阶段间歇；

9）环境条件出现的概率；

10）地理位置；

11）从其他类似部署的设备上获得的经验。

6.3.5.2　“三防”防护措施

防湿热、防盐雾、防霉菌环境防护的第一步是确定装备的工作环境，第二步是确定在这种环境下所用元器件和材料的性能，若是这种性能不能满足装备“三防”要求或处于临界状态时，就要采取环境防护措施。下面介绍主要的环境因素防护措施。

（1）防湿热

湿气不是简单形式的水，通常是多种杂质的溶解剂，可以引起许多化学损坏的问题。湿气除了有化学作用外，冷凝的湿气还起到物理媒介的作用，当湿气在相配合的零件上冷凝并冻结后，会把这些零件连接在一起而发生损坏，许多在低温下柔软的材料，在吸收湿气并冻结后会变硬、变脆。

可以采用单项或几项综合措施来防止湿气的影响，包括：

1）采用排水或空气循环的方法消除湿气；

2）采用干燥装置除湿；

3）采用保护层以防锈蚀；

4）采用耐腐蚀、防潮的材料；

5）憎水处理，以降低材料的吸水性或改变其亲水性能；

6）用高强度和绝缘性能好的浸渍材料来填充某些绝缘材料、各种线圈中的空隙、小孔、毛细管等；

7）灌注和灌封，用环氧树脂、有机硅封装元器件或元器件与外壳间的空间、引线孔的孔隙；

8）塑封封装元器件或密封组装件。

（2）防盐雾

大多数电解液的形成是由潮湿凝聚造成的，而盐雾和湿气的凝聚，形成强的电解液。电解液的存在，引起金属电化学腐蚀。各种腐蚀类型对应的防护措施如下：

①电化学腐蚀

1）消除液体通道；

2）减少阳、阴极电位差；

3）排除电气接触。

②点偶腐蚀

1）在容许的点偶内选用金属；

2）镀覆可共存金属，减少电位差；

3）尽可能扩大次贵重金属的面积；

4）使用惰性阻挡层或垫圈以防止接触；

5）在金属上涂覆有机涂层；

6）改进设计，避免湿气积存；

7）用耐碱的有机绝缘体密封；

8）密封金属面。

③浓差腐蚀

金属离子浓差电池腐蚀、活性—钝化电池腐蚀可以通过涂漆、使表面光滑、表面密封等方法防止电解液与金属接触来降低或消除金属离子和氧浓差电池腐蚀。

④应力腐蚀

1）采用退火或喷丸强化的方法，减低金属或合金对于应力裂纹或残余应力的敏感性；

2）使表面处于压缩应力作用下；

3）在金属表面涂覆防护层；

4）在重叠区加密封材料。

（3）防霉菌

对于霉菌的防护措施，主要有：

1）选择不长霉的材料；

2）采用防霉剂处理零部件或设备；

3）使设备、部件密封，并在内部放干燥剂，保持内部空气干燥；

4）在密封前，元器件、材料用足够强度的紫外线辐照，防止和抑杀霉菌。

6.3.5.3　“三防”设计准则

6.3.5.2 节从防湿热、防盐雾、防霉菌的角度介绍了环境防护措施，本节将从装备环境适应性设计角度，简要介绍“三防”设计原则。

（1）避免腐蚀的“三防”设计

1）暴露在外的所有构件应避免积水；

2）对大容积的构件应尽量避免气密式设计；

3）当必须进行气密设计时，容器应采用永久性熔焊气密结构；

4）避免采用不同类型金属接触，应选用电位接近的金属；

5）对铸件、紧固件连接、焊接件一般不采用电镀；

6）正确选用经试验验证过的涂料；

7）在贮存或运输过程中，应保证可靠的包装形式和包装材料，提出贮存和运输过程的安全防护要求。

（2）封装与改善环境

1）工作在户外、舰船甲板上的印制板组装件，除必须进行保护涂覆外，在允许的情况下，应进行固体封装；

2）机载设备或对重量有严格要求的设备以及工作在湿热环境下的各种高压组件，必须采用固体封装技术；

3）采用熔焊密封之前，必须将被封装元器件彻底清洗，在可能条件下应对封装元器件抽真空并填充惰性气体；

4）对室内或海上舱内工作的设备，应考虑改善环境条件，在设计时应考虑通风、换气、加温除湿以及其他有利于设备在贮存或非工作状态时具有良好的内部环境的措施；

5）对某些仪器或设备，可采用定期通电加热的方法来驱除潮气，用吸潮剂吸掉潮气。

（3）合理选择材料

①金属材料的选择

1）容易产生腐蚀和不容易维护的部位选择高耐蚀性能的材料；

2）选择腐蚀倾向小的材料与热处理状态；

3）选用杂质含量低的材料。

②非金属材料的选择

非金属材料选择时，需要重点考虑表面电阻率、体积电阻率、介质系数、损耗角正切值、抗电强度等电性能指标。

6.3.6 空间环境防护设计

（1） 器件、材料选择

1）优先选用具有抗辐射能力的器件，如：优先考虑使用反熔丝FPGA、Flash FPGA、非易失性存储器等器件；在没有可选的情况下，优先选用提供了单粒子效应试验数据的器件；

2）对航天器表面材料，应尽量降低其表面的电阻率，如在太阳电池片表面覆盖导电涂层；

3）研制并选用抗位移损伤的器件或材料，如光纤材料尽量选择长波长光纤，这是因为长波长光纤比短波长光纤在辐射环境中的增益衰减更小，有时也可以在材料或器件内部添加特殊的成分以增强光电材料与器件的抗位移损伤；

4）对于航天器外表面能够被太阳电磁辐射到的热控涂层、光学器件、薄膜材料等，选用耐紫外辐射总曝辐量高于航天器寿命周期的材料。

（2） 表面材料处理

表面的材料处理，主要是对原子氧环境的防护，通常的方法有：

①整体材料改性

整体材料改性相当于一种新材料的开发，即用新材料替代原有的不耐原子氧侵蚀的材料，它既要兼顾抗原子氧性能的提高又要维持原有的基本性能。这些新材料可通过多种方法合成，其中包含的金属原子氧化后会在表面生成一稳定的氧化物防护层，从而达到阻止或降低原子氧对材料侵蚀的目的。目前开发的耐原子氧新材料主要包括硅树脂共聚聚合物、聚硅氧化合物、含金属原子（如锆、铝等）的聚合物以及含磷的聚合物。

②表面改性

表面改性是近些年来发展的一种新方法，在不改变基体材料整体性能的基础上，通过对材料表面处理使其具有良好的抗原子氧性能。

③表面镀制防护层

表面镀制防护层的目的是在不改变基体性能的基础上对材料起到防护作用，延长其使用寿命，这是一种获得空间原子氧耐久性最常用也是最简便的方法。对于空间用的防护层选择，需考虑以下要求：

1）抗原子氧冲击和紫外辐照，但不改变基体性能；

2）既薄又轻且与基体结合牢固；

3）无缺陷、气孔和裂纹，且没有被污染；

4）必须是韧性的且耐磨损；

5）经济且易大量生产。

（3）电路防护设计

1）对于单粒子翻转事件，可以从硬件上采取设置硬件看门狗、冗余设计和降额设计等方法提高抗单粒子翻转的能力；从软件层面上，可以采用将操作系统内核和与有效载荷安全以及飞行成败有关的程序存放在ROM区、设置对特定工作信号进行监视的软件看门狗以及采用三模冗余等技术进行单粒子翻转防护；

2）加强接地系统的设计；

3）采取电路设计加固措施，如针对反熔丝型FPGA，抗辐射加固电路设计中较多采用冗余技术来实现对故障的检测和隔离，主要包括三模冗余、复制及比较、编码及自查方法等。

6.4 环境适应性预计

武器装备及其各级产品根据装备设计结果、平台环境、技术方案等，利用材料、元器件、零部件有关手册提供的有关数据确定装备的定量耐环境极限能力，进行分析比较，在装备技术方案确定时对设计方案能否保证装备的环境适应性要求预先做出初步评估。

目前，在工程领域，逐渐利用仿真方法进行环境适应性预计的案例越来越多，但针对复杂武器装备，由于结构组成复杂、功能多、环境剖面复杂等，通过仿真方法进行环境适应性预计的难度非常大，且精度无法保证。因此，针对武器装备的环境适应性预计，主要是基于设计经验、相似型号数据的预计，另外，也可以根据具体产品环境效应分析结果制定产品设计准则，基于设计准则开展产品环境适应性核查。常用的武器装备环境适应性检查表可参见附录表 B-1。

参考文献

[1] GJB 150A—2009. 军用装备实验室环境试验方法 [S]. 2009.
[2] 沈自才．空间辐射环境工程 [M]. 北京：中国宇航出版社，2013.
[3] 唐贤明，译．空间环境 [M]. 北京：中国宇航出版社，2009.
[4] 赵惇殳．电子设备热设计 [M]. 北京：电子工业出版社，2009.
[5] 张阿舟，姚起航．振动控制工程 [M]. 北京：航空工业出版社，1989.
[6] 潘仲麟，翟国庆. 噪声控制技术 [M]. 北京：化学工业出版社，2006.

第 7 章　环境试验与评价

7.1　环境试验技术

7.1.1　自然环境试验技术

自然环境试验是评价材料和装备在自然环境条件下环境适应性和可靠性的一种重要手段，是提高装备质量、开发新材料、研制新产品、掌握装备贮存使用寿命的有效途径，也是新装备研制的关键。

据文献记载，自然环境试验最早开始于 1839 年，当时英国的 R Mallet 在河流入海处的水上和岸上，进行了金属样品的挂片试验。但真正开始进行大规模、有系统的自然环境试验，则是由第一次世界大战促成的。当时由于战争中存在大量军事装备的失效问题而促使有关国家的军方开始重视军事装备的自然环境适应性及可靠性问题。据报道，同一装置，在实验室条件下，单位时间内失效数若为 1，则在野外地面上使用的失效数则为 2，军舰上使用的失效数则为 10，飞机上使用的失效数则为 20。

第二次世界大战以来，美、苏、日等工业发达国家，为达到各自的军事目的，争先恐后地在本国和世界各地建立了环境试验站，大力开展环境试验工作。为了研究各种环境因素的影响，美国 U. S. S 公司对数量多达 3 000 种的低合金钢进行了长期暴露试验，并在 1933 年研制成功了以耐候性低合金钢而著称的含有 Cu、Ni、Cr、P 的 Corten 钢。日本对出口产品的环境试验异常重视，比如本田汽车除进行各种严酷的模拟环境试验考核外，还分别在美国阿拉斯加和亚利桑那州以及欧洲阿尔卑斯山进行寒带、沙漠和高山环境条件下的行驶试验，以提高其出口产品在各种自然环境中的适应性，确保其在世界范围中的竞争能力。

由于自然环境适应性数据的独特性，材料及装备的环境适应性数据不可能从国外引进，即使引进也不一定适用，特别是有关国防军工产品的自然环境适应性方面的数据，更是无法获取。而军工产品自然环境条件下的适应性问题及其解决方案关系到国家安全，相应的试验、数据采集和分析工作必不可缺。

武器装备是国防力量的重要组成部分，也是一个国家政治实力、经济实力、技术水平的综合体现。然而，作为一种武器装备不但要有先进的战技性能，还必须具有优良的环境适应性和可靠性，以确保武器装备在运输、贮存及战争中处于良好状态。武器装备的环境适应性差不但影响其战技性能的充分发挥，也可能造成不必要的人员伤亡。所以必须高度重视武器装备的环境适应性，特别是近年来现代高新技术在军事上的广泛应用，对其环境适应性和可靠性的要求越来越高，更是促进了自然环境试验技术的迅猛发展。

自然环境试验是一项军民两用技术，尤其在军事武器装备方面得到了广泛的应用，经过多年的发展，已贯穿于设计、研制、鉴定、生产和采购的各个阶段。在 1992 年 7 月发布的“美国国防部核心技术计划”所列 11 项核心技术领域中，就将“环境影响”作为其中一项，并认为它覆盖了 21 项关键技术，技术目标是：要对大气、海洋、地球和空间在自然和人工制造两方面的影响进行研究、建模和仿真。在美军科学技术计划中，技术基础一词是指基础研究、应用研究以及对科学家和工程师的培养和教育，把它作为未来军事发展和应用的基础。由此可见，自然环境试验在武器装备的研制与发展方面至关重要。可以说高新技术武器装备，均对其在全球和区域的环境适应性提出了很高的要求，迫切需要为相应的自然环境试验工作和技术提供支撑。

7.1.1.1　自然环境试验分类

(1) 按试验目的分类

按试验目的可将自然环境试验分为：

①考核性试验

自然环境考核性试验用于考核选材的正确性、工艺的可靠性、结构的合理性及装备的自然环境适应性，评价各种材料、工艺及产品在各种典型环境状态下的寿命、安全性、维修性、环境适应性和可靠性。

②研究性试验

自然环境研究性试验一般用于积累各种材料、工艺和产品环境适应性数据，研究影响材料和产品环境适应性的因素，掌握材料和产品在自然环境中的变化规律。

③考核性和研究性相结合的试验

考核性和研究性相结合的自然环境试验是在实施考核性试验的过程中，对材料、装备自然环境适应性数据及自然环境对材料、装备的影响进行监测并研究的试验。

(2) 按环境类型分类

根据自然环境分类，自然环境试验可分为大气环境试验、海水环境试验及土壤环境试验。目前，大多数装备的自然环境试验主要是大气环境试验。

(3) 按自然环境试验方法分类

按照试验方法，将自然环境试验分为：

①自然静置暴露试验

自然静置暴露试验根据暴露方式还可分为直接暴露、遮蔽下暴露、半封闭暴露和全封闭暴露。

②户外自然加速暴露试验

户外自然加速暴露试验可分为追光式跟踪太阳暴露、聚光式跟踪太阳暴露、玻璃框下暴露、黑框暴露、加速凝露暴露、喷淋加速暴露等试验。

③模拟工况条件下的自然暴露试验

模拟工况条件下的自然暴露试验可分为应力下暴露、多金属接触暴露、缝隙式暴露、焊接式暴露、多角度暴露等。

④自然环境下动态暴露试验

自然环境下动态暴露试验可分为通电暴露、工作状况下暴露试验等。

⑤贮存试验

贮存试验可分为露天贮存、半封闭贮存、全封闭贮存。

7.1.1.2 自然环境试验方法

目前，大多数武器装备的自然环境试验是指大气环境试验，主要包括大气暴露试验和贮存试验。本节重点针对大气环境试验方法进行介绍。

7.1.1.2.1 大气暴露试验

大气暴露试验的主要目的包括：

1）获得材料和装备在不同气候环境条件下的适应性数据；

2）研究环境因素对材料和装备性能的影响程度和变化规律；

3）研究材料和装备在不同环境下的主要影响因素和作用机理；

4）选择在该环境条件下的合适防护措施；

5）为制定室内模拟加速环境试验方法提供对比数据，判定室内模拟加速试验方法的可行性和与自然环境试验的相关性。

大气暴露试验包括户外大气暴露试验、棚下暴露和库房暴露试验等。

（1）户外大气暴露试验

户外大气暴露试验的关键点主要是暴露场位置的选择、暴露架、暴露方位及试样放置的设计等。

①暴露场的选择

对暴露场的选择，主要应围绕各种大气因素对于材料和装备的作用及其效果，试验结果的代表性和准确性，性能变化速度等问题综合考虑。一般原则为：

1）应选在能代表典型气候类型的地区；

2）结合材料和装备环境条件，选择在既能代表典型气候类型环境条件又是最严酷的地区，这样一方面更接近实际条件，另一方面能获得较快的变化速率，缩短试验时间；

3）除特殊试验目的外，暴露场附近不得排放有害气体、尘粒等污染物，尤其对标准气候暴露场，要尽可能设置在远离有工业污染，避开对气候类型有特异影响的环境；

4）暴露场具体地址应选择在能保证太阳升出后全天对暴露面自由投射光线，没有任何障碍物造成暴露面有阴影或遮挡主导风向和大气腐蚀成分传播的地方。

②暴露架

暴露架用来放置进行户外大气暴露试验的试件，由支架和放置试样的框架两部分组成。其结构一般有三种：1）高低杠暴露架。将支架作成高低杠形式，按要求的朝向和倾角固定在场地上，其框架根据需要可在支架上安装或取下；2）固定倾角式暴露架。框架按要求的倾角固定在支架上，整个装置可做成固定式或移动式；3）可调倾角式暴露架。框架连接在支架上，其倾角可调节，整个装置可做成固定式或移动式。

选择暴露架时，一般需要考虑的因素如下：

1）根据不同的试验场地可选用不同的暴露架。如永久性场地一般采用高低杠式暴露架，要求特殊朝向或倾角的暴露试验，一般采用可调倾角式暴露架；

2）暴露架的材料必须坚固耐用，耐大气腐蚀。

③暴露方位

暴露方位是指试样主要暴露面的朝向。一般的做法是：地处北半球的暴露场，暴露面应朝南放置，反之则朝北放置。但近年来根据实际需要，也可选择其他方位暴露，如迎海暴露、迎主导风暴露等。

④试样放置及安装

试样放置及安装一般应遵循以下原则：

1）试样之间、试样与会影响试样性能的材料之间不得直接接触；

2）试样与夹具之间的接触面要尽可能小；

3）试样安装要牢固可靠、易于装卸且便于观察。

（2）棚下暴露和库房暴露试验

棚下暴露和库房暴露试验方法，大致与户外暴露试验方法相同，主要是暴露地点的差异。

棚下暴露方式主要模拟野战状态，如：车外设备和战车结构及表面处理等。观察不同严酷度环境下电子产品的失效情况，考核电子产品的环境适应性，暴露其薄弱环节并分析其失效模式。

库内暴露方式主要模拟装备短期野外库房贮存和车内设备的状态，如：车外设备、车内设备、发射箱等。通过试验观察不同严酷度环境下电子产品的失效情况，考核电子产品的环境适应性。

7.1.1.2.2 贮存试验

导弹一般都具有“长期贮存，一次使用”的特点，弹上产品在贮存期间的性能变化会影响其任务成败，因此，武器装备的长贮性能和寿命特别受使用方的关注。贮存试验是验证或研究导弹产品贮存寿命普遍采用的方法，按贮存方式，一般将贮存试验分为：

1）露天贮存，即试样存放在露天，并盖上遮盖物，使试样不直接接受太阳辐射和雨淋作用；

2）半封闭贮存，即试样贮存在有顶棚遮盖的敞开式或百叶窗式的棚内，不直接接受太阳的辐射和雨淋的作用；

3）全封闭贮存，即试样贮存在库房或其他建筑物内。

贮存方式的选择要与装备的使用剖面相关，如对于防空导弹，一般在其寿命期内，都密封在发射筒（箱）内，因此，防空导弹及弹上产品的贮存试验主要模拟弹上产品在密封导弹和发射筒（箱）

中的状态，大多选用全封闭贮存试验。

（1）一般要求

在贮存试验前，一般需要确定试验方案，制定试验方案应考虑以下要求：

1）武器装备各级产品的贮存试验，一般应从工程研制阶段开始，给出各级产品的贮存期及其参数的估计值；

2）贮存试验环境应尽量模拟产品在寿命期内的实际存放环境；

3）试验产品的包装和防护措施应与产品服役后的包装和防护状态相当；

4）贮存试验期间，应按产品技术说明书及使用维护说明书等文件进行定期维护保养；

5）贮存现场应配备环境参数测量设备，且应定期将记录数据汇总成册；

6）贮存过程中出现的故障应进行原因分析，及时处理并做好详细记录。

（2）试品选取原则

贮存试验选取试品时，应符合如下原则：

1）覆盖武器装备及其各级产品；

2）各级产品的选择顺序可按阶段执行：方案阶段，可选元器件和原材料等作试品；初样阶段，一般选取采用的新材料、新元器件以及影响装备贮存性能和贮存可靠性的相关产品；试样阶段，主要针对分系统、整机、零部件及已确定包装形式的初始备件产品进行试验；定型阶段，主要以武器装备及其分系统为主；

3）在充分搜集和分析相似产品贮存信息的基础上进行试品选取。

（3）试品数量

为充分达到贮存试验目的，在确定试品数量时，应考虑如下因素：

1）试品数量应根据贮存可靠性评定要求、贮存试验类型、测试项目、试验条件和经费等因素进行综合考虑后确定；

2）确定试品数量时，应考虑测试标准、相应评价指标要求等因素，对计量破坏型、非破坏型和不进行中间抽检的零部件产品进行综合分析后确定；

3）各类产品可参照行业标准的规定确定试品数量，如 GJB 3669—1999《常规兵器贮存试验规程》、GJB 736.14—1991《火工品试验法　长期贮存寿命测定》、QJ 2338A—2002《固体火箭发动机贮存试验方法》等。

（4）贮存时间

根据产品的性能特点、指标要求、试验方法以及材料、工艺等因素，确定贮存试验时间。

1）贮存试验的试验时间不小于产品贮存期验证指标要求；

2）贮存试验时间允许超过指标规定的贮存期，但超过部分的要求和结果评定标准与贮存期内不同，在贮存试验大纲中应予以规定。

7.1.2　实验室环境试验技术

实验室环境试验是在实验室中利用各种仪器设备在人为的环境下进行的试验，它是质量验收的基础，其特点是能精确控制各种环境条件，试验周期相对较短，试验结果再现性好，便于对比试验。但是，由于实际环境中影响装备环境适应性和可靠性的因素复杂，结果与真实使用环境是否相关是不确定的，这与实验室内模拟装备实际环境的相似性相关。

目前，武器装备环境试验实施的主要依据是 GJB 150A—2009，本节将参考 GJB 150A—2009 重点介绍武器装备普遍使用的几种实验室环境试验方法。

7.1.2.1　高温

在各研制阶段，高温环境试验的试验有所不同：

1）在研制阶段早期，通过环境适应性研制试验，能够发现装备设计缺陷；

2）在定型阶段和批生产验收阶段，通过环境鉴定和例行试验，能够验证装备高温环境适应性是否满足指标要求；

3）在飞行器首飞前，通过安全性环境试验，确保飞行器首飞安全；

4）在研制阶段，通过环境响应特性调查试验，能够获取装备温度响应信息和确定耐温度应力极限。

武器装备在进行高温试验前，需要确定高温试验量值、试验程序等，一般的确定原则如下：

1）确定高温环境试验量值的最好办法是应用实测数据或相似产品数据，对其进行工程处理后，再根据此指标确定试验条件，特别是高温验证试验条件；

2）若没有实测数据等，则可根据 GJB 150. 3A—2009《军用装备实验室环境试验方法　第 3 部分：高温试验》第 4 章提供的数据和指导，确定高温环境试验量值，进而确定试验程序；

3）当有关文件中已有明确的高温环境量值指标，则应以该高温指标为基础，结合装备的环境剖面确定选用合适的试验程序；

4）分析武器装备寿命期会遇到的气候条件，如气候区类型是基本气候区还是热区，进一步确定装备在此气候区中是敞开暴露于自然环境中经受热气候日循环，还是暴露在有遮护环境下；

5）直接暴露在自然太阳照射的环境中的武器装备，查阅热气候区的高温日循环中的诱发和环境空气温度分别作为其贮存和工作耐高温环境试验量值，对应采用日循环贮存程序和工作程序；

6）有遮护暴露的武器装备应查阅有关极端高温和平台环境工作高温作为其恒定高温贮存和工作的环境试验量值，对应采用恒定高温暴露的贮存和工作程序。

根据 GJB 150A—2009 的规定，高温试验程序及推荐的温度量值、试验时间见表 7-1 ~表 7-3。

表 7-1　试验程序

程序Ⅰ（贮存）	循环贮存	试件暴露于剪裁确定的高温日循环剖面中	至少 7 个日循环（共 168h）
	恒温贮存	试件暴露于剪裁确定的恒定高温中	试件达到温度稳定后至少保持 2h
程序Ⅱ（工作）	循环工作	试件暴露于剪裁确定的高温日循环剖面中	试件达到最高响应温度的循环数或至少 3 个循环（共 72h）
	恒温工作	试件暴露于剪裁确定的恒定高温中	试件达到温度稳定后继续保持至少 2h

表 7-2　推荐高温

程序		温度范围或温度/℃	
		基本热区	热区
程序Ⅰ	高温贮存日循环	30～63	33～71
	高温贮存恒定温度	（中国）45.2（1%），世界其他国家 49（1%）（考虑诱发条件，加 15～20℃）	
程序Ⅱ	高温工作日循环	30～43	32～49
	恒定高温工作	取决具体平台环境	

表 7-3　试验时间

程序Ⅰ（贮存）	循环暴露	7 个循环
	恒温暴露	试件温度稳定+2h（至少）
程序Ⅱ（工作）	循环暴露	3 个循环，最多 7 个循环
	恒温暴露	试件温度稳定+2h（至少）

7.1.2.2　低温

武器装备长期在户外冷天地面存放时（待用）会遇到低温环境，在户外冷天地面拆装操作时也会遭遇自然界低温环境。实验室低温试验就是验证其在这些低温环境下的承受或工作能力。

低温环境试验目的与高温环境试验目的类似，取决于各研制阶段。

武器装备在进行低温试验前，需要确定低温试验量值、试验程序等，一般的确定原则：

1）当有关文件中已有明确的低温环境量值指标时，应以该指标为基础，结合试验目的和应用阶段，确定适用的试验程序；

2）确定低温环境试验量值的最好办法是利用实测数据或相似平台数据，对其进行工程处理后，再根据此确定试验条件。若没有实测数据，则可根据 GJB 150. 4A—2009《军用装备实验室环境试验方法　第 4 部分：低温试验》提供的数据和指导，确定低温环境试验量值，进而确定试验程序；

3）预期要在微冷和严冷区贮存和使用的武器装备，由于温度变化范围窄或太阳辐射强度低，日循环意义不大，进行恒定低温试验即可。

根据 GJB 150. 4A—2009 的规定，低温试验程序及推荐的温度量值、试验时间见表 7-4 ~表 7-6。

表 7-4　试验程序

程序Ⅰ	贮存	试件暴露于确定的极端低温环境中	保持剪裁确定的时间：温度稳定后至少 4h、24h、72h
程序Ⅱ	工作	试件暴落露于确定的低温工作温度	温度稳定后至少 2h
程序Ⅲ	拆装操作	在确定的低温工作温度环境中实施装卸操作	步入式试验箱：试验方案规定的时间； 小试验箱：每次 15min，进行 2 次

表 7-5　推荐低温

中国的低温工作极值①		世界范围的低温工作极值②	
低温	出现概率	低温	出现概率
-41.3℃	20%	-51℃	20%
-44.1℃	10%	-54℃	10%
-46.1℃	5%	-57℃	5%
-48.8℃	1%	-61℃	1%

① 数据来自 GJB 1172.2—1991《军用设备气候极值　地面气温》，这里的出现概率是指时间风险率；
② 数据来自 MIL-STD-810F。

表 7-6　试验时间

程序	装备结构材料和应用特点	试验时间
程序Ⅰ 低温 （恒温） 贮存	1）非危险性或非安全关键装备 2）该装备内部不含有如有机塑料等容易出现性能退化的部件	温度稳定后再加 4h
	含爆炸物、弹药、有机塑料等产品的装备	温度稳定后再加 72h
	含限位玻璃等产品的装备（如光学系统常有需要装或限定在其特定位置的玻璃、陶瓷和玻璃类产品）往往会出现静疲劳，需要较长时间的低温作用才能诱发出这一问题	温度稳定后再加 24h
程序Ⅱ 低温（恒温） 工作	所有装备	温度稳定后再加至少 2h
程序Ⅱ 拆装操作	方案 1（使用步入式试验箱），操作人员进箱模拟作战状态进行拆卸装配	未作规定
	方案 2（使用小试验箱）操作人员带上手套，从试验箱观测孔或打开箱门进入试验箱进行拆装操作	拆一次 15min；装一次 15min；两次之间要恢复到工作温度
低温日循环 （贮存和 工作）试验	特别要求进行日循环的装备	自行制定方案

7.1.2.3　温度冲击

武器装备在以下情况会遭遇温度冲击环境：

1）长期暴露于沙漠和地面高温日夜循环状态后，快速飞到高空经受从热到冷的环境；

2）热天沙漠上空飞行的运输机不控温货舱中的运输的设备，空投到沙漠地面经受到从冷到热的环境；

3）寒冷地区装备进出具备加热措施的仓库、维修场所或飞机货舱经受到从冷到热或从热到冷的环境。

需对武器装备的温度冲击环境适应性进行试验验证。温度冲击环境试验目的见表 7-7。

表 7-7　试验目的

目的	应用阶段	试验类型
发现耐温度冲击设计缺陷	研制阶段早期	环境适应性研制试验
验证装备对温度冲击环境适应性	研制阶段后期（定型时）	环境鉴定试验
获取装备应力极限信息	研制阶段中后期	环境响应特性调查试验
验证批生产装备对温度冲击环境的适应性	批生产阶段出厂验收中	批生产的例行试验
剔除批生产装备早期故障	批生产阶段出厂前	环境应力筛选

武器装备在进行温度冲击试验前，需要确定温度冲击试验量值、试验程序等，一般的确定原则是：

1）确定温度冲击环境试验量值的最好办法是利用实测数据或相似平台数据，对其进行工程处理后，再据此确定试验条件。若没有上述条件，则可根据 GJB 150.5A—2009《军用装备实验室环境试验方法　第 5 部分：温度冲击试验》中提供的数据和指导，确定温度冲击环境试验量值，进而确定试验程序；

2）温度冲击环境试验指标参数：上限温度（日循环及恒定高温）、下限温度，日循环冲击方向和次数，转换时间或变化速率。

温度冲击试验中的冲击次数主要由预计使用中经受的冲击频度

或次数决定。对暴露于温度冲击环境可能性很小的武器装备，每种冲击条件只进行一次；对会比较频繁地暴露于温度冲击环境，但实际冲击次数无确切证据的武器装备，进行 3 次或 3 次以上的冲击。转换时间或变化速率规定的原则是保证其反应寿命周期剖面中实际经受的温度冲击相应的时间，但又要求转换时间尽可能短。GJB 150. 5A—2009 推荐的转换时间为小于等于 1min，但在实际实施过程中，对于大型武器装备，常常需采用两箱法进行试验，由于吊装等操作很难在 1min 内完成，因此，一般会参考寿命剖面中实际温度冲击的相应时间并根据实验室设备的具体能力确定试验过程中的温度转换时间。

7. 1. 2. 4 湿热

军用装备在地球上湿热地带贮存、运输和使用时会遇到不同程度的湿热环境。中国最潮湿的地区为长江以南的湿热区和亚湿热区，其最高绝对湿度可达 $29g/m^3$，相对湿度大于 95% 时最高温度为 29℃。军用装备如坦克、飞机的密闭舱内或者在帐篷、坑道等通风不良、局部潮气不容易散发的地方，相对湿度可以高达 95% ~ 100%，同时温度高达 30 ~ 45℃。

武器装备在寿命期内一般经受的湿热环境不可能是恒定湿热，且对于寿命期的湿热条件很难确定哪种湿热环境是严酷的。因此，当前装备的湿热环境试验主要是依据 GJB 150. 9A—2009《军用装备实验室环境试验方法　第 9 部分：湿热试验》中规定的交变湿热条件进行试验，试验条件见表 7-8。

表 7-8　试验条件

试验条件	试验条件容差	湿热循环阶段				循环次数
		升温段	高温高湿段	降温段	低温高湿段	
试验温度/℃	±2	30 升到 60	60	60 降到 30	30	10
相对湿度/%	±5	95	95	≥85	95	
持续时间/h	1%	2	6	8	8	

不管是自然界湿热环境还是诱发的湿热环境，温度和湿度的组合均不可能出现本试验方法中要求的湿热条件 30℃、95% RH 和 60℃、95% RH。30℃、95% RH 时的绝对湿度达 28.9g/m³，60℃、95% RH 时的绝对湿度达 123.3g/m³。可见标准规定的试验条件是人为创造的严酷温湿度综合条件，其目的是充分激发装备在湿热环境下的问题，明确湿热环境适应性的薄弱环节，为设计改进提供依据。

7.1.2.5　加速度

导弹、火箭等飞行器主要在发射飞行过程中经受过载环境。加速度试验的主要目的是验证飞行器在结构上能够承受使用环境中由平台加、减速和机动引起的稳态惯性载荷的能力，以及在这些载荷作用期间和作用后其性能不会降低，并且在承受坠撞惯性过载之后不会发生危险。

因此，GJB 150.15A—2009《军用装备实验室环境试验方法　第 15 部分：加速度试验》中规定的加速度试验程序，包括以下三种：

1）程序Ⅰ：结构试验，用来验证武器装备结构承受由使用加速度产生的载荷的能力；

2）程序Ⅱ：性能试验，用来验证武器装备在承受由使用加速度产生的载荷以及之后的性能不会降低；

3）程序Ⅲ：坠撞安全试验，用来验证武器装备在坠撞加速度作用下不会破裂或不会从固定架上脱落。

常用的加速度试验设备有两类：离心机和带滑轨火箭撬。不同试验设备产生加速度载荷的方式不同。

离心机通过围绕固定轴旋转而产生加速度载荷，所以加速度方向总是沿径向指向离心机的旋转轴心，而由加速度所产生的载荷方向总是从旋转轴心沿径向向外。当试件直接安装在离心机试验臂上时，则试件同时承受了旋转和平移两种运动。对于给定转速，试件所受的加速度及加速度引起的载荷方向是恒定的，但转臂每转一圈，试件就要转动 360°。有的离心机在转臂上装有抗旋转夹具，以修正试件的这种转动。有了这种装置，试件在空间的方位就保持不变，但转臂每转一圈，加速度和加速度引起的载荷方向就围绕试件转动 360°。离心机的另一特性是由加速度引起的载荷与试件距旋转轴心的距离成正比。为使试件最靠近和最远离旋转轴心的部分所承受的加速度载荷分别不小于规定试验值的 90% 和不大于规定试验值的 110%，应选择尺寸合适的离心机。

带滑轨火箭撬产生与火箭撬加速度方向相同的加速度。加速度试验量值和该试验量值的持续时间取决于滑轨长度、火箭的功率和火箭的装药量。由于滑轨粗糙不平，这类装置通常会产生明显的振动环境，而这种振动一般比被试武器装备的使用振动环境更严酷，所以夹具设计时应充分考虑试件是否需要对这种振动环境进行隔离。

7.1.2.6 振动

武器装备在运输、战备值班和飞行过程中，都会经受振动环境。为了在装备设计阶段初步了解装备的结构特性，较为有效的方法就是在实验室进行振动试验，在实验室进行振动试验也便于查找结构损坏的原因。

最早的振动试验往往只能把试件放在实际情况下去考核，例如车辆的跑车试验。但很多装备不宜这样做，如载人飞船直接现场试验对航天员有危险，地震引起的结构随机振动及破坏难于预先测试等，所以现场试验并不总是可取的。随着科技的发展，振动理论与振动试验有了很大进步，20 世纪 50 年代后期，电动振动台得到进一步发展，60 年代又出现了电液振动台。与此同时振动测量技术也有很大发展，各种用途的传感器已制造出来，自动振动控制仪也已问世。随着对振动本质有了更深刻的了解，振动试验的范围和规模也逐渐得到扩大。

振动试验按所加激励的性质可分为：

1）正弦振动试验。此类试验给试件施加的激励是正弦振动，包括固定频率正弦振动试验、谐振频率正弦试验以及扫频正弦试验。

2）随机振动试验。随机振动试验根据谱型特征，包括宽带随机振动试验、窄带随机振动试验、正弦加随机振动试验以及宽带加窄带随机振动试验。

振动试验实施的关键包括振动试验条件的确定、边界条件的模拟以及控制方式的选择等等：

1）试验条件。一般由武器装备研制总体单位制定，各分系统也可以据此加严考核，但需要说明的是，各分系统上的组合等组成的试验条件，应基于微环境分析结果得到，不可照搬分系统级的振动条件，对于正弦振动试验，试验条件需要给出频率和幅值，对随机振动试验，需要给出功率谱密度。

2）边界条件。在振动试验中必须考虑试件在使用时处于何种状态，只有正确模拟边界条件，才能保证试验的正确性。由于许多试件都是单独做振动试验，因此边界条件的模拟对于提高振动环境试验的“天地一致性”非常重要。

3）控制方式。选择的控制方式应能在要求的试件位置上产生所要求的振动试验条件，这种选择取决于所要求的振动特性和平台/装备之间的动力耦合作用，一般采用单一控制方案，也可同时采用多种控制方案，常用的控制方式有加速度输入控制、加速度响应控制、力限控制。

4）试验轴向。通常振动试验，输入规定为互相垂直的三个轴向，并依次进行试验，对于在某两个方向特性对称的结构，也有在此两方向选择一个方向开展试验的，目前，随着多轴试验技术的发展，也有开展两轴或三轴同时振动的振动试验。

GJB 150.16A—2009《军用装备实验室环境试验方法　第 16 部分：振动试验》根据平台将振动环境进行了分类，并规定了试验程序，各类装备可据此进行选择。表 7-9 给出了各类装备的振动环境类别。

表 7-9　振动环境类别

寿命阶段	平台	类别	装备描述	试验量值和持续时间（见 GJB 150. 15A—2009 附录 A）	试验程序
制造/维修	工厂设备/维修设备	1）制造/维修过程	装备/组件/零件	A. 2. 1. 2	见标准附录 A
		2）运输和装卸	装备/组件/零件	A. 2. 1. 3	见标准附录 A
		3）环境应力筛选	装备/组件/零件	A. 2. 1. 4	采用合适的环境应力筛选程序
运输	卡车/拖车/履带车	4）紧固货物	装备作为紧固货物	A. 2. 2. 2	Ⅰ
		5）散装货物	装备作为散装货物	A. 2. 2. 3	Ⅱ
		6）大型组装件货物	大型组件，外部防护装置，货车和拖车车厢	A. 2. 2. 4	Ⅲ
	飞机	7）喷气式	装备作为货物	A. 2. 2. 5	Ⅰ
		8）螺旋桨式	装备作为货物	A. 2. 2. 6	Ⅰ
		9）直升机	装备作为货物	A. 2. 2. 7	Ⅰ
	舰船	10）水面舰船	装备作为货物	A. 2. 2. 8	Ⅰ
	铁路	11）火车	装备作为货物	A. 2. 2. 9	Ⅰ
工作	飞机	12）喷气式	安装的装备	A. 2. 3. 2	Ⅰ
		13）螺旋桨式	安装的装备	A. 2. 3. 3	Ⅰ
		14）直升机	安装的装备	A. 2. 3. 4	Ⅰ

续表

寿命阶段	平　台	类 别	装备描述	试验量值和持续时间（见 GJB 150. 15A—2009 附录 A）	试验程序
工作	飞机外挂	15）喷气式	组合外挂	A. 2. 3. 5	Ⅳ
		16）喷气式	安装在外挂内	A. 2. 3. 6	Ⅰ
		17）螺旋桨式	组合外挂/安装在外挂内	A. 2. 3. 7	Ⅳ/Ⅰ
		18）直升机	组合外挂/安装在外挂内	A. 2. 3. 8	Ⅳ/Ⅰ
	导弹	19）战术导弹	组装导弹/安装在导弹内（自由飞阶段）	A. 2. 3. 9	Ⅳ/Ⅰ
	地面	20）地面车辆	在轮式/履带/拖车内安装	A. 2. 3. 10	Ⅰ/Ⅲ
	水上运输工具	21）舰船	安装的装备	A. 2. 3. 11	Ⅰ
	发动机	22）涡轮发动机	安装在发动机上的装备	A. 2. 3. 12	Ⅰ
	人体	23）人体	由人员携带的装备	A. 2. 3. 13	见附录 A
其他	全部	24）低限完整性	安装在减振器上/寿命周期不确定	A. 2. 4. 1	Ⅰ
	所有运输工具	25）外部悬臂	天线、机翼、桅杆等	A. 2. 4. 2	见附录 A

该表对应的试验程序，如下：

（1）程序Ⅰ——一般振动

适用于那些试件固定在振动台上的情况，振动通过夹具/试件界面作用在试件上。根据试验要求，可以施加稳态振动或瞬态振动。

（2）程序Ⅱ——散装货物运输振动

用于由卡车、拖车或履带车运输且没有固定安装（捆绑）到运输工具上的装备。试验量值不能剪裁，它代表了军用车辆通过恶劣道路时散装件所经受的运输振动。

（3）程序Ⅲ——大型组件货物运输振动

用于复现在轮式或履带车上安装或运输的大型组件经受的振动和冲击环境。它适用于大型装备或占车辆总质量比例很高的货物堆以及成为车辆内部组成部分的装备。在本程序中，用规定类型的车辆对装备施加振动激励。车辆在典型的服役情况的路面上行驶，真实地模拟振动环境和所试装备对环境的动态响应。一般不用实测数据来确定这种试验的量级，但试验中经常要采集测量数据以检验装备组件的振动和冲击试验条件是否真实。

（4）程序Ⅳ——组合式飞机外挂的挂飞和自由飞

用于飞机外挂在固定翼飞机上的挂飞和自由飞，以及地面或海上发射导弹的自由飞。对寿命周期内外挂的其他部分可采用程序Ⅰ、Ⅱ、Ⅲ。如果合适，可施加稳态振动或瞬态振动。程序Ⅰ不适用于固定翼飞机的挂飞和自由飞。

7.1.2.7　冲击

冲击试验是为了考核装备耐受冲击环境的能力。它一方面应尽量模拟和接近真实的环境，另一方面应具有一定的重复性。对于较简单的冲击环境，可根据装备受到的实际冲击，用与其相近的简单脉冲在试验设备上作冲击试验。对较为复杂的冲击，应对冲击激励源作冲击响应谱分析，用与冲击响应谱相近的简单脉冲在试验设备上进行试验。

由于冲击环境条件非常复杂，目前还未找到一种统一的试验方法。根据冲击条件的不同表征，冲击试验可分为：

1）标准波形的冲击试验。如后峰锯齿波、半正弦波冲击试验，但需要说明的是，标准波形实际上不可能模拟真实的冲击环境，只能是一种试验方法，且随着 GJB 150A—2009 的广泛使用，武器装备基本上都逐步从半正弦波冲击试验转为后峰锯齿波冲击试验。

2）冲击响应谱试验。冲击响应谱是响应等效，对装备的效应也等效，试验效果比较接近实际使用环境，在试验中能充分暴露冲击环境造成的故障，因此在标准中要求优先采用。

冲击试验的几个关键点：

（1）夹具设计

理想的夹具设计应对冲击载荷有 1∶1 的传递。当夹具的固有频率与脉宽的乘积大于 10 时，可认为有 1∶1 的传递，但实际上达到这个要求是较困难的，一般对半正弦脉冲，要求夹具的固有频率与脉宽的乘积大于 2～3。为了达到最好的试验效果，夹具与台面以及夹具与试件应尽量地刚性固定。

（2）冲击台调试

为了产生规定的冲击脉冲，必须对冲击台进行预调，预调的参数有跌落高度和缓冲器的刚度。根据理论分析得到，增加跌落高度，会使冲击峰值变大，对脉宽没有影响；而增加缓冲器的刚度，会使峰值变大而使脉宽变小。但这是理想情况下的结果，在实际调整中会有些差异。

冲击台装上试件后，会给冲击脉冲的波形、峰值和脉宽带来影响，特别是对大的复杂试件，影响较大，所以，在条件允许的情况下，应装上试件预调。需要说明的是，为了避免对真实装备的损坏，冲击台调试时一般用的都是模拟件，其刚度、质量等结构特性与真实装备基本保持一致。

（3）冲击试验

冲击台预调完后，把试件装在台面上，应注意尽可能使固定的方式与实际使用的安装方式相同。同时也要加装监测传感器，在试验时对冲击脉冲进行监测，如产生较大的误差，还须进一步调整。

7.2　装备环境试验

7.2.1　自然环境试验

武器装备及其组成产品在研制阶段时，通过自然环境试验确定新的材料、构件、工艺和部件或设备本身的耐自然环境能力，暴露装备自然环境适应性的薄弱环节，为型号的研制、生产和使用提供信息。

武器装备自然环境试验的重点包括：根据型号寿命期环境因素，确定贮存、运输和作战使用中可能遇到的各种自然环境；基于这些环境确定自然环境试验的种类，选定自然暴露试验的场地、方式和时间，在整个研制阶段分批开展自然环境试验；综合材料、构件、工艺和部件或设备本身的耐环境能力数据及其在型号上的部位、暴露情况和寿命期可能遇到的环境，确定要进行自然环境暴露的材料、构件、部件和设备的清单。

武器装备自然环境试验的实施方法如下：

1）分析武器装备环境剖面和武器系统环境条件，编制自然环境试验大纲，试验大纲应包括试验目的、试验内容、试验环境、试验场地、试验时间、检测周期和进度安排等内容；

2）分系统或设备研制单位依据自然环境试验大纲，结合产品的自然环境适应性薄弱环节和产品特点，制定产品的自然环境试验实施细则，试验实施细则应包含产品的试件清单和试件的测试方法等内容；

3）依据试验大纲和试验实施细则的要求定期进行试件的检测，并记录检测结果；

4）分析试验过程中记录的数据，编写自然环境试验报告；

5）自然环境试验数据应纳入环境适应性信息收集、分析和纠正措施系统。

7.2.2　实验室环境试验

武器装备在研制阶段，为暴露装备环境适应性薄弱环节或验证其环境适应性，几乎每个阶段都会开展实验室环境试验，根据试验目的的不同，实验室环境试验可分为如下几类。

7.2.2.1　环境适应性研制试验

环境适应性研制试验是寻找装备设计缺陷的重要手段之一，进行必要的环境适应性研制试验，以发现环境适应性的薄弱环节，并预估对装备影响较大的环境因素，适时作出环境适应性评价，并通过试验—分析—改进（TAAF）的反复过程逐步提高装备的环境适应性。

环境适应性研制试验在装备的研制阶段开展，包括环境适应性摸底试验、装备及其分系统、设备各研制阶段的环境试验。环境适应性研制试验的实施方法如下：

1）依据环境试验要求，结合具体产品的微环境，制定环境试验大纲；

2）依据环境试验大纲规定的试验项目和试验步骤，组织和开展环境试验；

3）环境试验方法按照 GJB 150A—2009、GJB 1027A—2005 等执行，参看 7.1.2 节。

需要强调的是，环境适应性研制试验在条件满足的情况下，武器装备、系统级、分系统等各级产品应尽可能早做多做，以尽早发现环境适应性薄弱环节，为装备的设计改进提供指导。若受试验条件、试验能力等限制无法进行时，可采取必要的替代性试验或者尽可能参考相似产品的飞行试验结果、使用信息等对环境适应性进行分析评价。

7.2.2.2　环境响应特性调查试验

环境响应特性调查试验是通过环境数据测量，查明装备的环境响应特性、耐环境能力极限及薄弱环节等，为实施后续试验与评价以及装备的使用提供有用的信息。对于大多数武器装备，主要开展的环境响应特性调查试验包括温度响应调查试验和动力学响应调查试验。

温度响应调查试验确定装备对温度的响应特性，包括装备温度分布、热点温度；装备在规定的环境温度下达到温度稳定的时间及产品热容量最大的部位，装备对冷、热敏感的部位和薄弱环节等。温度响应特性调查应尽可能地在材料和结构等方面基本确定不变的样机上进行，以确保所得数据准确有效。

动力学响应调查试验确定装备对振动、冲击等环境的响应特性，包括装备的共振频率和优势频率、振动响应最大的部位、对振动应力敏感的部位和薄弱环节等。振动响应特性调查应尽可能在材料和结构等方面基本确定不变的样机上进行，以确保所得数据准确有效。此外，还需说明的是，动力学响应调查试验应尽可能在高一级产品上开展，也可结合环境适应性研制试验开展。

环境响应特性调查试验实施方法如下：

1）分析武器装备的寿命剖面、任务剖面和武器系统环境条件，确定需要测量的环境数据的数据类型、测量参数等；

2）依据环境数据测量要求，对环境测量数据的测量方案、测量方式等进行设计，制定环境数据测量试验要求；

3）发射飞行环境一般采用遥测，测量内容一般包括温度、冲击、振动、加速度和噪声等；

4）地面装备的环境测量可采用有线测量和动态回收测量，测量内容一般包括温度、冲击、振动、加速度和噪声等。地面装备的环境测量应重点关注运输振动和导弹弹射过程中地面装备的振动、冲击等环境，对于舰（机）载飞行器，还应特别关注平台的炮振环境的测量；

5）对测量的环境数据进行处理和分析，形成环境数据分析报告；

6）测量数据应纳入环境适应性信息收集、分析和纠正措施系统。

7.2.2.3 安全性环境试验

安全性环境试验是进行飞行器首飞前的安全性环境试验，以确保飞行器首飞的安全。

安全性环境试验的关键点：

1）在飞行器首飞前，应制定一个安全性环境试验计划，对涉及飞行安全的装备选择关键（敏感）的环境因素安排相应的环境试验，确保首飞安全；特别强调的是，对于空空导弹，因为涉及载机的安全，安全性环境试验必须考虑与载机相关的环境因素，如挂飞振动、着陆冲击等；

2）对于飞行器安全性环境试验，原则上应选择那些会使装备很快破坏或会很快影响装备功能从而影响飞行器安全的环境试验项目来进行，通常不选择通过长时间作用才产生影响的环境试验项目（如霉菌、盐雾试验），也不选择一些相对来说对飞行安全影响不大的其他环境试验项目。

7.2.2.4　环境鉴定试验

环境鉴定试验的目的是验证武器装备的环境适应性是否满足规定的要求，为定型提供依据。

环境鉴定试验的实施过程及方法如下：

1）依据武器装备环境条件、寿命剖面和任务剖面，制定环境鉴定试验大纲；

2）依据大纲规定的试验方法和步骤开展环境鉴定试验，记录环境试验中的信息和试验结果；

3）分析试验中的信息和试验结果，编制环境鉴定试验报告。

7.2.2.5　环境验收试验

环境验收试验的目的是检查批生产过程工艺和质量控制过程的稳定性，验证批生产装备满足规定的环境适应性要求。

环境验收试验的实施过程及方法如下：

1）依据装备环境条件确定环境验收的试验项目和试验条件；

2）完成产品制造验收规范（技术条件、产品规范）中的环境适应性部分；

3）依据产品制造验收规范（技术条件）开展环境验收试验，记录试验过程中的信息和试验结果；

4）分析试验过程中的信息和试验结果，编写环境验收试验报告。

7.2.3 使用环境试验

使用环境试验是在规定的实际使用环境条件下验证评定装备环境适应性水平的试验。

使用环境试验的环境条件取决于受试武器装备试验时采用的一个或一组任务剖面，该任务剖面应能覆盖其使用过程中所能遇到的各种自然和诱发环境条件和典型任务模式，否则试验结果不具真实性。

使用环境试验往往由使用方（部队）在外场进行，试验量大，周期长，涉及管理问题较多。

在武器装备研制阶段，应尽可能地将使用环境试验与实验室环境试验结合进行。

7.3 环境适应性评价

7.3.1 评价内容

根据 GJB 4239—2001 的规定，装备环境工程工作从环境分析到环境适应性设计直至最终的环境适应性试验与评价。环境适应性评价主要是利用自然环境试验和使用环境试验的结果对在定型和使用阶段的装备开展的环境适应性评价。

然而，实际武器装备自研制开始直至寿命终结，环境适应性评价工作一直伴随设计、试验而开展，根据阶段可将其分为：

1）方案阶段，主要是基于设计结果的环境适应性评价；

2）研制阶段，主要是基于试验结果的环境适应性评价；

3）使用阶段，主要是基于使用结果的环境适应性评价。

方案阶段，基于设计结果的环境适应性评价是依据设计准则、环境效应、失效准则等，对环境预估、仿真等结果满足环境适应性要求程度的评估。

研制阶段，基于试验结果的环境适应性评价是利用自然环境、实验室环境试验及飞行试验等测得的数据和获得的故障信息，分析环境对装备及其组成产品的结构、功能、性能等的影响，给出确定性的评价，包括：是否适应环境、环境裕量有多大、环境适应性薄弱环节是哪些以及需要采取的环境防护措施等，其中环境适应性薄弱环节和采取的环境防护措施将反馈给设计，保证武器装备在使用环境试验后，完全达到环境适应性要求。

使用阶段，基于使用结果的环境适应性评价则是利用实际使用环境适应性信息和数据，对武器装备及其组成产品适应自然环境和诱发环境综合能力的评价，重点暴露飞行器发射飞行过程中复杂的环境影响，为改进设计和设计实验室环境试验提供依据。

以上介绍了各阶段装备环境适应性评价的重点，若要利用试验结果从结构、功能、性能三方面进行评价，其主要评价内容可参见表 7-10。

表 7-10　环境适应性检查项目

环境试验项目	检查项目		
	结构检查	功能测试	性能测试
XX	外观情况； 连接固定情况； 多余物排除情况； 安装固定情况； 等等	接受信号； 发送信号； 记录功能； 计算能力； 供电功能； 机构展开功能； 等等	响应快慢； 响应稳定性； 抗干扰能力； 产生的噪声情况； 等等

7.3.2　评价原则

武器装备环境适应性评价应遵循以下原则：

1）多种试验相结合，综合利用各种试验方式的优势。环境适应性评价不仅尽可能结合武器装备的研制试验与使用试验进行，而且环境适应性范畴内的试验也尽可能结合进行。

2）密切联系实际，提高评价可信度，充分利用各种信息，提高评价的全面性与客观性。进行环境适应性评价时要考虑综合利用其他指标的试验评价和已有的型号评价信息，以提高评价结果的可信性、全面性和客观性。

3）做到武器装备环境适应性评价的连续性、关联性和协调性。连续性要求武器装备环境适应性评价工作要贯穿于寿命周期各个阶段；关联性要求武器装备环境适应性评价要尽可能的结合性能试验、使用环境试验和其他试验进行；协调性要求武器装备环境适应性评价工作与其研制过程中其他评价工作相协调。

7.3.3 评价流程

根据 7.3.1 节的描述，武器装备的环境适应性评价流程见图 7-1。

7.3.4 评价方法

环境适应性评价方法主要包括直接评价法、相似产品法、试验评价法及加权评分法等。

7.3.4.1 直接评价法

直接评价法对评价货架产品的环境适应性是十分有用的。然而武器装备使用环境条件复杂多样，在选择相应货架产品时其环境适应性数据对应的环境条件与武器装备未来贮存和服役环境条件可能并不一致。在此可以运用“极值”理论，即在恶劣环境条件下产品适应时，在相对温和环境条件下产品必定适应，但需要注意，这里不仅是环境量值的适应，还必须满足使用时间的要求。“极值”理论可能提高装备设计成本，还需要有大量环境影响数据的支撑，且没有考虑结构、材料兼容性问题。

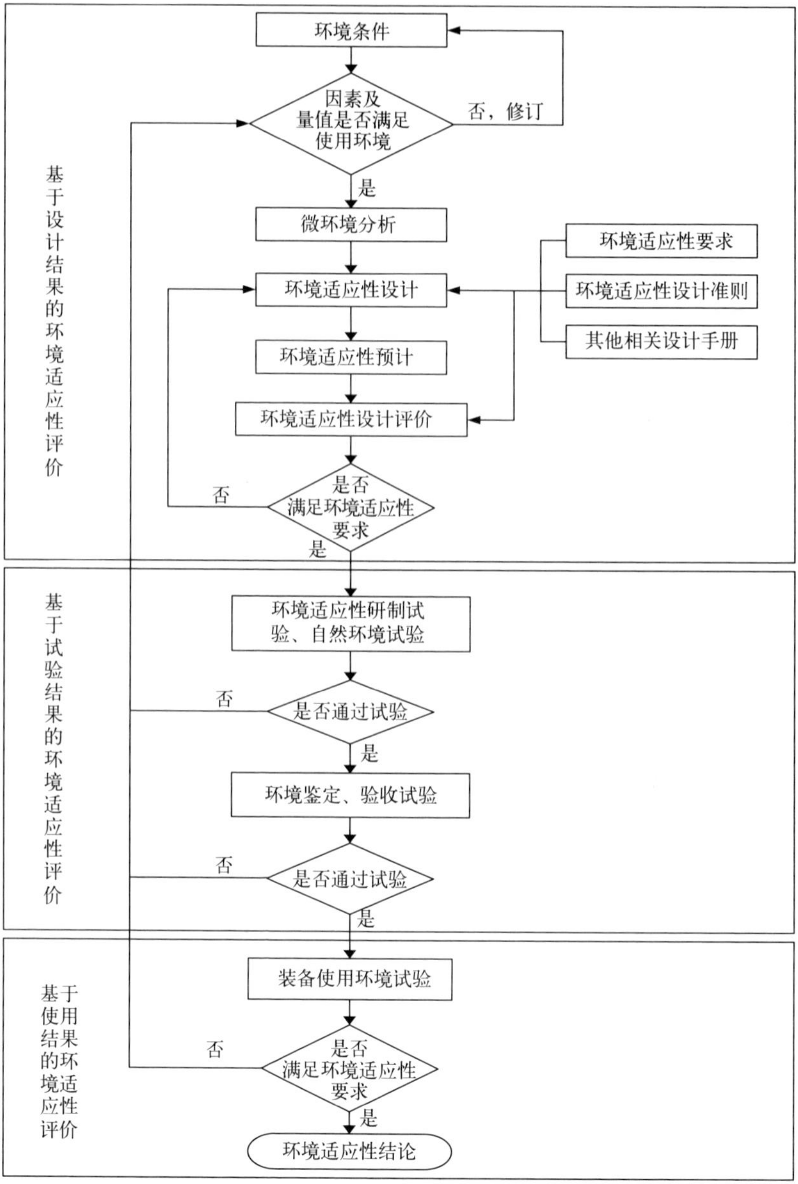

图 7-1　武器装备的环境适应性评价流程

7.3.4.2 相似产品法

武器装备的继承比例一般较高，这为利用相似装备进行环境适应性评价提供了可能。相似产品利用与装备相似的装备故障数据、环境试验数据和规律，以评定武器装备的环境适应性。其要求包括：

1）相似装备选择原则。要求选择的相似装备具有可比性，即类型相同，结构和薄弱环节基本相似，环境适应性数据及相关资料丰富。

2）相似性比较和分析。相似性比较包括结构和功能比较、环境适应性要求比较、对环境敏感件的比较、材料及生产工艺的比较等。

3）相似性判断。例如装备的结构、功能相似或虽有不同，但经分析确认不影响装备的环境适应性；装备易失效件失效模式、机理相同或不同等，经分析确定不同的失效模式等并非由装备环境引起。

7.3.4.3 试验评价法

试验评价法指将装备置于典型环境或使用环境中，考核与验证武器装备经受这些环境作用后的性能、功能变化，这是常用的环境适应性评价方法。武器装备环境试验评价方法包括：自然环境试验评价法、实验室环境试验评价法、使用环境试验评价法和仿真试验评价法等。

7.3.4.3.1 自然环境试验评价法

进行自然环境试验评价时，应根据武器装备的寿命剖面确定装备可能遇到的各种自然环境，并据此分析确定自然环境试验的条件，选择暴露试验、贮存试验、模拟工况等试验方式。自然环境试验直接利用天然的大气、海洋和土壤等条件，试验场站的自然环境条件则决定了自然环境试验条件。

7.3.4.3.2 实验室环境试验评价法

实验室环境试验可以激发武器装备的设计缺陷，了解武器装备对某些环境（如温度和振动）的物理响应特性和影响武器装备关键性能的环境应力临界值。这些试验结果虽不能直接用于环境适应性评价，但却是环境适应性综合评价的重要信息。由于实际环境中影响武器装备环境适应性的因素十分复杂，模拟环境与真实使用环境有时并不一致，所以需要与其他试验技术结合运用，以提高实验室评价结果的可信性。

7.3.4.3.3　使用环境试验评价法

使用环境试验的目的是考核武器装备在部队实际使用环境条件下的作战效能、各项要求达到的程度和部队使用的适用性。使用环境试验的内容主要包括在带有战术背景、按照武器装备可能的编制、作战使用原则和遂行作战任务的流程等在实际使用环境条件下对武器装备可能达到的作战效能进行试验。使用环境试验的环境条件应尽量符合武器装备遂行战斗任务遇到的实际环境条件，根据作战使用要求，拟定作业方案，设置战术前景条件，按照相应的武器装备作战使用流程进行试验，或直接结合部队战术训练、组织演习等，实施使用环境试验。

7.3.4.3.4　仿真试验评价法

仿真试验技术是以相似原理、信息技术以及建模与仿真应用领域的有关专业技术为基础，以计算机系统为工具，利用模型对系统进行分析、评估、决策的一门多学科的综合性技术。仿真试验评价法是以建立完善的环境试验信息数据库系统为基础，通过构造系统模型，在模型上开展试验，以达到对实际设想的系统进行动态试验研究的目的，在此基础上对武器装备环境适应性作出评价。

7.3.4.4　加权评分法

加权评分法（又称专家打分法）是对环境适应性设计准则进行符合性分析与检查的方法，主要用在设计阶段，其原理是：对于每一条环境适应性设计准则，依据其贯彻执行情况确定其基本得分；再乘以加权系数，得到每条准则的得分；装备环境适应性设计准则符合性总评分等于每条设计准则的加权平均值。

（1）环境适应性设计准则符合性评分值要求

订购方应确定用于环境适应性设计准则符合性评分的最低要求

值，一般为 85 ～ 95 分。目标值应该是 100 分，表示各条环境适应性设计准则已经全部落实到设计中去，完全符合准则要求。装备环境适应性设计准则符合总评分值，应大于已确定的最低要求值。

（2）加权原则

通过赋予各条设计准则不同的权值来考虑其对环境适应性的影响。根据各条准则对环境适应性的相对重要程度，分别确定 1 ～ 10 的权值。在评分时应征求使用方的意见。

参考文献

[1] 汪学华，等．自然环境试验技术［M］. 北京：航空工业出版社，2003.

[2] GJB 736. 14—1991. 火工品试验法 长期贮存寿命测定［S］. 1991.

[3] GJB 3669—1999. 常规兵器贮存试验规程［S］. 1999.

[4] QJ 2338A—2002. 固体火箭发动机贮存试验方法［S］. 2002.

[5] Q/WE 811—2008. 地（舰）空导弹武器系统贮存试验规范［S］. 2008.

[6] GJB 150A—2009. 军用装备实验室环境试验方法［S］. 2009.

[7] GJB 4239—2001. 装备环境工程通用要求［S］. 2001.

[8] 胥泽奇，张世艳，宣卫芳．装备环境适应性评价［J］. 装备环境工程，2012，9（1）：54-59.

结 束 语

环境适应性是武器装备重要的、基础的质量特性，是实现装备实战化、打赢现代化战争的关键，已经越来越多地受到国内外工程界的关注。全面推行环境适应性保证工作才能保证将这一质量特性纳入武器装备，经过多年型号实践，国内武器装备环境适应性保证工作趋于系统、规范，但随着武器装备的飞速发展依然存在不足。回顾历史，反思现状，畅想未来，环境适应性保证工作仍然任重而道远，还需从以下方面不断完善：

1）加强环境适应性的工作体系建设。尤其要综合试验成本、工艺实现、研制周期等多方面因素，从管理、环境分析、环境适应性设计和环境试验与评价等方面构建完备的环境适应性工作体系；

2）促进环境仿真和虚拟试验技术应用。仿真和虚拟试验技术的发展对于降低成本、缩短研制周期、提高环境适应性设计水平具有非同寻常的意义，相关技术的应用将成为未来一个重点的发展方向；

3）推动基于大数据的环境适应性数据系统研发。武器装备的设计数据、试验数据、环境数据等都是环境适应性分析、设计及试验的重要依据，若将各种武器装备寿命期的相关数据进行高效管理及科学挖掘，形成可继承的模型、工具等，将对提高未来武器装备的环境适应性具有非同小可的意义。

附录A　环境试验、贮存、运输过程中的环境适应性数据收集表

A.1　环境试验信息收集

自然和力学环境试验信息收集表分别见表A-1、表A-2。

表A-1　××自然环境试验数据及相关信息收集表

<table>
<tr><td>产品名称</td><td></td><td>代号</td><td></td><td>填写单位</td><td></td></tr>
<tr><td>所属型号</td><td></td><td>编号</td><td></td><td>研制阶段</td><td></td></tr>
<tr><td>出厂日期</td><td></td><td>上一级产品名称</td><td></td><td>上一级产品代号</td><td></td></tr>
<tr><td>试验类型</td><td colspan="5"></td></tr>
<tr><td colspan="6">高温试验数据及相关信息</td></tr>
<tr><td>试验时间</td><td></td><td>试验地点</td><td></td><td>负责人</td><td></td></tr>
<tr><td rowspan="2">试验条件</td><td colspan="2">工作条件</td><td colspan="3">承受条件</td></tr>
<tr><td colspan="2">量值：　保持时间：</td><td colspan="3">量值：　保持时间：</td></tr>
<tr><td rowspan="3">试验方法</td><td rowspan="2">依据标准</td><td colspan="4">产品温度稳定时间（试验箱温度稳定后算起）</td></tr>
<tr><td colspan="2">稳定时间</td><td colspan="2">获得方法</td></tr>
<tr><td></td><td colspan="2"></td><td colspan="2">□标准；
□实测</td></tr>
<tr><td>测试项目(尽可能明确产品环境适应性薄弱环节表征参数)</td><td colspan="5"></td></tr>
</table>

续表

<table>
<tr><td rowspan="2">故障情况</td><td colspan="2">故障描述</td><td colspan="3">故障原因</td><td colspan="3">故障定位及处理</td><td colspan="2">后续试验安排</td></tr>
<tr><td colspan="2"></td><td colspan="3">□运输、吊装和检测等操作不符合技术文件规定；
□环境条件不符合试验任务书要求；
□设计原因造成的故障；
□其他（请说明）：
…</td><td colspan="3"></td><td colspan="2">□故障排除后继续试验；
□试验中止</td></tr>
<tr><td colspan="11">低温试验数据及相关信息</td></tr>
<tr><td>试验时间</td><td></td><td colspan="3">试验地点</td><td colspan="2"></td><td colspan="3">负责人</td><td></td></tr>
<tr><td rowspan="2">试验条件</td><td colspan="4">工作条件</td><td colspan="6">承受条件</td></tr>
<tr><td colspan="4">量值：　保持时间：</td><td colspan="6">量值：　　保持时间：</td></tr>
<tr><td rowspan="3">试验方法</td><td colspan="3" rowspan="2">依据标准</td><td colspan="7">产品温度稳定时间（试验箱温度稳定后算起）</td></tr>
<tr><td colspan="4">稳定时间</td><td colspan="3">获得方法</td></tr>
<tr><td colspan="3"></td><td colspan="4"></td><td colspan="3">□标准；
□实测</td></tr>
<tr><td>测试项目(尽可能明确产品环境适应性薄弱环节表征参数)</td><td colspan="10"></td></tr>
<tr><td rowspan="2">故障情况</td><td colspan="2">故障描述</td><td colspan="3">故障原因</td><td colspan="3">故障定位及处理</td><td colspan="2">后续试验安排</td></tr>
<tr><td colspan="2"></td><td colspan="3">□运输、吊装和检测等操作不符合技术文件规定；
□环境条件不符合试验任务书要求；
□设计原因造成的故障；
□其他（请说明）：
…</td><td colspan="3"></td><td colspan="2">□故障排除后继续试验；
□试验中止</td></tr>
</table>

续表

<table>
<tr><td colspan="7">低气压试验数据及相关信息</td></tr>
<tr><td>试验时间</td><td></td><td>试验地点</td><td></td><td>负责人</td><td colspan="2"></td></tr>
<tr><td rowspan="2">试验条件</td><td colspan="3">工作条件</td><td colspan="3">承受条件</td></tr>
<tr><td colspan="3">量值：　保持时间：</td><td colspan="3">量值：　　保持时间：</td></tr>
<tr><td>试验依据标准</td><td colspan="6"></td></tr>
<tr><td>测试项目(尽可能明确产品环境适应性薄弱环节表征参数)</td><td colspan="6"></td></tr>
<tr><td rowspan="2">故障情况</td><td>故障描述</td><td colspan="2">故障原因</td><td colspan="2">故障定位及处理</td><td>后续试验安排</td></tr>
<tr><td></td><td colspan="2">□运输、吊装和检测等操作不符合技术文件规定；
□环境条件不符合试验任务书要求；
□设计原因造成的故障；
□其他（请说明）：
…</td><td colspan="2"></td><td>□故障排除后继续试验；
□试验中止</td></tr>
</table>

<table>
<tr><td colspan="6">湿热试验数据及相关信息</td></tr>
<tr><td>试验时间</td><td></td><td>试验地点</td><td></td><td>负责人</td><td></td></tr>
<tr><td rowspan="2">试验条件</td><td colspan="2">工作条件</td><td colspan="3">承受条件</td></tr>
<tr><td colspan="2"></td><td colspan="3"></td></tr>
<tr><td rowspan="3">试验方法</td><td colspan="2">恒定湿热</td><td colspan="3">交变湿热</td></tr>
<tr><td>试验时间</td><td>测试次数</td><td colspan="2">循环次数（每次 24h）</td><td>测试次数</td></tr>
<tr><td></td><td></td><td colspan="2"></td><td></td></tr>
<tr><td>测试项目(尽可能明确产品环境适应性薄弱环节表征参数)</td><td colspan="5"></td></tr>
</table>

续表

	故障描述	故障原因	故障定位及处理	后续试验安排
故障情况		□运输、吊装和检测等操作不符合技术文件规定； □环境条件不符合试验任务书要求； □设计原因造成的故障； □其他（请说明）：…		□故障排除后继续试验； □试验中止
填表人：			日期：	

填写说明：1. 试验类型：列清对某型号的该产品开展的所有自然环境试验，如高温、低温、低气压、湿热、霉菌、盐雾等；

2. 可根据产品试验情况适当调整上表。

表 A-2 ××力学环境试验数据及相关信息收集表

产品名称		代号		填写单位	
所属型号		编号		研制阶段	
出厂日期		上一级产品名称		上一级产品代号	
试验类型					
振动试验数据及相关信息					
试验时间		试验地点		负责人	
监测点的数据类型					
监测点信息（相对位置：即测点相对设备的位置）	编号	数据类型		相对位置	
	1				
	…				
	N				
测试项目(尽可能明确产品环境适应性薄弱环节表征参数)					

续表

控制谱及位置信息（以图的形式给出规定的控制谱和实际试验时达到的控制谱）	控制点位置	控制谱		
		正弦	随机	其他
监测点数据分析结果（给出控制谱与分析结果的比较图）	测点编号	正弦扫频	随机振动	其他
	1			
	…			
	N			
故障情况	故障描述	故障原因	故障定位及处理	后续试验安排
		□运输、吊装和检测等操作不符合技术文件规定； □环境条件不符合试验任务书要求； □由设计原因造成的故障； □其他（请说明）： …		□故障排除后继续试验； □试验中止

噪声试验数据及相关信息					
试验时间		试验地点		负责人	
监测点的数据类型					
试验方式	□混响噪声试验 □行波管噪声试验□其他，请说明：				
监测点信息	编号		数据类型	相对位置	
	1				
	……				
	N				
测试项目(尽可能明确产品环境适应性薄弱环节表征参数)					

续表

<table>
<tr><td rowspan="2">控制谱及位置信息（以图的形式给出规定的控制谱和实际试验时达到的控制谱）</td><td colspan="2">控制点位置</td><td colspan="4">控制谱</td></tr>
<tr><td colspan="2"></td><td colspan="4"></td></tr>
<tr><td rowspan="4">噪声监测点数据分析结果(给出控制谱与分析结果的比较图)</td><td colspan="2">测点编号</td><td colspan="4">分析结果</td></tr>
<tr><td colspan="2">1</td><td colspan="4"></td></tr>
<tr><td colspan="2">…</td><td colspan="4"></td></tr>
<tr><td colspan="2">N</td><td colspan="4"></td></tr>
<tr><td rowspan="2">故障情况</td><td colspan="2">故障描述</td><td>故障原因</td><td colspan="2">故障定位及处理</td><td>后续试验安排</td></tr>
<tr><td colspan="2"></td><td>□运输、吊装和检测等操作不符合技术文件规定；
□环境条件不符合试验任务书要求；
□由设计原因造成的故障；
□其他（请说明）：…</td><td colspan="2"></td><td>□故障排除后继续试验；
□试验中止</td></tr>
<tr><td colspan="7">冲击试验数据及相关信息</td></tr>
<tr><td>试验时间</td><td></td><td colspan="2">试验地点</td><td></td><td>负责人</td><td></td></tr>
<tr><td>监测点的数据类型</td><td colspan="6"></td></tr>
<tr><td rowspan="4">监测点信息</td><td colspan="3">编号</td><td>数据类型</td><td colspan="2">相对位置</td></tr>
<tr><td colspan="3">1</td><td></td><td colspan="2"></td></tr>
<tr><td colspan="3">……</td><td></td><td colspan="2"></td></tr>
<tr><td colspan="3">N</td><td></td><td colspan="2"></td></tr>
<tr><td>测试项目(尽可能明确产品环境适应性薄弱环节表征参数)</td><td colspan="6"></td></tr>
</table>

续表

<table>
<tr><td rowspan="3">控制谱及位置信息（以图的形式给出规定的控制谱和实际试验时达到的控制谱）</td><td rowspan="2">控制点位置</td><td colspan="4">控制谱</td></tr>
<tr><td>冲击响应谱</td><td>后峰锯齿波</td><td>半正弦</td><td>其他</td></tr>
<tr><td></td><td></td><td></td><td></td><td></td></tr>
<tr><td rowspan="4">监测点数据分析结果(给出控制谱与分析结果的比较图)</td><td>测点编号</td><td colspan="4">分析结果</td></tr>
<tr><td>1</td><td colspan="4"></td></tr>
<tr><td>…</td><td colspan="4"></td></tr>
<tr><td>N</td><td colspan="4"></td></tr>
<tr><td rowspan="2">故障情况</td><td>故障描述</td><td>故障原因</td><td colspan="2">故障定位及处理</td><td>后续试验安排</td></tr>
<tr><td></td><td>□运输、吊装和检测等操作不符合技术文件规定；
□环境条件不符合试验任务书要求；
□由设计原因造成的故障；
□其他（请说明）：
…</td><td colspan="2"></td><td>□故障排除后继续试验；
□试验中止</td></tr>
<tr><td colspan="2">填表人：</td><td colspan="4">日期：</td></tr>
</table>

填写说明：1. 试验类型：列明对某型号的该产品开展的所有力学环境试验，如振动试验、噪声试验、冲击试验和加速度试验；

2. 监测点的数据类型：如噪声试验中，测量了噪声和振动，则数据类型为振动、噪声；

3. 说明：可根据产品实际试验实施情况，对表 A-2 进行剪裁。如只有振动、冲击试验，请剪裁掉噪声试验部分。

A.2 贮存信息收集

按照表 A-3 收集材料、器件的贮存试验数据信息。

表 A-3　××贮存试验数据信息收集表

<table>
<tr><td>产品名称</td><td></td><td>代号</td><td></td><td>填写单位</td><td></td></tr>
<tr><td>所属型号</td><td></td><td>编号</td><td></td><td>研制阶段</td><td></td></tr>
<tr><td>出厂日期</td><td></td><td>上一级
产品名称</td><td></td><td>上一级
产品代号</td><td></td></tr>
<tr><td>主要成分</td><td colspan="5"></td></tr>
<tr><td>贮存试验类型</td><td colspan="2"></td><td>产品投放方式</td><td colspan="2"></td></tr>
<tr><td>贮存地点</td><td colspan="2"></td><td>要求的
存放时间</td><td colspan="2"></td></tr>
<tr><td>贮存开始时间</td><td colspan="2"></td><td>贮存结束时间</td><td colspan="2"></td></tr>
<tr><td>检查周期</td><td colspan="2"></td><td>检查次数</td><td colspan="2"></td></tr>
<tr><td>失效判据</td><td colspan="2"></td><td>试验结束条件</td><td colspan="2"></td></tr>
<tr><td>监测的
环境因素</td><td colspan="5"></td></tr>
<tr><td>外观检查要求</td><td colspan="5">□变形　□脱漆　□锈蚀　□霉菌　□脱粘　□泄漏　□裂纹　□损坏
□腐蚀　□其他（请说明）：</td></tr>
<tr><td>性能测试要求</td><td colspan="5"></td></tr>
<tr><td colspan="6">检查结果</td></tr>
<tr><td>第 1 次检查</td><td></td><td>检查时间</td><td></td><td>检查人</td><td></td></tr>
<tr><td>监测的环境</td><td colspan="5"></td></tr>
<tr><td>外观检查结果</td><td colspan="5"></td></tr>
<tr><td>性能测试结果</td><td colspan="5"></td></tr>
<tr><td>产品工作
时间/min</td><td colspan="5"></td></tr>
</table>

续表

<table>
<tr><td rowspan="2">故障情况</td><td>故障描述</td><td colspan="2">故障原因</td><td>故障定位及处理</td><td>后续试验安排</td></tr>
<tr><td></td><td colspan="2">□运输、吊装和检测等操作不符合技术文件规定；
□环境条件不符合试验任务书要求；
□由生产或工艺原因造成的故障；
□由设计原因造成的故障；
□其他（请说明）：
…</td><td></td><td>□故障排除后继续试验；
□试验中止</td></tr>
<tr><td>…</td><td>…</td><td>…</td><td>…</td><td>…</td><td>…</td></tr>
<tr><td>第 i 次检查</td><td></td><td>检查时间</td><td></td><td>检查人</td><td></td></tr>
<tr><td>监测的环境</td><td colspan="5"></td></tr>
<tr><td>外观检查结果</td><td colspan="5"></td></tr>
<tr><td>性能测试结果</td><td colspan="5"></td></tr>
<tr><td>产品工作时间/min</td><td colspan="5"></td></tr>
<tr><td rowspan="2">故障情况</td><td>故障描述</td><td colspan="2">故障原因</td><td>故障定位及处理</td><td>后续试验安排</td></tr>
<tr><td></td><td colspan="2">□运输、吊装和检测等操作不符合技术文件规定；
□环境条件不符合试验任务书要求；
□由生产或工艺原因造成的故障；
□由设计原因造成的故障；
□其他（请说明）：
…</td><td></td><td>□故障排除后继续试验；
□试验中止</td></tr>
<tr><td>第 N 次检查</td><td></td><td>检查时间</td><td></td><td>检查人</td><td></td></tr>
<tr><td>监测的环境</td><td colspan="5"></td></tr>
<tr><td>外观检查结果</td><td colspan="5"></td></tr>
</table>

续表

<table>
<tr><td>性能测试结果</td><td colspan="4"></td></tr>
<tr><td>产品工作
时间/min</td><td colspan="4"></td></tr>
<tr><td rowspan="2">故障情况</td><td>故障描述</td><td>故障原因</td><td>故障定位及处理</td><td>后续试验安排</td></tr>
<tr><td></td><td>□运输、吊装和检测等操作不符合技术文件规定；
□环境条件不符合试验任务书要求；
□由生产或工艺原因造成的故障；
□由设计原因造成的故障；
□其他（请说明）：
…</td><td></td><td>□故障排除后继续试验；
□试验中止</td></tr>
<tr><td colspan="2">填表人：</td><td colspan="3">日期：</td></tr>
</table>

填写说明：1. 产品名称：若为材料类产品，注明材料主要成分；

2. 贮存试验类型：自然环境贮存试验、使用部队贮存试验和加速贮存试验三种；

3. 产品投放方式：暴露存放、棚下存放、库房内存放、实验室以及是否密封等；

4. 检查次数：截至目前的检查次数；

5. 监测的环境因素，包括：

温度：最高温、最低温；

湿度：最大值、最小值；

雨：小、中、大或暴雨；

雪：小、中、大或暴雪；

砂尘：砂尘暴或一般砂尘；

风：风速或风力等级；

雾：能见度或无；

压力：海拔或气压；

盐雾浓度：最大值、最小值；

6. 外观检查结果：检查情况和历次检查的照片；

7. 性能测试要求：根据产品特点，明确测试指标、环境及所用仪器等；

8. 可根据产品贮存试验情况适当调整上表。

按照表 A-4 收集设备在所有型号研制、使用过程中的贮存环境数据信息。

表 A-4　××贮存环境数据信息收集表

<table>
<tr><td>产品名称</td><td></td><td>代号</td><td></td><td>填写单位</td><td></td></tr>
<tr><td>所属型号</td><td></td><td>编号</td><td></td><td>研制阶段</td><td></td></tr>
<tr><td>出厂日期</td><td></td><td>上一级
产品名称</td><td></td><td>上一级
产品代号</td><td></td></tr>
<tr><td rowspan="4">上一级产品名称及在上一级产品上的布置</td><td colspan="2" rowspan="4"></td><td rowspan="4">设备组成</td><td>材料或器件</td><td>贮存环境试验信息收集表</td></tr>
<tr><td></td><td>××××-E-××</td></tr>
<tr><td></td><td></td></tr>
<tr><td></td><td></td></tr>
<tr><td>产品投放方式</td><td colspan="2"></td><td>贮存试验类型</td><td colspan="2"></td></tr>
<tr><td>贮存地点</td><td colspan="2"></td><td>要求的存放时间</td><td colspan="2"></td></tr>
<tr><td>贮存开始时间</td><td colspan="2"></td><td>贮存结束时间</td><td colspan="2"></td></tr>
<tr><td>检查周期</td><td colspan="2"></td><td>检查次数</td><td colspan="2"></td></tr>
<tr><td>失效判据</td><td colspan="2"></td><td>试验结束条件</td><td colspan="2"></td></tr>
<tr><td>监测的环境因素</td><td colspan="5"></td></tr>
<tr><td>外观检查要求</td><td colspan="5">□变形　□脱漆　□锈蚀　□霉菌　□脱粘　□泄漏
□松动　□裂纹　□损坏　□腐蚀　□其他（请说明）：</td></tr>
<tr><td>性能测试要求</td><td colspan="5"></td></tr>
<tr><td colspan="6">检查结果</td></tr>
<tr><td>第 1 次检查</td><td></td><td>检查时间</td><td></td><td>检查人</td><td></td></tr>
<tr><td>监测的环境</td><td colspan="5"></td></tr>
<tr><td>外观检查结果</td><td colspan="5"></td></tr>
<tr><td>性能测试结果</td><td colspan="5"></td></tr>
<tr><td>产品工作时间/min</td><td colspan="5"></td></tr>
</table>

续表

故障情况	故障描述	故障原因		故障定位及处理	后续试验安排
		□运输、吊装和检测等操作不符合技术文件规定； □环境条件不符合试验任务书要求； □由生产或工艺原因造成的故障； □由设计原因造成的故障； □其他（请说明）： …			□故障排除后继续试验； □试验中止
…	…	…	…	…	…
第 i 次检查		检查时间		检查人	
监测的环境					
外观检查结果					
性能测试结果					
产品工作时间/min					
故障情况	故障描述	故障原因		故障定位及处理	后续试验安排
		□运输、吊装和检测等操作不符合技术文件规定； □环境条件不符合试验任务书要求； □由生产或工艺原因造成的故障； □由设计原因造成的故障； □其他（请说明）： …			□故障排除后继续试验； □试验中止
第 N 次检查		检查时间		检查人	
监测的环境					
外观检查结果					

续表

性能测试结果				
产品工作时间（min）				
故障情况	故障描述	故障原因	故障定位及处理	后续试验安排
		□运输、吊装和检测等操作不符合技术文件规定； □环境条件不符合试验任务书要求； □由生产或工艺原因造成的故障； □由设计原因造成的故障； □其他（请说明）： …		□故障排除后继续试验； □试验中止
填表人：		日期：		

填写说明：1. 在上一级产品上的布置：至少明确到车外、车内、发射箱内或导弹内等；

2. 产品投放方式：暴露存放、棚下存放、库房内存放、实验室存放等；

3. 贮存试验类型：自然环境贮存试验、使用部队贮存试验和加速贮存试验三种；

4. 监测的环境因素，包括：

温度：最高温、最低温；

湿度：最大值、最小值；

雨：小、中、大或暴雨；

雪：小、中、大或暴雪；

砂尘：砂尘暴或一般砂尘；

风：风速或风力等级；

雾：能见度或无；

压力：海拔或气压；

盐雾：最大值、最小值；

5. 外观检查结果：检查情况和历次检查的照片；

6. 性能测试要求：根据产品特点，明确测试指标、环境及所用仪器等；

7. 可根据产品贮存试验情况适当调整上表。

A.3　运输信息收集

按照表 A-5 收集产品运输信息。

表 A-5　××运输信息收集表

<table>
<tr><td>产品名称</td><td></td><td>代号</td><td></td><td>填写单位</td><td></td></tr>
<tr><td>所属型号</td><td></td><td>编号</td><td></td><td>研制阶段</td><td></td></tr>
<tr><td>出厂日期</td><td></td><td>上一级产品名称</td><td></td><td>上一级产品代号</td><td></td></tr>
<tr><td>运输时间</td><td></td><td>出发地点</td><td></td><td>到达地点</td><td></td></tr>
<tr><td>气候环境</td><td colspan="5">运输过程中的天气情况</td></tr>
<tr><td>运输方式</td><td colspan="5">如汽车、飞机、火车等</td></tr>
<tr><td>包装方式</td><td colspan="5">如密封、包装箱包装或裸露等</td></tr>
<tr><td rowspan="2">行驶里程</td><td>一级公路/km</td><td>二级公路/km</td><td>三级公路/km</td><td>碎石路/km</td><td>其他</td></tr>
<tr><td></td><td></td><td></td><td></td><td></td></tr>
<tr><td rowspan="2">行驶平均速度</td><td>一级公路/km</td><td>二级公路/km</td><td>三级公路/km</td><td>碎石路/km</td><td>其他</td></tr>
<tr><td></td><td></td><td></td><td></td><td></td></tr>
<tr><td rowspan="4">机动情况</td><td rowspan="4">机动次数</td><td rowspan="4"></td><td>第 1 次对应时间</td><td colspan="2"></td></tr>
<tr><td>第 2 次对应时间</td><td colspan="2"></td></tr>
<tr><td>…</td><td colspan="2"></td></tr>
<tr><td>第 N 次对应时间</td><td colspan="2"></td></tr>
<tr><td rowspan="2">故障情况</td><td>故障描述</td><td>故障原因</td><td>故障定位及处理</td><td colspan="2">后续安排</td></tr>
<tr><td></td><td>□运输、吊装和检测等操作不符合技术文件规定；
□环境条件不符合试验任务书要求；
□由生产或工艺原因造成的故障；
□由设计原因造成的故障；
□其他（请说明）：…</td><td></td><td colspan="2">□故障排除后继续运输；
□运输中止</td></tr>
<tr><td colspan="3">填表人：</td><td colspan="3">日期：</td></tr>
</table>

续表

<table>
<tr><th colspan="5">运输后测试情况</th></tr>
<tr><td>测试日期</td><td></td><td>测试地点</td><td colspan="2"></td></tr>
<tr><td>测试环境</td><td colspan="2"></td><td>测试次数</td><td></td></tr>
<tr><td>测试项目</td><td colspan="4"></td></tr>
<tr><td>产品工作
时间/min</td><td colspan="4">第 1 次测试时间：
第 2 次测试时间：
…
第 N 次测试时间：</td></tr>
<tr><td rowspan="2">测试的故障
情况</td><td>故障描述</td><td>故障原因</td><td>故障定位
及处理</td><td>后续安排</td></tr>
<tr><td></td><td>□运输、吊装和检测等操作不符合技术文件规定；
□环境条件不符合试验任务书要求；
□由生产或工艺原因造成的故障；
□由设计原因造成的故障；
□其他（请说明）：…</td><td></td><td>□故障排除后继续运输；
□运输中止</td></tr>
<tr><td>备注</td><td colspan="4"></td></tr>
<tr><td>填表人：</td><td colspan="2"></td><td colspan="2">日期：</td></tr>
</table>

填表说明：根据运输情况可对上表适当调整。

附录 B　空中气候全国工作极值

B.1　高气温全国工作极值

在各几何高度和压力高度上，时间风险率为 0.5%、1%、5%、10% 和 20% 的高气温全国工作极值，见表 B-1～表 B-5。

表 B-1　时间风险率为 0.5% 的高气温全国工作极值

几何高度/km	气温/℃	月份	地点	压力高度/km	气温/℃	月份	地点
1	39.1	7	若羌	1	38.2	7	若羌
2	32.5	7	安得河	2	32.9	7	安得河
4	22.6	5	拉萨	4	21.6	5	拉萨
6	-0.3	4	东沙岛	6	-2.1	7	德钦
8	-5.6	5	定日	8	-8.3	8	东港
10	-13.3	8	东港	10	-23.3	8	东港
12	-32.1	7	林芝	12	-39.0	2	丹东
14	-40.4	1	伊春	14	-36.5	7	东沙岛
16	-37.5	2	嫩江	16	-37.4	2	嫩江
18	-36.5	3	嫩江	18	-38.5	1	嫩江
20	-36.9	12	索伦	20	-37.6	2	伊春
22	-34.6	12	索伦	22	-34.9	12	索伦
24	-29.5	12	索伦	24	-29.1	12	索伦
26	-29.8	3	阿勒泰	26	-29.7	5	延吉
28	-31.8	4	东港	28	-30.6	4	东港
30	-28.2	4	东港	30	-26.9	4	东港

表 B-2　时间风险率为 1% 的高气温全国工作极值

几何高度/km	气温/℃	月份	地点	压力高度/km	气温/℃	月份	地点
1	38.8	7	若羌	1	37.9	7	若羌
2	32.3	8	安得河	2	32.5	8	安得河
4	21.7	7	拉萨	4	21.3	7	拉萨
6	-0.3	7	东沙岛	6	-2.2	7	德钦
8	-9.4	7	黑河	8	-12.4	8	黑河
10	-19.8	8	东港	10	-24.8	8	东港
12	-33.9	7	东沙岛	12	-39.5	7	东沙岛
14	-41.5	2	嫩江	14	-44.2	2	巴彦毛道
16	-38.9	2	嫩江	16	-39.2	2	嫩江
18	-37.8	2	嫩江	18	-38.8	2	嫩江
20	-37.8	3	伊春	20	-38.4	12	嫩江
22	-37.0	2	嫩江	22	-37.7	1	嫩江
24	-31.8	12	索伦	24	-33.9	12	索伦
26	-32.7	1	嫩江	26	-32.8	1	嫩江
28	-34.7	5	东港	28	-32.9	5	东港
30	-29.5	5	东港	30	-27.1	5	东港

表 B-3　时间风险率为 5% 的高气温全国工作极值

几何高度/km	气温/℃	月份	地点	压力高度/km	气温/℃	月份	地点
1	36.8	8	若羌	1	36.6	6	若羌
2	30.3	7	安得河	2	30.6	7	安得河
4	20.4	6	拉萨	4	19.5	7	拉萨
6	-0.8	8	德钦	6	-2.6	7	宜宾
8	-10.7	8	黑河	8	-13.9	8	黑河
10	-23.5	7	昌都	10	-28.8	7	拉萨
12	-37.8	8	德钦	12	-42.2	7	东沙岛
14	-43.8	5	伊春	14	-44.2	2	伊春

续表

几何高度/km	气温/℃	月份	地点	压力高度/km	气温/℃	月份	地点
16	-42.2	1	伊春	16	-42.4	2	伊春
18	-40.6	1	嫩江	18	-41.3	2	伊春
20	-40.3	1	嫩江	20	-40.6	2	嫩江
22	-39.3	1	嫩江	22	-39.4	1	嫩江
24	-38.7	1	伊春	24	-38.5	2	伊春
26	-36.4	7	克拉玛依	26	-35.6	12	嫩江
28	-35.9	11	东港	28	-34.0	11	东港
30	-31.3	11	东港	30	-29.3	5	东港

表B-4　时间风险率为10%的高气温全国工作极值

几何高度/km	气温/℃	月份	地点	压力高度/km	气温/℃	月份	地点
1	35.5	8	若羌	1	35.3	7	若羌
2	29.6	8	安得河	2	29.8	8	安得河
4	19.4	6	拉萨	4	18.5	7	拉萨
6	-0.9	7	德钦	6	-2.8	6	宜宾
8	-11.4	7	黑河	8	-14.5	8	黑河
10	-24.0	8	德钦	10	-29.4	6	甘孜
12	-38.6	8	昌都	12	-43.7	7	伊宁
14	-45.6	5	伊春	14	-45.8	1	延吉
16	-44.1	5	伊春	16	-44.4	1	伊春
18	-42.0	2	伊春	18	-42.2	1	伊春
20	-42.0	1	伊春	20	-42.1	1	伊春
22	-41.1	1	嫩江	22	-41.3	12	嫩江
24	-39.7	1	伊春	24	-40.4	1	齐齐哈尔
26	-36.6	12	嫩江	26	-37.6	1	嫩江
28	-40.6	3	酒泉	28	-35.6	4	东港
30	-32.1	5	东港	30	-30.0	4	东港

表 B-5 时间风险率为 20% 的高气温全国工作极值

几何高度/km	气温/℃	月份	地点	压力高度/km	气温/℃	月份	地点
1	33.6	7	若羌	1	33.3	7	若羌
2	27.8	8	安得河	2	28.2	8	安得河
4	17.5	5	拉萨	4	16.8	5	拉萨
6	-1.4	6	怀化	6	-3.2	7	宜宾
8	-12.0	8	昌都	8	-15.1	8	黑河
10	-24.9	7	拉萨	10	-30.3	6	拉萨
12	-39.5	7	昌都	12	-45.0	8	伊宁
14	-46.9	12	伊春	14	-48.3	1	海拉尔
16	-46.3	12	伊春	16	-47.1	1	齐齐哈尔
18	-43.2	1	伊春	18	-43.8	1	伊春
20	-43.4	2	嫩江	20	-44.0	12	伊春
22	-42.6	1	伊春	22	-42.8	12	伊春
24	-41.8	1	伊春	24	-42.6	1	伊春
26	-39.0	12	伊春	26	-40.2	1	嫩江
28	-42.9	3	酒泉	28	-42.8	3	酒泉
30	-34.4	3	东港	30	-32.8	3	东港

B.2 低气温全国工作极值

在各几何高度和压力高度上，时间风险率为 0.5%、1%、5%、10% 和 20% 的低气温全国工作极值，见表 B-6 ~表 B-10。

表 B-6 时间风险率为 0.5% 的低气温全国工作极值

几何高度/km	气温/℃	月份	地点	压力高度/km	气温/℃	月份	地点
1	-36.0	1	海拉尔	1	-36.1	1	嫩江
2	-36.7	1	嫩江	2	-38.7	12	嫩江
4	-44.2	1	嫩江	4	-42.6	2	嫩江

续表

几何高度/km	气温/℃	月份	地点	压力高度/km	气温/℃	月份	地点
6	-54.4	2	伊春	6	-51.5	1	海拉尔
8	-61.9	1	伊春	8	-58.3	3	伊春
10	-68.3	2	阿勒泰	10	-66.2	1	索伦
12	-71.7	1	阿勒泰	12	-72.6	1	阿勒泰
14	-73.4	2	东港	14	-76.6	9	涠洲岛
16	-85.1	3	马公	16	-87.3	3	马公
18	-85.0	2	西沙岛	18	-86.5	1	榆林港
20	-84.3	6	榆林港	20	-83.7	6	榆林港
22	-74.0	3	榆林港	22	-72.9	11	林芝
24	-69.8	1	克拉玛依	24	-69.4	4	克拉玛依
26	-65.9	12	克拉玛依	26	-68.7	3	通辽
28	-61.3	3	拉萨	28	-61.8	3	拉萨
30	-63.0	12	安庆	30	-63.1	12	广州

表 B-7　时间风险率为 1% 的低气温全国工作极值

几何高度/km	气温/℃	月份	地点	压力高度/km	气温/℃	月份	地点
1	-35.7	1	海拉尔	1	-35.7	1	嫩江
2	-35.4	1	嫩江	2	-35.1	12	伊春
4	-43.5	1	伊春	4	-41.4	12	海拉尔
6	-53.4	1	伊春	6	-49.2	12	长春
8	-60.7	1	海拉尔	8	-57.9	1	嫩江
10	-67.2	1	阿勒泰	10	-65.2	1	嫩江
12	-71.3	1	阿勒泰	12	-71.6	3	阿勒泰
14	-72.6	2	马公	14	-74.7	3	东沙岛
16	-82.9	3	马公	16	-85.6	8	东沙岛
18	-84.6	12	西沙岛	18	-85.4	10	榆林港
20	-80.0	12	榆林港	20	-79.7	12	榆林港
22	-72.7	11	榆林港	22	-72.0	3	榆林港

续表

几何高度/km	气温/℃	月份	地点	压力高度/km	气温/℃	月份	地点
24	-69.0	1	克拉玛依	24	-69.2	1	克拉玛依
26	-65.7	12	伊宁	26	-68.5	1	克拉玛依
28	-59.4	12	兰州	28	-59.9	12	兰州
30	-60.4	12	武汉	30	-60.4	12	武汉

表 B-8　时间风险率为 5% 的低气温全国工作极值

几何高度/km	气温/℃	月份	地点	压力高度/km	气温/℃	月份	地点
1	-32.8	1	海拉尔	1	-32.7	12	海拉尔
2	-32.6	1	伊春	2	-32.1	12	伊春
4	-41.1	1	嫩江	4	-38.9	2	嫩江
6	-51.4	1	海拉尔	6	-48.3	2	嫩江
8	-58.9	2	海拉尔	8	-56.4	1	嫩江
10	-65.5	2	阿勒泰	10	-63.4	3	海拉尔
12	-68.2	2	阿勒泰	12	-68.9	3	阿勒泰
14	-69.5	4	马公	14	-72.0	3	马公
16	-80.9	4	马公	16	-83.6	11	马公
18	-82.4	1	西沙岛	18	-82.5	1	西沙岛
20	-77.1	3	西沙岛	20	-76.7	3	榆林港
22	-70.2	5	西沙岛	22	-69.8	1	复兴镇
24	-65.3	12	克拉玛依	24	-65.3	12	克拉玛依
26	-62.2	12	伊宁	26	-64.3	12	克拉玛依
28	-57.1	2	巴彦毛道	28	-57.1	3	拉萨
30	-57.4	1	安庆	30	-57.4	12	广州

表 B-9　时间风险率为 10% 的低气温全国工作极值

几何高度/km	气温/℃	月份	地点	压力高度/km	气温/℃	月份	地点
1	-31.7	2	海拉尔	1	-31.5	1	海拉尔
2	-30.4	2	嫩江	2	-30.0	1	嫩江

续表

几何高度/km	气温/℃	月份	地点	压力高度/km	气温/℃	月份	地点
4	-39.1	1	嫩江	4	-37.3	2	嫩江
6	-49.7	2	嫩江	6	-46.9	1	嫩江
8	-57.9	1	嫩江	8	-55.5	2	嫩江
10	-64.4	1	阿勒泰	10	-62.5	1	阿勒泰
12	-67.1	1	阿勒泰	12	-67.3	1	阿勒泰
14	-68.1	1	台北	14	-71.0	9	马公
16	-79.5	1	马公	16	-82.0	10	马公
18	-81.8	1	西沙岛	18	-81.7	12	西沙岛
20	-76.2	3	西沙岛	20	-75.5	2	西沙岛
22	-69.0	2	复兴镇	22	-68.7	12	复兴镇
24	-62.9	12	马公	24	-63.2	3	海口
26	-60.4	12	定日	26	-62.3	12	克拉玛依
28	-55.7	1	北京	28	-55.8	2	北京
30	-56.4	1	安庆	30	-56.5	1	安庆

表B-10　时间风险率为20%的低气温全国工作极值

几何高度/km	气温/℃	月份	地点	压力高度/km	气温/℃	月份	地点
1	-29.3	12	海拉尔	1	-29.1	1	海拉尔
2	-28.1	1	嫩江	2	-27.6	1	嫩江
4	-36.9	2	嫩江	4	-35.2	12	嫩江
6	-47.8	12	海拉尔	6	-45.4	1	海拉尔
8	-56.6	2	嫩江	8	-54.1	2	嫩江
10	-63.0	1	阿勒泰	10	-61.1	2	阿勒泰
12	-65.1	1	库车	12	-65.4	1	阿勒泰
14	-66.9	3	台北	14	-69.8	11	马公
16	-78.1	1	马公	16	-80.3	6	马公
18	-80.9	12	西沙岛	18	-80.8	1	西沙岛
20	-75.1	2	西沙岛	20	-74.5	3	西沙岛

续表

几何高度/km	气温/℃	月份	地点	压力高度/km	气温/℃	月份	地点
22	-67.9	1	复兴镇	22	-67.2	3	西沙岛
24	-62.5	2	海口	24	-62.4	1	海口
26	-58.5	1	定日	26	-59.7	12	塔城
28	-53.7	1	北京	28	-54.1	12	兰州
30	-55.1	1	安庆	30	-55.3	1	安庆

附录 C　空中空气湿度全国极值

C.1　高绝对湿度全国纪录极值

表 C-1　高露点温度或高霜点温度全国纪录极值及相应的混合比

几何高度/km	露点霜点/℃	混合比/ppm	月份	地点	压力高度/km	露点霜点/℃	混合比/ppm	月份	地点
1	29.2	29 802	7	武都	1	29.0	28 998	6	若羌
2	24.2	24 555	7	昆明	2	24.2	24 555	7	昆明
4	16.4	19 224	6	拉萨	4	15.2	17 943	6	拉萨
6	-0.9	7 281	7	海流(冬)	6	-2.3	6 720	7	巴塘
8	-8.0	5 121	7	东港	8	-11.1	4 137	8	东港

表 C-2　各月高露点温度或高霜点温度全国纪录极值及相应的混合比（几何高度）

月份	1			2		
几何高度/km	露点霜点/℃	混合比/ppm	地点	露点霜点/℃	混合比/ppm	地点
1	18.9	15 306	东沙岛	22.5	19 398	东沙岛
2	14.3	12 900	东港	16.4	14 751	东沙岛
4	5.1	8 865	西沙岛	5.7	9 144	马公
6	-4.5	5 364	西沙岛	-6.2	4 620	东沙岛
8	-16.8	2 283	西沙岛	-16.3	2 400	海口

续表

月份	3			4		
几何高度/km	露点霜点/℃	混合比/ppm	地点	露点霜点/℃	混合比/ppm	地点
1	23.1	20 208	涠洲岛	24.2	21 492	东港
2	17.4	15 801	马公	21.3	20 307	复兴镇
4	4.3	8 418	拉萨	8.8	11 313	复兴镇
6	-5.3	4 995	涠洲岛	-3.9	5 610	广州
8	-16.6	2 340	涠洲岛	-15.5	2 565	东沙岛
月份	5			6		
几何高度/km	露点霜点/℃	混合比/ppm	地点	露点霜点/℃	混合比/ppm	地点
1	26.4	24 870	库尔勒	26.2	25 002	延安
2	24.1	24 117	喀什	20.5	19 353	东港
4	13.7	16 158	拉萨	16.4	19 224	拉萨
6	-1.2	7 056	复兴镇	-0.9	7 236	贵阳
8	-11.9	3 594	东沙岛	-8.3	4 905	西昌
月份	7			8		
几何高度/km	露点霜点/℃	混合比/ppm	地点	露点霜点/℃	混合比/ppm	地点
1	29.2	29 802	武都	26.2	24 651	东沙岛
2	24.2	24 555	昆明	21.4	20 598	腾冲
4	16.4	19 068	拉萨	14.2	16 569	合作
6	-0.9	7 281	海流图	-0.9	7 206	衢县
8	-8.0	5 121	东港	-8.0	5 109	黑河
月份	9			10		
几何高度/km	露点霜点/℃	混合比/ppm	地点	露点霜点/℃	混合比/ppm	地点
1	22.9	19 821	台北	24.7	22 371	东港
2	23.0	22 602	昆明	21.2	20 154	东港
4	9.8	12 195	阜阳	9.0	11 637	拉萨
6	-1.1	7 116	西沙岛	-1.2	7 041	东沙岛
8	-10.0	4 266	海口	-9.3	4 488	红原

续表

月份	11			12		
几何高度/km	露点霜点/℃	混合比/ppm	地点	露点霜点/℃	混合比/ppm	地点
1	26.1	24 417	东沙岛	20.5	17 142	东港
2	20.4	19 281	东沙岛	15.8	14 184	海口
4	8.3	10 947	榆林港	5.7	9 159	西沙岛
6	-1.9	6 639	兰州	-6.0	4 683	海口
8	-13.1	3 246	南昌	-16.5	2 349	西沙岛

表 C-3　各月高露点温度或高霜点温度全国纪录极值及相应的混合比（压力高度）

月份	1			2		
压力高度/km	露点霜点/℃	混合比/ppm	地点	露点霜点/℃	混合比/ppm	地点
1	18.6	15 186	东沙岛	22.6	19 563	东沙岛
2	13.5	12 345	西沙岛	15.2	13 812	东沙岛
4	4.5	8 622	西沙岛	3.4	7 971	马公
6	-6.3	4 767	西沙岛	-8.2	4 071	涠洲岛
8	-19.9	1 818	厦门	-20.0	1 803	海口
月份	3			4		
压力高度/km	露点霜点/℃	混合比/ppm	地点	露点霜点/℃	混合比/ppm	地点
1	23.1	20 184	涠洲岛	24.4	21 885	东港
2	16.9	15 435	南宁	20.9	19 953	复兴镇
4	2.7	7 581	拉萨	7.5	10 647	甘孜
6	-6.8	4 563	涠洲岛	-5.9	4 935	广州
8	-20.4	1 734	涠洲岛	-19.1	1 965	梧州

续表

月份	5			6		
压力高度/km	露点霜点/℃	混合比/ppm	地点	露点霜点/℃	混合比/ppm	地点
1	28.9	28 824	库尔勒	29.0	28 998	若羌
2	21.7	20 991	喀什	20.6	19 578	西昌
4	13.1	15 600	拉萨	15.2	17 943	拉萨
6	-3.2	6 225	衢县	-2.4	6 663	桂林
8	-15.8	2 685	东沙岛	-12.3	3 711	西昌
月份	7			8		
压力高度/km	露点霜点/℃	混合比/ppm	地点	露点霜点/℃	混合比/ppm	地点
1	25.9	24 006	恩施	26.3	24 603	东沙岛
2	24.2	24 555	昆明	21.4	20 598	腾冲
4	14.8	17 472	拉萨	13.1	15 600	合作
6	-2.3	6 720	巴塘	-2.5	6 606	恩施
8	-11.5	3 990	东港	-11.1	4 137	东港
月份	9			10		
压力高度/km	露点霜点/℃	混合比/ppm	地点	露点霜点/℃	混合比/ppm	地点
1	22.6	19 563	台北	24.8	22 434	东港
2	22.2	21 663	昆明	20.5	19 455	东港
4	8.6	11 490	昌都	7.0	10 281	拉萨
6	-2.8	6 441	海口	-3.1	6 279	东沙岛
8	-12.8	3 543	海口	-15.5	2 763	东沙岛
月份	11			12		
压力高度/km	露点霜点/℃	混合比/ppm	地点	露点霜点/℃	混合比/ppm	地点
1	26.1	24 303	东沙岛	20.5	17 142	东港
2	20.2	19 086	东沙岛	15.2	13 812	西沙岛
4	7.1	10 353	榆林港	4.5	8 622	西沙岛
6	-3.7	5 964	南昌	-8.2	4 071	西沙岛
8	-16.2	2 586	南昌	-20.1	1 785	西沙岛

C.2　高绝对湿度全国工作极值

表 C-4　时间风险率为 0.5%的高露点温度或高霜点温度全国工作极值及累积平均混合比

几何高度/km	露点霜点/℃	平均混合比/ppm	月份	地点	压力高度/km	露点霜点/℃	平均混合比/ppm	月份	地点
1	25.5	23 780	6	东港	1	26.1	24 453	11	东沙岛
2	22.1	22 365	5	东沙岛	2	19.5	20 709	8	昆明
4	12.7	17 384	5	拉萨	4	15.2	17 943	6	拉萨
6	-1.2	7 143	7	汉中	6	-2.4	6 663	7	海流图
8	-11.6	4 032	7	定日	8	-15.2	2 841	7	林芝

表 C-5　时间风险率为 1%的高露点温度或高霜点温度全国工作极值及累积平均混合比

几何高度/km	露点霜点/℃	平均混合比/ppm	月份	地点	压力高度/km	露点霜点/℃	平均混合比/ppm	月份	地点
1	24.7	23 218	10	东港	1	24.7	23 218	10	东港
2	19.0	19 353	8	昆明	2	19.0	19 250	8	昆明
4	9.3	15 196	8	拉萨	4	8.2	14 297	7	拉萨
6	-1.6	6 892	6	东沙岛	6	-3.6	6 266	7	成都
8	-12.1	3 574	8	林芝	8	-16.3	2 747	7	黑河

表 C-6　时间风险率为 5%的高露点温度或高霜点温度全国工作极值及累积平均混合比

几何高度/km	露点霜点/℃	平均混合比/ppm	月份	地点	压力高度/km	露点霜点/℃	平均混合比/ppm	月份	地点
1	22.1	19 929	8	宜宾	1	22.6	20 262	8	宜宾
2	18.1	17 544	8	昆明	2	18.0	17 510	8	昆明
4	8.1	11 369	7	德钦	4	7.3	10 647	7	林芝
6	-2.8	6 450	7	林芝	6	-4.1	5 951	7	林芝
8	-14.3	3 145	7	拉萨	8	-17.6	2 423	8	昌都

表 C-7　时间风险率为 10% 的高露点温度或高霜点温度全国工作极值及累积平均混合比

几何高度/km	露点霜点/℃	平均混合比/ppm	月份	地点	压力高度/km	露点霜点/℃	平均混合比/ppm	月份	地点
1	21.6	19 338	8	宜宾	1	21.9	19 645	8	宜宾
2	17.6	16 961	6	昆明	2	17.5	16 902	6	昆明
4	7.6	10 961	7	德钦	4	6.5	10 827	7	拉萨
6	-3.3	6 261	7	林芝	6	-4.6	5 780	8	林芝
8	-14.7	3 019	7	林芝	8	-18.0	2 317	7	林芝

表 C-8　时间风险率为 20% 的高露点温度或高霜点温度全国工作极值及累积平均混合比

几何高度/km	露点霜点/℃	平均混合比/ppm	月份	地点	压力高度/km	露点霜点/℃	平均混合比/ppm	月份	地点
1	20.9	18 679	8	宜宾	1	21.1	18 919	8	成都
2	16.8	16 332	8	昆明	2	16.7	16 243	8	昆明
4	7.2	10 596	7	德钦	4	6.2	10 096	7	林芝
6	-3.9	6 023	7	林芝	6	-5.2	5 569	8	林芝
8	-16.0	2 756	7	拉萨	8	-18.8	2 207	7	林芝

C.3　低绝对湿度全国纪录极值

表 C-9　低霜点温度全国纪录极值及相应的混合比

几何高度/km	霜点/℃	混合比/ppm	月份	地点	压力高度/km	霜点/℃	混合比/ppm	月份	地点
1	-50.1	27	2	嫩江	1	-49.0	30	2	嫩江
2	-47.2	42	1	嫩江	2	-48.7	36	1	嫩江
4	-65.7	6	2	嫩江	4	-64.5	6	2	嫩江
6	-72.6	3	2	嫩江	6	-70.2	3	2	嫩江
8	-74.3	3	2	索伦	8	-71.7	3	3	索伦

表 C-10　各月低霜点温度全国纪录极值及相应的混合比（几何高度）

月份	1			2		
几何高度/km	霜点/℃	混合比/ppm	地点	霜点/℃	混合比/ppm	地点
1	-50.1	27	若羌	-50.1	27	嫩江
2	-47.2	42	嫩江	-45.6	51	阿勒泰
4	-64.0	6	丹东	-65.7	6	嫩江
6	-66.2	6	伊春	-72.6	3	嫩江
8	-78.4	1	延吉	-74.3	3	嫩江
月份	3			4		
几何高度/km	霜点/℃	混合比/ppm	地点	霜点/℃	混合比/ppm	地点
1	-42.8	63	海拉尔	-37.5	114	张家口
2	-41.4	87	嫩江	-45.8	51	张家口
4	-57.3	15	伊春	-55.5	21	通辽
6	-67.5	6	嫩江	-63.0	9	海拉尔
8	-72.7	3	索伦	-74.3	3	索伦
月份	5			6		
几何高度/km	霜点/℃	混合比/ppm	地点	霜点/℃	混合比/ppm	地点
1	-28.0	420	索伦	-19.5	903	北京
2	-40.0	144	巴彦毛道	-27.9	477	阿勒泰
4	-49.1	42	阿勒泰	-40.9	165	台北
6	-59.3	15	嫩江	-59.8	15	海拉尔
8	-68.8	3	海拉尔	-67.1	6	长春
月份	7			8		
几何高度/km	霜点/℃	混合比/ppm	地点	霜点/℃	混合比/ppm	地点
1	-15.9	1 230	延安	-19.4	915	伊春
2	-28.5	459	哈尔滨	-27.1	516	伊春
4	-37.4	240	张家口	-41.7	153	嫩江
6	-61.5	12	敦煌	-60.9	12	乌鲁木齐
8	-66.3	6	海拉尔	-68.8	6	通辽

续表

月份	9			10		
几何高度/km	霜点/℃	混合比/ppm	地点	霜点/℃	混合比/ppm	地点
1	-29.1	381	锡林浩特	-36.3	129	二连
2	-33.2	210	锡林浩特	-41.6	81	伊春
4	-47.5	54	嫩江	-53.0	27	丹东
6	-63.4	9	伊宁	-61.7	12	塔城
8	-67.4	6	库尔勒	-71.5	3	乌鲁木齐
月份	11			12		
几何高度/km	霜点/℃	混合比/ppm	地点	霜点/℃	混合比/ppm	地点
1	-47.8	33	长春	-44.8	51	哈尔滨
2	-45.1	57	伊春	-47.0	45	哈尔滨
4	-52.2	30	青岛	-56.5	18	长春
6	-60.1	6	海拉尔	-68.6	3	若羌
8	-73.9	3	哈尔滨	-73.8	3	长春

表 C-11　各月低霜点温度全国纪录极值及相应的混合比（压力高度）

月份	1			2		
压力高度/km	霜点/℃	混合比/ppm	地点	霜点/℃	混合比/ppm	地点
1	-45.8	45	嫩江	-49.0	30	嫩江
2	-48.7	36	嫩江	-45.3	54	阿勒泰
4	-64.4	6	索伦	-64.5	6	嫩江
6	-63.9	9	哈尔滨	-70.2	3	嫩江
8	-70.6	3	塔城	-70.6	3	阿勒泰
月份	3			4		
压力高度/km	霜点/℃	混合比/ppm	地点	霜点/℃	混合比/ppm	地点
1	-44.2	54	海拉尔	-38.5	105	张家口
2	-39.5	105	嫩江	-38.3	120	哈尔滨
4	-59.5	12	伊春	-52.2	30	通辽
6	-70.2	3	东胜	-64.3	6	海拉尔
8	-71.7	3	索伦	-71.3	3	齐齐哈尔

续表

月份	5			6		
压力高度/km	霜点/℃	混合比/ppm	地点	霜点/℃	混合比/ppm	地点
1	-28.7	393	索伦	-19.0	942	北京
2	-35.1	171	伊春	-27.3	507	连平
4	-49.1	42	巴彦毛道	-41.5	159	台北
6	-67.6	6	海拉尔	-59.1	15	海拉尔
8	-65.5	9	嫩江	-65.8	9	长春
月份	7			8		
压力高度/km	霜点/℃	混合比/ppm	地点	霜点/℃	混合比/ppm	地点
1	-14.3	1398	克拉玛依	-18.1	1017	伊春
2	-28.0	474	哈尔滨	-27.2	510	伊春
4	-36.7	261	马公	-42.2	147	嫩江
6	-58.1	18	敦煌	-56.1	24	长春
8	-64.8	9	马公	-65.2	9	通辽
月份	9			10		
压力高度/km	霜点/℃	混合比/ppm	地点	霜点/℃	混合比/ppm	地点
1	-24.9	558	长春	-38.7	102	海拉尔
2	-32.3	231	锡林浩特	-39.1	96	阿勒泰
4	-47.5	54	嫩江	-53.7	24	丹东
6	-61.3	12	伊宁	-58.6	15	延安
8	-66.5	6	库尔勒	-68.8	6	伊宁
月份	11			12		
压力高度/km	霜点/℃	混合比/ppm	地点	霜点/℃	混合比/ppm	地点
1	-39.1	96	伊春	-43.1	60	哈尔滨
2	-42.2	78	伊春	-45.7	51	嫩江
4	-53.7	24	青岛	-56.8	15	海拉尔
6	-64.2	9	海拉尔	-68.1	3	若羌
8	-71.1	3	伊宁	-71.6	3	克拉玛依

C.4 低绝对湿度全国工作极值

表 C-12 时间风险率为 0.5% 的低霜点温度全国工作极值及累积平均混合比

几何高度/km	霜点/℃	平均混合比/ppm	月份	地点	压力高度/km	霜点/℃	平均混合比/ppm	月份	地点
1	-42.3	51	1	嫩江	1	-41.9	51	1	嫩江
2	-45.9	36	1	赤峰	2	-40.8	71	1	济南
4	-52.3	24	2	通辽	4	-59.4	12	2	嫩江
6	-68.7	28	2	安得河	6	-63.0	7	12	海拉尔
8	-74.3	3	4	索伦	8	-70.6	3	2	阿勒泰

表 C-13 时间风险率为 1% 的低霜点温度全国工作极值及累积平均混合比

几何高度/km	霜点/℃	平均混合比/ppm	月份	地点	压力高度/km	霜点/℃	平均混合比/ppm	月份	地点
1	-40.0	65	1	嫩江	1	-40.3	62	1	嫩江
2	-42.8	53	2	赤峰	2	-38.9	87	12	济南
4	-50.3	30	1	赤峰	4	-50.0	30	1	赤峰
6	-60.7	11	1	索伦	6	-60.9	10	1	索伦
8	-72.7	3	3	索伦	8	-69.4	3	2	库尔勒

表 C-14 时间风险率为 5% 的低霜点温度全国工作极值及累积平均混合比

几何高度/km	霜点/℃	平均混合比/ppm	月份	地点	压力高度/km	霜点℃	平均混合比/ppm	月份	地点
1	-36.2	104	2	嫩江	1	-36.3	102	1	嫩江
2	-37.3	97	11	赤峰	2	-37.0	107	2	赤峰
4	-46.9	44	1	赤峰	4	-45.9	48	2	赤峰
6	-56.9	17	1	索伦	6	-55.9	15	1	索伦
8	-66.3	5	1	北京	8	-64.4	6	12	赤峰

表 C-15　时间风险率为 10% 的低霜点温度全国工作极值及累积平均混合比

几何高度/km	霜点/℃	平均混合比/ppm	月份	地点	压力高度/km	霜点/℃	平均混合比/ppm	月份	地点
1	-34.1	138	1	海拉尔	1	-33.9	141	1	海拉尔
2	-35.4	136	1	索伦	2	-35.0	131	12	赤峰
4	-44.5	62	3	齐齐哈尔	4	-43.5	61	2	赤峰
6	-55.6	21	2	索伦	6	-53.5	26	2	索伦
8	-63.7	7	12	赤峰	8	-62.2	9	1	赤峰

表 C-16　时间风险率为 20% 的低霜点温度全国工作极值及累积平均混合比

几何高度/km	霜点/℃	平均混合比/ppm	月份	地点	压力高度/km	霜点/℃	平均混合比/ppm	月份	地点
1	-31.5	167	1	海拉尔	1	-31.4	170	1	海拉尔
2	-32.9	164	1	索伦	2	-32.5	171	1	索伦
4	-42.3	76	3	齐齐哈尔	4	-40.9	79	1	赤峰
6	-53.8	25	2	索伦	6	-51.5	31	2	索伦
8	-61.7	10	2	赤峰	8	-60.3	12	1	赤峰

附录 D　递归数字滤波法

D.1　递归数字滤波法

假设时间历程为 $U(t)$，则递归数字滤波法为

$$x_k = p_0 u_k + p_1 u_{k-1} + q_1 x_{k-1} + q_2 x_{k-2} \quad k \geqslant 2 \qquad \text{(D-1-1)}$$

$$x_0 = 0$$

$$x_1 = 0$$

式中　x_k——绝对加速度响应序列；

$p_0 = 2D$；

$p_1 = 2D\exp(-D)[(1-2\xi^2)\sin E/(2\xi\sqrt{1-\xi^2}) - \cos E]$；

$q_1 = 2\exp(-D)\cos(E)$；

$q_2 = -\exp(-2D)$

$D = \xi\omega\Delta t$；

$E = \omega_d \Delta t$；

$\omega = 2\pi f$；

$\omega_d = \omega\sqrt{1-\xi^2}$；

$D = \xi\omega\Delta t$；

ξ——阻尼比。

D.2　改进的递归数字滤波法

假设时间历程为 $U(t)$，则改进的递归数字滤波法为

$$x_k = b_0 u_k + b_1 u_{k-1} + b_2 u_{k-2} + q_1 x_{k-1} + q_2 x_{k-2} \quad k \geqslant 2 \qquad \text{(D-2-1)}$$

$$x_0 = 0$$

$$x_1 = 0$$

式中　x_k——绝对加速度响应序列；

$b_0=1-\exp(-D)\sin E/E$；

$b_1=2\exp(-D)(\sin E/E-\cos E)$；

$b_2=\exp(-D)[\exp(-D)-\sin E/E]$。

附录E　力学环境预示方法

E.1　有限元法

有限元法（FEM）的基本步骤为：

1）单元划分：利用合适的单元类型将连续模型离散化；

2）单元推导：求解有限元模型中各单元的质量矩阵和刚度矩阵；

3）单元组装：将各单元的质量矩阵和刚度矩阵进行组装，从而获得有限元模型的质量矩阵 $\boldsymbol{M}$、阻尼矩阵 $\boldsymbol{C}$、刚度矩阵 $\boldsymbol{K}$、位移列向量 $\boldsymbol{X}$ 和外激励列向量 $\boldsymbol{F}$，并建立有限元模型的运动方程，如下所示：

$$\boldsymbol{M}\ddot{\boldsymbol{X}} + \boldsymbol{C}\dot{\boldsymbol{X}} + \boldsymbol{K}\boldsymbol{X} = \boldsymbol{F} \tag{E-1-1}$$

4）求解计算。

求解公式（E-1-1）的常用方法为模态叠加法，即

$$\boldsymbol{X} = \boldsymbol{\Phi}\boldsymbol{q} \tag{E-1-2}$$

式中　$\boldsymbol{\Phi}$——模态矩阵；

$\boldsymbol{q}$——模态坐标向量。

模态矩阵的计算公式如下：

$$\begin{cases} \boldsymbol{K}\boldsymbol{\varphi}_j = \omega_j^2 \boldsymbol{M}\boldsymbol{\varphi}_j \\ \boldsymbol{\Phi} = [\boldsymbol{\varphi}_1 \quad \boldsymbol{\varphi}_2 \quad \cdots] \end{cases} \tag{E-1-3}$$

式中　$\boldsymbol{\varphi}_j$、ω_j——第 j 阶模态及其对应的固有角频率。

将公式（E-1-3）代入公式（E-1-2）并左乘矩阵 $\boldsymbol{\Phi}^{\mathrm{T}}$，得到

$$\boldsymbol{M}_p\ddot{\boldsymbol{q}} + \boldsymbol{C}_p\dot{\boldsymbol{q}} + \boldsymbol{K}_p\boldsymbol{q} = \boldsymbol{F}_p \tag{E-1-4}$$

式中　$\boldsymbol{M}_p$、$\boldsymbol{C}_p$、$\boldsymbol{K}_p$、$\boldsymbol{F}_p$——模态质量矩阵、模态阻尼矩阵、模态刚

度矩阵、模态力向量：

$$\begin{cases} \boldsymbol{M}_p = \boldsymbol{\Phi}^{\mathrm{T}}\boldsymbol{M}\boldsymbol{\Phi} \\ \boldsymbol{C}_p = \boldsymbol{\Phi}^{\mathrm{T}}\boldsymbol{C}\boldsymbol{\Phi} \\ \boldsymbol{K}_p = \boldsymbol{\Phi}^{\mathrm{T}}\boldsymbol{K}\boldsymbol{\Phi} \\ \boldsymbol{F}_p = \boldsymbol{\Phi}^{\mathrm{T}}\boldsymbol{F} \end{cases} \tag{E-1-5}$$

在实模态理论中，由模态正交性可知，$\boldsymbol{M}_p$、$\boldsymbol{C}_p$ 和 $\boldsymbol{K}_p$ 均为对角矩阵。此时可将公式（E-1-4）表达为

$$M_{pj}\ddot{q}_j + C_{pj}\dot{q}_j + K_{pj}q_j = F_{pj} \tag{E-1-6}$$

式中，M_{pj}、C_{pj}、K_{pj}、q_j、F_{pj}分别为第 j（$j=1$，2，…）阶模态所对应的模态质量、模态阻尼、模态刚度、模态坐标以及模态力。

上式的解可表示为

$$q_j(t) = q_{1j}(t) + q_{2j}(t) \tag{E-1-7}$$

式中　$q_{1j}(t)$ ——通解，其随时间的推移会迅速衰减到可以忽略不计；

$q_{2j}(t)$ ——特解，当外激励列向量 $\boldsymbol{F}$ 为简谐激振力时，则可直接求解，当外激励列向量 $\boldsymbol{F}$ 为一般激振力时，则可通过卷积公式或 Duhamel 杜哈梅积分进行求解。因此，根据公式（E-1-2）可得系统近似的响应为

$$\boldsymbol{X}(t) = \sum_{j=1}^{n} \boldsymbol{\varphi}_j q_{2j}(t) \tag{E-1-8}$$

式中　n——参加叠加的模态阶数。

E.2　边界元法

边界元法（BEM）的基本步骤为：

1）求出域内微分算子的基本解；

2）根据格林公式或加权残量方法或虚功原理建立边界积分方程；

3）对边界积分方程进行离散计算。

基本解方程如下：

$$L[u^*(x,\ \xi)] + \delta(x-\xi) = 0 \tag{E-2-1}$$

式中　ξ——源点（单位力 δ 的作用点）；

x——测点或流点，它们为域内两个任意的点；

δ——狄拉克函数。

基本解 u^* 和 δ 展开为特征函数叠加的形式如下：

$$\begin{cases} u^*(x,\ \xi) = \int_{-\infty}^{\infty} \alpha(\omega,\ \xi)\boldsymbol{\varphi}(\omega,\ x)\mathrm{d}\omega \\ \delta(x-\xi) = \int_{-\infty}^{\infty} \boldsymbol{\varphi}(\omega,\ x)\hat{\varphi}(\omega,\ \xi)\mathrm{d}\omega \end{cases} \tag{E-2-2}$$

式中　α——待定系数；

$\boldsymbol{\varphi}$——特征向量；

$\hat{\varphi}$——φ 的共轭复数。

将式（E-2-2）代入式（E-2-1），得到

$$L\left[\int_{-\infty}^{\infty} \alpha(\omega,\ \xi)\varphi(\omega,\ x)\mathrm{d}\omega\right] + \int_{-\infty}^{\infty} \varphi(\omega,\ x)\hat{\varphi}(\omega,\ \xi)\mathrm{d}\omega = 0 \tag{E-2-3}$$

其中

$$\begin{aligned} L\left[\int_{-\infty}^{\infty} \alpha(\omega,\ \xi)\varphi(\omega,\ x)\mathrm{d}\omega\right] &= \int_{-\infty}^{\infty} \alpha(\omega,\ \xi)L[\varphi(\omega,\ x)]\,\mathrm{d}\omega \\ &= \int_{-\infty}^{\infty} \alpha(\omega,\ \xi)\lambda(\omega)\varphi(\omega,\ x)\mathrm{d}\omega \end{aligned} \tag{E-2-4}$$

将式（E-2-4）代入式（E-2-3）后，得到

$$\int_{-\infty}^{\infty} \alpha(\omega,\ \xi)\lambda(\omega)\varphi(\omega,\ x)\mathrm{d}\omega + \int_{-\infty}^{\infty} \varphi(\omega,\ x)\hat{\varphi}(\omega,\ \xi)\mathrm{d}\omega = 0 \tag{E-2-5}$$

由于上式对任意的 ξ 和 x 都成立，则有

$$\alpha(\omega,\ \xi) = -\frac{\hat{\varphi}(\omega,\ \xi)}{\lambda(\omega)} \tag{E-2-6}$$

将式（E-2-6）代入式（E-2-1）即可得到基本解为

$$u^*(x,\ \xi) = -\int_{-\infty}^{\infty} \varphi(\omega,\ x)\frac{\hat{\varphi}(\omega,\ \xi)}{\lambda(\omega)}\mathrm{d}\omega \qquad \text{(E-2-7)}$$

建立边界积分方程是实现 BEM 的关键步骤，利用基本解建立边界积分方程的方法较多，如加权残量方法、格林公式方法和功的互等定理等。

利用基本解建立边界积分方程后，需对其进行离散计算。但与常规 FEM 不同，该方法只需对域的边界进行离散，形成所谓的边界单元。对于二维问题，边界单元就是一段线，其插值方法与常规有限元单元类似；对于三维问题，边界可以是曲面或平面，但可用平面单元近似处理。值得指出的是，基本解函数是已知的，在边界积分方程中，这些函数不需要离散。

E.3　子结构方法

E.3.1　固定界面模态综合法

以图 E-1 所示结构示意图对固定界面模态综合法（FiICMS）进行推导。

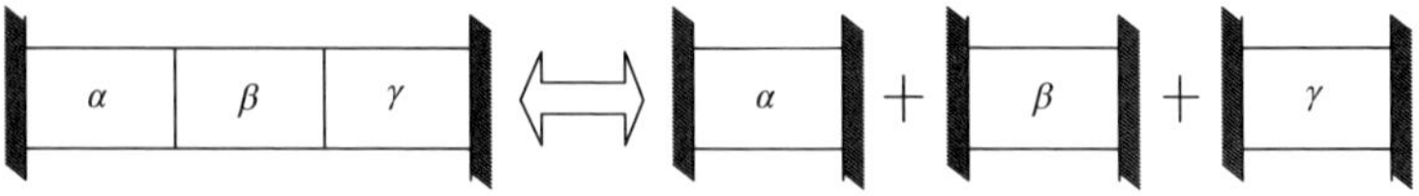

(a) 整体结构　(b) 固定界面子结构

图 E-1　FiICMS 推导示意图

FiICMS 的基本步骤为：

1）根据分析要求，将图 E-1（a）所示的整体结构划分成 α、β 和 γ 三个固定界面的子结构，如图 E-1（b）所示；

2）提取各子结构的模态信息，计算各子结构参加模态综合的假设模态集，即保留主模态和约束模态。其中，主模态是通过对子结构的全部界面结点自由度施加附加约束并进行特征问题求解获得；

约束模态是指对子结构的全部界面结点自由度施加附加约束，并强迫这些自由度依次产生单位位移，此时其他约束则保持不变，由此产生子结构的静变形位移；

3）根据界面位移协调条件，利用各子结构的假设模态集进行模态综合，建立整体结构自由度缩减后的模型，并进一步开展计算分析。

根据公式（E-1-1）可写出子结构 λ（$\lambda=\alpha$，β，γ）的运动方程为

$$\boldsymbol{M}^{\lambda}\ddot{\boldsymbol{X}}^{\lambda}+\boldsymbol{C}^{\lambda}\dot{\boldsymbol{X}}^{\lambda}+\boldsymbol{K}^{\lambda}\boldsymbol{X}^{\lambda}=\boldsymbol{F}^{\lambda} \tag{E-3-1}$$

根据内部结点自由度 u 和界面结点自由度 v 对公式（E-3-1）中各矩阵和向量进行分块整理可得

$$\begin{gathered}\boldsymbol{M}^{\lambda}=\begin{bmatrix}\boldsymbol{M}_{uu}^{\lambda} & \boldsymbol{M}_{uv}^{\lambda}\\ \boldsymbol{M}_{vu}^{\lambda} & \boldsymbol{M}_{vv}^{\lambda}\end{bmatrix},\quad \boldsymbol{C}^{\lambda}=\begin{bmatrix}\boldsymbol{C}_{uu}^{\lambda} & \boldsymbol{C}_{uv}^{\lambda}\\ \boldsymbol{C}_{vu}^{\lambda} & \boldsymbol{C}_{vv}^{\lambda}\end{bmatrix}\\ \boldsymbol{K}^{\lambda}=\begin{bmatrix}\boldsymbol{K}_{uu}^{\lambda} & \boldsymbol{K}_{uv}^{\lambda}\\ \boldsymbol{K}_{vu}^{\lambda} & \boldsymbol{K}_{vv}^{\lambda}\end{bmatrix},\quad \boldsymbol{X}^{\lambda}=\begin{bmatrix}\boldsymbol{X}_{u}^{\lambda}\\ \boldsymbol{X}_{v}^{\lambda}\end{bmatrix},\quad \boldsymbol{F}^{\lambda}=\begin{bmatrix}\boldsymbol{F}_{u}^{\lambda}\\ \boldsymbol{F}_{v}^{\lambda}\end{bmatrix}\end{gathered} \tag{E-3-2}$$

结合上述固定界面子结构的主模态和约束模态的定义，由公式（E-3-2）可得子结构 λ 的主模态 $\boldsymbol{\varphi}_{n}^{\lambda}$ 和约束模态 $\boldsymbol{\varphi}_{c}^{\lambda}$ 分别为

$$\begin{cases}\boldsymbol{\varphi}_{n}^{\lambda}=\begin{bmatrix}\boldsymbol{\varphi}_{un}^{\lambda}\\ 0_{vn}\end{bmatrix},\ (\boldsymbol{K}_{uu}^{\lambda}-\boldsymbol{\omega}^{2}\boldsymbol{M}_{uu}^{\lambda})\boldsymbol{\varphi}_{un}^{\lambda}=0\\ \boldsymbol{\varphi}_{c}^{\lambda}=\begin{bmatrix}\boldsymbol{\varphi}_{uc}^{\lambda}\\ \boldsymbol{I}_{vc}\end{bmatrix},\ \begin{bmatrix}\boldsymbol{K}_{uu}^{\lambda} & \boldsymbol{K}_{uv}^{\lambda}\\ \boldsymbol{K}_{vu}^{\lambda} & \boldsymbol{K}_{vv}^{\lambda}\end{bmatrix}\begin{bmatrix}\boldsymbol{\varphi}_{uc}^{\lambda}\\ \boldsymbol{I}_{vc}\end{bmatrix}=\begin{bmatrix}0_{uc}\\ \boldsymbol{R}_{vc}\end{bmatrix}\Rightarrow\boldsymbol{\varphi}_{uc}^{\lambda}=-(\boldsymbol{K}_{uu}^{\lambda})^{-1}\boldsymbol{K}_{uv}^{\lambda}\end{cases} \tag{E-3-3}$$

式中　n——子结构 λ 的全部模态阶数；

ω——角频率；

$\boldsymbol{I}$——单位矩阵；

$\boldsymbol{R}$——约束子结构界面自由度所附加的界面力。

假设选取前 l（$l\ll n$，从而实现自由度的缩减）阶主模态 $\boldsymbol{\varphi}_{l}^{\lambda}$ 作

为子结构 $\boldsymbol{\lambda}$ 的保留主模态，则子结构 $\boldsymbol{\lambda}$ 参加模态综合的假设模态集 $\boldsymbol{\varphi}^{\lambda}$ 可写为

$$\boldsymbol{\varphi}^{\lambda}=[\boldsymbol{\varphi}_{l}^{\lambda}\quad\boldsymbol{\varphi}_{c}^{\lambda}]=\begin{bmatrix}\boldsymbol{\varphi}_{ul}^{\lambda} & \boldsymbol{\varphi}_{uc}^{\lambda}\\ 0_{vl} & \boldsymbol{I}_{vc}\end{bmatrix}\tag{E-3-4}$$

在获得了各子结构的假设模态集后需对各子结构进行组装，结果如下

$$\boldsymbol{M}=\begin{bmatrix}\boldsymbol{M}^{\alpha} & & \\ & \boldsymbol{M}^{\beta} & \\ & & \boldsymbol{M}^{\gamma}\end{bmatrix},\ \boldsymbol{C}=\begin{bmatrix}\boldsymbol{C}^{\alpha} & & \\ & \boldsymbol{C}^{\beta} & \\ & & \boldsymbol{C}^{\gamma}\end{bmatrix},\ \boldsymbol{K}=\begin{bmatrix}\boldsymbol{K}^{\alpha} & & \\ & \boldsymbol{K}^{\beta} & \\ & & \boldsymbol{K}^{\gamma}\end{bmatrix},$$

$$\boldsymbol{\varphi}=\begin{bmatrix}\boldsymbol{\varphi}^{\alpha} & & \\ & \boldsymbol{\varphi}^{\beta} & \\ & & \boldsymbol{\varphi}^{\gamma}\end{bmatrix},\ \boldsymbol{X}=\begin{bmatrix}\boldsymbol{X}^{\alpha}\\ \boldsymbol{X}^{\beta}\\ \boldsymbol{X}^{\gamma}\end{bmatrix},\ \boldsymbol{F}=\begin{bmatrix}\boldsymbol{F}^{\alpha}\\ \boldsymbol{F}^{\beta}\\ \boldsymbol{F}^{\gamma}\end{bmatrix}\tag{E-3-5}$$

进行模态坐标变换可得

$$\boldsymbol{M}_{p}=\boldsymbol{\varphi}^{\mathrm{T}}\boldsymbol{M}\boldsymbol{\varphi},\quad \boldsymbol{C}_{p}=\boldsymbol{\varphi}^{\mathrm{T}}\boldsymbol{C}\boldsymbol{\varphi},\quad \boldsymbol{K}_{p}=\boldsymbol{\varphi}^{\mathrm{T}}\boldsymbol{K}\boldsymbol{\varphi},\quad \boldsymbol{X}=\boldsymbol{\varphi}\boldsymbol{p},\quad \boldsymbol{F}_{p}=\boldsymbol{\varphi}^{\mathrm{T}}\boldsymbol{F}\tag{E-3-6}$$

式中　$\boldsymbol{p}$——模态矩阵 $\boldsymbol{\varphi}$ 的模态坐标；

$\boldsymbol{M}_{p}$、$\boldsymbol{C}_{p}$、$\boldsymbol{K}_{p}$、$\boldsymbol{F}_{p}$——分别为对应的模态质量矩阵、模态阻尼矩阵、模态刚度矩阵以及模态力向量。

其中，模态坐标 $\boldsymbol{p}$ 的表达式可写为

$$\boldsymbol{p}=[(\boldsymbol{p}_{l}^{\alpha})^{\mathrm{T}}\quad(\boldsymbol{p}_{c}^{\alpha\beta})^{\mathrm{T}}\quad(\boldsymbol{p}_{l}^{\beta})^{\mathrm{T}}\quad(\boldsymbol{p}_{c}^{\beta\alpha})^{\mathrm{T}}\quad(\boldsymbol{p}_{c}^{\beta\gamma})^{\mathrm{T}}\quad(\boldsymbol{p}_{l}^{\gamma})^{\mathrm{T}}\quad(\boldsymbol{p}_{c}^{\gamma\beta})^{\mathrm{T}}]^{\mathrm{T}}\tag{E-3-7}$$

式中　$\boldsymbol{p}_{l}$——与保留主模态对应的模态坐标；

$\boldsymbol{p}_{c}$——与约束模态对应的模态坐标。

引入界面位移协调条件如下：

$$\begin{cases}\boldsymbol{L}_{\alpha\beta}\boldsymbol{X}_{v}^{\alpha\beta}=\boldsymbol{X}_{v}^{\beta\alpha}\\ \boldsymbol{L}_{\gamma\beta}\boldsymbol{X}_{v}^{\gamma\beta}=\boldsymbol{X}_{v}^{\beta\gamma}\end{cases}\tag{E-3-8}$$

式中　$\boldsymbol{L}$——坐标旋转变换矩阵。

则由公式（E-3-4）～（E-3-8）可知，对公式（E-3-7）进

行坐标独立变换后，得到

$$\boldsymbol{p}=\boldsymbol{S}\boldsymbol{q}=\begin{bmatrix}\boldsymbol{I} & & & & \\ & \boldsymbol{I} & & & \\ & & \boldsymbol{I} & & \\ & \boldsymbol{L}_{\alpha\beta} & & & \\ & & & & \boldsymbol{L}_{\gamma\beta} \\ & & & \boldsymbol{I} & \\ & & & & \boldsymbol{I}\end{bmatrix}\begin{bmatrix}\boldsymbol{p}_l^{\alpha} \\ \boldsymbol{p}_c^{\alpha\beta} \\ \boldsymbol{p}_l^{\beta} \\ \boldsymbol{p}_l^{\gamma} \\ \boldsymbol{p}_c^{\gamma\beta}\end{bmatrix} \tag{E-3-9}$$

式中　$\boldsymbol{S}$——独立坐标变换矩阵；

$\boldsymbol{q}$——独立的模态坐标向量。

与独立模态坐标 $\boldsymbol{q}$ 对应的模态质量矩阵 $\boldsymbol{M}_S$、模态阻尼矩阵 $\boldsymbol{C}_S$、模态刚度矩阵 $\boldsymbol{K}_S$ 以及模态力向量 $\boldsymbol{F}_S$，如下

$$\boldsymbol{M}_S=\boldsymbol{S}^{\mathrm{T}}\boldsymbol{M}_p\boldsymbol{S},\ \boldsymbol{C}_S=\boldsymbol{S}^{\mathrm{T}}\boldsymbol{C}_p\boldsymbol{S},\ \boldsymbol{K}_S=\boldsymbol{S}^{\mathrm{T}}\boldsymbol{K}_p\boldsymbol{S},\ \boldsymbol{F}_S=\boldsymbol{S}^{\mathrm{T}}\boldsymbol{F}_p \tag{E-3-10}$$

因此，可得整体结构自由度缩减后的模型如下所示

$$\boldsymbol{M}_S\ddot{\boldsymbol{q}}+\boldsymbol{C}_S\dot{\boldsymbol{q}}+\boldsymbol{K}_S\boldsymbol{q}=\boldsymbol{F}_S \tag{E-3-11}$$

此时，基于公式（E-3-11）可对独立的模态坐标 $\boldsymbol{q}$ 进行求解，然后根据坐标变换关系，即可获得各子结构的响应特性。

E.3.2　自由界面模态综合法

以图 E-2 所示结构示意图对自由界面模态综合法（FrICMS）进行推导。

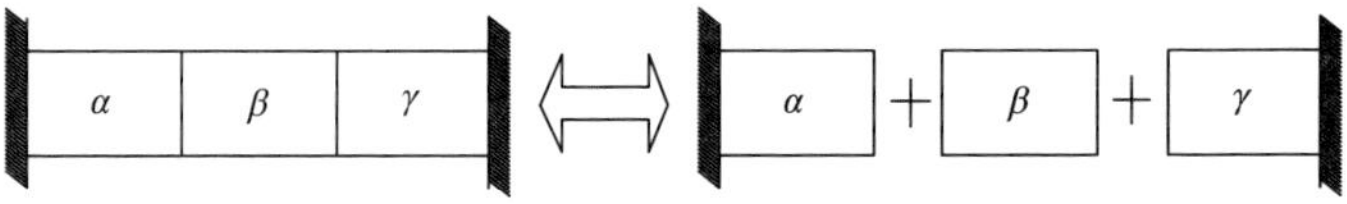

(a) 整体结构　　(b) 自由界面子结构

图 E-2　FrICMS 推导示意图

FrICMS 的基本步骤为：

1）根据分析要求，将图 E-2（a）所示的整体结构划分成 α、β 和 γ 三个自由界面的子结构，如图E-2（b）所示；

2）提取各子结构的模态信息，计算各子结构参加模态综合的假设模态集，即保留主模态和剩余附着模态或剩余惯附模态。其中，剩余附着模态和剩余惯附模态分别对应于受约束和有刚体运动的子结构；

3）根据界面位移协调条件，利用各子结构的假设模态集进行模态综合，建立整体结构自由度缩减后的模型，并进一步开展计算分析。

对于 FrICMS 的推导，首先根据公式（E-1-1）写出子结构 λ（$\lambda=\alpha$，β，γ）的运动方程，然后按照内部结点自由度 u 和界面结点自由度 v 对运动方程各矩阵和向量进行分块整理，结果分别如公式（E-3-1）和公式（E-3-2）所示。

FrICMS 中的主模态是指，子结构的全部界面结点自由度均不引入附加约束，但子结构本身原有的约束保持不变，在此状态下对子结构进行特征问题求解而获得的模态。故基于公式（E-3-1），可得子结构 λ（$\lambda=\alpha$，β，γ）的主模态 $\boldsymbol{\varphi}_n^\lambda$ 的求解公式为

$$(\boldsymbol{K}^\lambda - \boldsymbol{\omega}^2\boldsymbol{M}^\lambda)\boldsymbol{\varphi}_n^\lambda = 0 \tag{E-3-12}$$

式中，主模态 $\boldsymbol{\varphi}_n^\lambda$ 是由子结构 λ 的全部刚体模态 $\boldsymbol{\varphi}_g^\lambda$ 和完全弹性模态 $\boldsymbol{\varphi}_e^\lambda$ 组成。选取刚体模态 $\boldsymbol{\varphi}_g^\lambda$ 和前 k（$k\ll n$，从而实现自由度的缩减）阶弹性模态 $\boldsymbol{\varphi}_k^\lambda$ 组成子结构 λ 的保留主模态，则 $\boldsymbol{\varphi}_n^\lambda$ 可写为

$$\boldsymbol{\varphi}_n^\lambda = [\boldsymbol{\varphi}_g^\lambda \quad \boldsymbol{\varphi}_e^\lambda] = [\boldsymbol{\varphi}_g^\lambda \quad \boldsymbol{\varphi}_k^\lambda \quad \boldsymbol{\varphi}_s^\lambda] = [\boldsymbol{\varphi}_r^\lambda \quad \boldsymbol{\varphi}_s^\lambda] \tag{E-3-13}$$

式中　$\boldsymbol{\varphi}_r^\lambda$——子结构 λ 的保留主模态；

　　$\boldsymbol{\varphi}_s^\lambda$——子结构 λ 的剩余弹性主模态。

对于受约束的子结构（无刚体模态），其特征模态选用剩余附着模态。附着模态的定义为：对子结构的界面不附加任何约束，而是在一个界面结点自由度上沿此自由度方向施加单位力，而在其他自由度上无外力作用，由此得到子结构静态位移向量，就是子结构对该界面结点自由度的附着模态。但附着模态与保留主模态线性相关，

如果从附着模态中减去与之不独立的低阶保留主模态，则可以得到高阶主模态的近似表达，这种模态则称为“剩余附着模态”。

设受约束子结构的全部归一化主模态为

$$\boldsymbol{\varphi}_n^\lambda = \begin{bmatrix} \boldsymbol{\varphi}_k^\lambda \\ \boldsymbol{\varphi}_s^\lambda \end{bmatrix} = \begin{bmatrix} \boldsymbol{\varphi}_{nu}^\lambda \\ \boldsymbol{\varphi}_{nv}^\lambda \end{bmatrix} \tag{E-3-14}$$

式中　$\boldsymbol{\varphi}_k^\lambda$——低阶主模态，即保留主模态；

$\boldsymbol{\varphi}_s^\lambda$——高阶主模态，即剩余主模态；

下标 u 和 v 分别表示内部结点自由度和界面结点自由度。

则根据模态正交性可得

$$(\boldsymbol{\varphi}_n^\lambda)^{\mathrm{T}}\boldsymbol{K}^\lambda\boldsymbol{\varphi}_n^\lambda = \mathrm{diag}(\omega^2) \tag{E-3-15}$$

则对应的子结构柔度矩阵 $\boldsymbol{G}^\lambda$ 为

$$\boldsymbol{G}^\lambda = (\boldsymbol{K}^\lambda)^{-1} = \boldsymbol{\varphi}_n^\lambda\,[\mathrm{diag}(\omega^2)]^{-1}\,(\boldsymbol{\varphi}_n^\lambda)^{\mathrm{T}} = \boldsymbol{\varphi}_k^\lambda\,[\mathrm{diag}(\omega_k^2)]^{-1}\,(\boldsymbol{\varphi}_k^\lambda)^{\mathrm{T}} + \boldsymbol{\varphi}_s^\lambda\,[\mathrm{diag}(\omega_s^2)]^{-1}\,(\boldsymbol{\varphi}_s^\lambda)^{\mathrm{T}} \tag{E-3-16}$$

定义剩余柔度矩阵 $\boldsymbol{G}_s^\lambda$ 如下所示

$$\boldsymbol{G}_s^\lambda = \boldsymbol{G}^\lambda - \boldsymbol{\varphi}_k^\lambda[\mathrm{diag}(\omega_k^2)]^{-1}(\boldsymbol{\varphi}_k^\lambda)^{\mathrm{T}} = \boldsymbol{\varphi}_s^\lambda[\mathrm{diag}(\omega_s^2)]^{-1}(\boldsymbol{\varphi}_s^\lambda)^{\mathrm{T}} \tag{E-3-17}$$

此时，可得受约束子结构的剩余附着模态 $\boldsymbol{\varphi}_{fz}^\lambda$ 为

$$\boldsymbol{\varphi}_{fz}^\lambda = \boldsymbol{G}_s^\lambda \begin{bmatrix} \boldsymbol{0}_{uv} \\ \boldsymbol{I}_{vv} \end{bmatrix} \tag{E-3-18}$$

对于有刚体运动的子结构，其特征模态选用剩余惯附模态，但首先应将其界面结点自由度划分成两个子集，即 $v=a+g$。其中，g 为附加约束结点自由度集，它刚好约束住子结构的全部刚体运动。与公式（E-3-18）所示受约束子结构的剩余附着模态 $\boldsymbol{\varphi}_{fz}^\lambda$ 的求解公式形式一致，剩余惯附模态 $\boldsymbol{\varphi}_{gf}^\lambda$ 的计算公式如下

$$\boldsymbol{\varphi}_{gf}^\lambda = \boldsymbol{G}_s^\lambda\boldsymbol{f}^\lambda \tag{E-3-19}$$

式中 $\boldsymbol{G}_s^\lambda$ 和 $\boldsymbol{f}^\lambda$ 分别为有刚体运动子结构的剩余柔度矩阵和界面单位作用力向量，二者的具体表达式分别如下

$$\boldsymbol{G}_s^\lambda = \boldsymbol{R}^{\mathrm{T}}\boldsymbol{G}_z^\lambda\boldsymbol{R} - \boldsymbol{\varphi}_k^\lambda[\mathrm{diag}(\boldsymbol{\omega}_k^2)]^{-1}(\boldsymbol{\varphi}_k^\lambda)^{\mathrm{T}} \tag{E-3-20}$$

$$\boldsymbol{f}^{\lambda}=\begin{bmatrix}\boldsymbol{0}_{ua}\\ \boldsymbol{I}_{aa}\\ \boldsymbol{0}_{ga}\end{bmatrix} \tag{E-3-21}$$

式中 $\boldsymbol{R}$ 和 $\boldsymbol{G}_z^{\lambda}$ 分别为有刚体运动子结构的投影矩阵和专用柔度矩阵。其中，投影矩阵 $\boldsymbol{R}$ 的表达式为

$$\boldsymbol{R}=\boldsymbol{I}-\boldsymbol{M}^{\lambda}\boldsymbol{\varphi}_g^{\lambda}(\boldsymbol{M}_g^{\lambda})^{-1}(\boldsymbol{\varphi}_g^{\lambda})^{\mathrm{T}} \tag{E-3-22}$$

式中，$\boldsymbol{M}_g^{\lambda}$ 为有刚体运动子结构所对应的刚体模态质量矩阵，归一化处理后为

$$\boldsymbol{M}_g^{\lambda}=(\boldsymbol{\varphi}_g^{\lambda})^{\mathrm{T}}\boldsymbol{M}^{\lambda}\boldsymbol{\varphi}_g^{\lambda}=\boldsymbol{I} \tag{E-3-23}$$

将公式（E-3-23）代入公式（E-3-22）可得

$$\boldsymbol{R}=\boldsymbol{I}-\boldsymbol{M}^{\lambda}\boldsymbol{\varphi}_g^{\lambda}(\boldsymbol{\varphi}_g^{\lambda})^{I} \tag{E-3-24}$$

此外，由于有刚体运动的子结构存在刚体模态，其刚度矩阵 $\boldsymbol{k}^{\lambda}$ 为奇异矩阵，且当该子结构有 g（$1\leqslant g\leqslant 6$）阶刚体模态时，$\boldsymbol{K}^{\lambda}$ 为 g 度奇异矩阵，故无法直接通过矩阵求逆获得专用柔度矩阵 $\boldsymbol{G}_z^{\lambda}$。此时，可将 $\boldsymbol{K}^{\lambda}$ 进一步写成如下形式：

$$\boldsymbol{K}^{\lambda}=\begin{bmatrix}\boldsymbol{K}_{uu}^{\lambda} & \boldsymbol{K}_{ua}^{\lambda} & \boldsymbol{K}_{ug}^{\lambda}\\ \boldsymbol{K}_{au}^{\lambda} & \boldsymbol{K}_{aa}^{\lambda} & \boldsymbol{K}_{ag}^{\lambda}\\ \boldsymbol{K}_{gu}^{\lambda} & \boldsymbol{K}_{ga}^{\lambda} & \boldsymbol{K}_{gg}^{\lambda}\end{bmatrix} \tag{E-3-25}$$

则基于公式（E-3-25）可得 $\boldsymbol{G}_z^{\lambda}$ 的表达式为

$$\boldsymbol{G}_z^{\lambda}=\begin{bmatrix}\boldsymbol{G}_{uu}^{\lambda} & \boldsymbol{G}_{ua}^{\lambda} & \boldsymbol{0}\\ \boldsymbol{G}_{au}^{\lambda} & \boldsymbol{G}_{aa}^{\lambda} & \boldsymbol{0}\\ \boldsymbol{0} & \boldsymbol{0} & \boldsymbol{0}\end{bmatrix},\quad \begin{bmatrix}\boldsymbol{G}_{uu}^{\lambda} & \boldsymbol{G}_{ua}^{\lambda}\\ \boldsymbol{G}_{au}^{\lambda} & \boldsymbol{G}_{aa}^{\lambda}\end{bmatrix}=\begin{bmatrix}\boldsymbol{K}_{uu}^{\lambda} & \boldsymbol{K}_{ua}^{\lambda}\\ \boldsymbol{K}_{au}^{\lambda} & \boldsymbol{K}_{aa}^{\lambda}\end{bmatrix}^{-1} \tag{E-3-26}$$

此时，将公式（E-3-24）和公式（E-3-26）代入公式（E-3-20）即可获得有刚体运动子结构的剩余柔度矩阵 $\boldsymbol{G}_s^{\lambda}$，进一步将 $\boldsymbol{G}_s^{\lambda}$ 和公式（E-3-21）代入公式（E-3-19）即可获得有刚体运动子结构的剩余惯附模态 $\boldsymbol{\varphi}_{gf}^{\lambda}$。

待获得了自由界面子结构 λ 的保留主模态 $\boldsymbol{\varphi}_r^{\lambda}$ 和特征模态（剩余附着模态 $\boldsymbol{\varphi}_{fz}^{\lambda}$或剩余惯附模态 $\boldsymbol{\varphi}_{gf}^{\lambda}$）后，则可写出子结构 λ 的假设模

态集如下：

$$\begin{cases}\boldsymbol{\varphi}^{\lambda}=[\boldsymbol{\varphi}_{r}^{\lambda}\quad \boldsymbol{\varphi}_{fz}^{\lambda}]\\ \boldsymbol{\varphi}^{\lambda}=[\boldsymbol{\varphi}_{r}^{\lambda}\quad \boldsymbol{\varphi}_{gf}^{\lambda}]\end{cases} \tag{E-3-27}$$

按公式（E-3-5）对子结构进行组装，按公式（E-3-6）对组装获得的整体结构进行模态坐标变换。其中，模态坐标 $\boldsymbol{p}$ 的表达式为

$$\boldsymbol{p}=[(\boldsymbol{p}_{r}^{\alpha})^{\mathrm{T}}\quad (\boldsymbol{p}_{fz}^{\alpha\beta})^{\mathrm{T}}\quad (\boldsymbol{p}_{r}^{\beta})^{\mathrm{T}}\quad (\boldsymbol{p}_{gf}^{\beta\alpha})^{\mathrm{T}}\quad (\boldsymbol{p}_{gf}^{\beta\gamma})^{\mathrm{T}}\quad (\boldsymbol{p}_{r}^{\gamma})^{\mathrm{T}}\quad (\boldsymbol{p}_{fz}^{\gamma\beta})^{\mathrm{T}}]^{\mathrm{T}} \tag{E-3-28}$$

式中　$\boldsymbol{p}_r$——与保留主模态对应的模态坐标；

$\boldsymbol{p}_{fz}$、$\boldsymbol{p}_{gf}$——与剩余附着模态和剩余惯附模态对应的模态坐标。

对 $\boldsymbol{p}$ 中元素重新排列可得

$$\hat{\boldsymbol{p}}=[(\boldsymbol{p}_{fz}^{\alpha\beta})^{\mathrm{T}}(\boldsymbol{p}_{gf}^{\beta\alpha})^{\mathrm{T}}(\boldsymbol{p}_{gf}^{\beta\gamma})^{\mathrm{T}}(\boldsymbol{p}_{fz}^{\gamma\beta})^{\mathrm{T}}(\boldsymbol{p}_{r}^{\alpha})^{\mathrm{T}}(\boldsymbol{p}_{r}^{\beta})^{\mathrm{T}}(\boldsymbol{p}_{r}^{\gamma})^{\mathrm{T}}]^{\mathrm{T}}=\begin{bmatrix}\boldsymbol{p}_f\\ \boldsymbol{p}_r\end{bmatrix} \tag{E-3-29}$$

公式（E-3-28）到公式（E-3-29）的变换可通过下式完成

$$\boldsymbol{p}=\boldsymbol{E}\hat{\boldsymbol{p}},\ \boldsymbol{E}=\begin{bmatrix}\boldsymbol{0}&\boldsymbol{0}&\boldsymbol{0}&\boldsymbol{0}&\boldsymbol{I}&\boldsymbol{0}&\boldsymbol{0}\\ \boldsymbol{I}&\boldsymbol{0}&\boldsymbol{0}&\boldsymbol{0}&\boldsymbol{0}&\boldsymbol{0}&\boldsymbol{0}\\ \boldsymbol{0}&\boldsymbol{0}&\boldsymbol{0}&\boldsymbol{0}&\boldsymbol{0}&\boldsymbol{I}&\boldsymbol{0}\\ \boldsymbol{0}&\boldsymbol{I}&\boldsymbol{0}&\boldsymbol{0}&\boldsymbol{0}&\boldsymbol{0}&\boldsymbol{0}\\ \boldsymbol{0}&\boldsymbol{0}&\boldsymbol{I}&\boldsymbol{0}&\boldsymbol{0}&\boldsymbol{0}&\boldsymbol{0}\\ \boldsymbol{0}&\boldsymbol{0}&\boldsymbol{0}&\boldsymbol{0}&\boldsymbol{0}&\boldsymbol{0}&\boldsymbol{I}\\ \boldsymbol{0}&\boldsymbol{0}&\boldsymbol{0}&\boldsymbol{I}&\boldsymbol{0}&\boldsymbol{0}&\boldsymbol{0}\end{bmatrix} \tag{E-3-30}$$

引入界面位移协调条件和力平衡条件

$$\begin{cases}\boldsymbol{L}_{\alpha\beta}\boldsymbol{X}_{v}^{\alpha\beta}=\boldsymbol{X}_{v}^{\beta\alpha}\\ \boldsymbol{L}_{\gamma\beta}\boldsymbol{X}_{v}^{\gamma\beta}=\boldsymbol{X}_{v}^{\beta\gamma}\end{cases},\ \begin{cases}-\boldsymbol{L}_{\alpha\beta}\boldsymbol{p}_{fz}^{\alpha\beta}=\boldsymbol{p}_{gf}^{\beta\alpha}\\ -\boldsymbol{L}_{\gamma\beta}\boldsymbol{p}_{fz}^{\gamma\beta}=\boldsymbol{p}_{gf}^{\beta\gamma}\end{cases} \tag{E-3-31}$$

公式（E-3-31）可写成如下形式

$$\boldsymbol{T}\hat{\boldsymbol{p}}=\boldsymbol{0} \tag{E-3-32}$$

将上式分块整理得

$$[\boldsymbol{T}_f \quad \boldsymbol{T}_r]\begin{bmatrix}\boldsymbol{p}_f\\ \boldsymbol{p}_r\end{bmatrix}=\boldsymbol{0} \tag{E-3-33}$$

对公式（E-3-33）进行整理可得

$$\boldsymbol{p}_f=-(\boldsymbol{T}_f)^{-1}\boldsymbol{T}_r\boldsymbol{p}_r \tag{E-3-34}$$

因此可得，$\hat{\boldsymbol{p}}$ 中各元素并不相互独立，故需对其进行坐标独立变换，过程如下

$$\hat{\boldsymbol{p}}=\boldsymbol{S}\boldsymbol{p}_r=\begin{bmatrix}-(\boldsymbol{T}_f)^{-1}\boldsymbol{T}_r\\ \boldsymbol{I}\end{bmatrix}\boldsymbol{p}_r=\boldsymbol{S}\boldsymbol{q} \tag{E-3-35}$$

式中　$\boldsymbol{S}$——坐标独立变换矩阵；

$\boldsymbol{q}$——独立的模态坐标。

对应于独立模态坐标 $\boldsymbol{q}$ 的模态参数矩阵如下

$$\boldsymbol{M}_S=\boldsymbol{S}^{\mathrm{T}}\boldsymbol{E}^{\mathrm{T}}\boldsymbol{M}_p\boldsymbol{E}\boldsymbol{S},\quad \boldsymbol{C}_S=\boldsymbol{S}^{\mathrm{T}}\boldsymbol{E}^{\mathrm{T}}\boldsymbol{C}_p\boldsymbol{E}\boldsymbol{S},\quad \boldsymbol{K}_S=\boldsymbol{S}^{\mathrm{T}}\boldsymbol{E}^{\mathrm{T}}\boldsymbol{K}_p\boldsymbol{E}\boldsymbol{S},\quad \boldsymbol{F}_S=\boldsymbol{S}^{\mathrm{T}}\boldsymbol{E}^{\mathrm{T}}\boldsymbol{F}_p \tag{E-3-36}$$

式中　$\boldsymbol{M}_S$、$\boldsymbol{C}_S$、$\boldsymbol{K}_S$、$\boldsymbol{F}_S$——则分别为对应的模态质量矩阵、模态阻尼矩阵、模态刚度矩阵以及模态力向量。

因此，可得整体结构自由度缩减后的模型如下所示

$$\boldsymbol{M}_S\ddot{\boldsymbol{q}}+\boldsymbol{C}_S\dot{\boldsymbol{q}}+\boldsymbol{K}_S\boldsymbol{q}=\boldsymbol{F}_S \tag{E-3-37}$$

此时，基于公式（E-3-37）可对独立的模态坐标 $\boldsymbol{q}$ 进行求解，然后根据坐标变换关系，即可获得各子结构的响应特性。

E.3.3　混合界面模态综合法

固定界面模态综合法（FiICMS）比较简单，计算精度一般也较高，但存在一个较大缺点，即综合后的自由度大于子结构的界面结点自由度，故对于大型复杂结构，综合后自由度仍很大。FrICMS 的计算精度高于 FiICMS，且综合后的自由度数也不受界面结点自由度的影响，但缺点是过程比较复杂。HyICMS 则综合了上述两种方法的优点，其基本思想是：把一个结构分成若干个子结构，并把这些子结构分成主子结构和从子结构，但主子结构与主子结构之间，从子

结构与从子结构之间互不连接。该方法的基本步骤如下：

1）根据分析要求，将整体结构划分成若干主、从子结构；

2）提取各子结构的模态信息，计算各子结构参加模态综合的假设模态集。其中：对于主子结构而言，用自由界面保留主模态构成其假设模态集；对于从子结构而言，则用其固定界面的保留主模态和约束模态组成其假设模态集。值得一提的是，为了保证计算精度，在计算主子结构的假设模态集时，应将从子结构对主子结构自由界面主模态的影响考虑在内；

3）根据界面位移协调，利用各子结构的假设模态集进行模态综合，推导出整体结构自由度缩减后的模型，并进一步开展计算分析。

E.3.4　频域子结构方法

CMS 适用于基于 FEM 所建立的理论模型的综合问题，但工程实际中常存在由试验测试获得的试验模型以及理论-试验混合模型的综合问题，此时，则需利用频域子结构方法（FBSM）进行处理。以图 E-3 为例对 FBSM 进行推导。

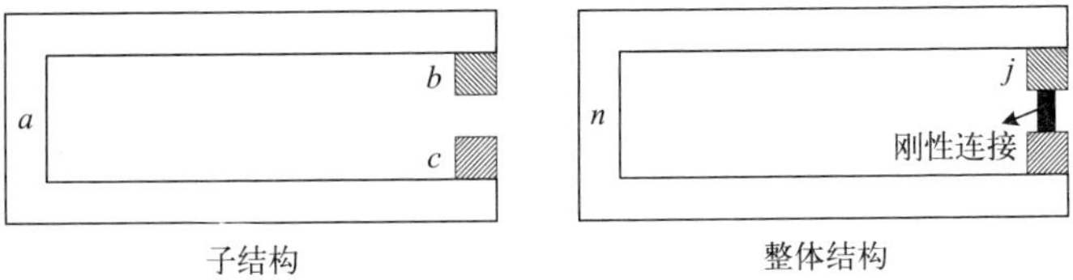

图 E-3　子结构及整体结构图

将所有的子结构看作一个子结构系统，则可得子结构系统和整体结构的频响函数矩阵分别如下

$$\begin{bmatrix} \boldsymbol{x}_a \\ \boldsymbol{x}_b \\ \boldsymbol{x}_c \end{bmatrix} = \begin{bmatrix} \boldsymbol{H}_{aa} & \boldsymbol{H}_{ab} & \boldsymbol{H}_{ac} \\ \boldsymbol{H}_{ba} & \boldsymbol{H}_{bb} & \boldsymbol{H}_{bc} \\ \boldsymbol{H}_{ca} & \boldsymbol{H}_{cb} & \boldsymbol{H}_{cc} \end{bmatrix} \begin{bmatrix} \boldsymbol{f}_a \\ \boldsymbol{f}_b \\ \boldsymbol{f}_c \end{bmatrix} \tag{E-3-38}$$

$$\begin{bmatrix} \boldsymbol{x}_n \\ \boldsymbol{x}_j \end{bmatrix} = \begin{bmatrix} \boldsymbol{H}_{nn} & \boldsymbol{H}_{nj} \\ \boldsymbol{H}_{jn} & \boldsymbol{H}_{jj} \end{bmatrix} \begin{bmatrix} \boldsymbol{f}_n \\ \boldsymbol{f}_j \end{bmatrix} \tag{E-3-39}$$

式中　$\boldsymbol{x}$、$\boldsymbol{H}$、$\boldsymbol{f}$——分别为位移响应、频响函数和激励；

a、n——分别为子结构系统和整体结构的内部结点自由度；

b、c、j——分别为子结构系统和整体结构的界面结点自由度。

引入位移协调和力平衡条件如下

$$\begin{cases}\boldsymbol{x}_b=\boldsymbol{x}_c=\boldsymbol{x}_j\\ \boldsymbol{f}_b+\boldsymbol{f}_c=\boldsymbol{f}_j\end{cases}\tag{E-3-40}$$

此外，由于综合前后，子结构系统和整体结构的内部结点自由度的位移响应和激励均未发生变化，因此可得

$$\begin{cases}\boldsymbol{x}_a=\boldsymbol{x}_n\\ \boldsymbol{f}_a=\boldsymbol{f}_n\end{cases}\tag{E-3-41}$$

由公式（E-3-38）和公式（E-3-40），得到

$$\boldsymbol{x}_b=\boldsymbol{x}_c=\boldsymbol{H}_{ba}\boldsymbol{f}_a+\boldsymbol{H}_{bb}\boldsymbol{f}_b+\boldsymbol{H}_{bc}\boldsymbol{f}_c=\boldsymbol{H}_{ca}\boldsymbol{f}_a+\boldsymbol{h}_{cb}\boldsymbol{f}_b+\boldsymbol{h}_{cc}\boldsymbol{f}_c\tag{E-3-42}$$

将公式（E-3-40）和公式（E-3-41）代入公式（E-3-42），得到

$$(\boldsymbol{H}_{bb}+\boldsymbol{H}_{cc}-\boldsymbol{H}_{cb}-\boldsymbol{H}_{bc})\boldsymbol{f}_b=(\boldsymbol{H}_{ca}-\boldsymbol{H}_{ba})\boldsymbol{f}_n+(\boldsymbol{H}_{cc}-\boldsymbol{H}_{bc})\boldsymbol{f}_j\tag{E-3-43}$$

如果（$\boldsymbol{H}_{bb}+\boldsymbol{H}_{cc}-\boldsymbol{H}_{cb}-\boldsymbol{H}_{bc}$）非奇异，则公式（E-3-43）可改写为

$$\boldsymbol{f}_b=(\boldsymbol{H}_{bb}+\boldsymbol{H}_{cc}-\boldsymbol{H}_{cb}-\boldsymbol{H}_{bc})^{-1}[(\boldsymbol{H}_{ca}-\boldsymbol{H}_{ba})\boldsymbol{f}_n+(\boldsymbol{H}_{cc}-\boldsymbol{H}_{bc})\boldsymbol{f}_j]\tag{E-3-44}$$

将公式（E-3-40）和公式（E-3-44）代入公式（E-3-38）后，得到

$$\begin{aligned}
\boldsymbol{H}_{nn}&=\boldsymbol{H}_{aa}-(\boldsymbol{H}_{ab}-\boldsymbol{H}_{ac})(\boldsymbol{H}_{bb}+\boldsymbol{H}_{cc}-\boldsymbol{H}_{cb}-\boldsymbol{H}_{bc})^{-1}(\boldsymbol{H}_{ba}-\boldsymbol{H}_{ca})\\
\boldsymbol{H}_{nj}&=\boldsymbol{H}_{ab}-(\boldsymbol{H}_{ab}-\boldsymbol{H}_{ac})(\boldsymbol{H}_{bb}+\boldsymbol{H}_{cc}-\boldsymbol{H}_{cb}-\boldsymbol{H}_{bc})^{-1}(\boldsymbol{H}_{bc}-\boldsymbol{H}_{cc})\\
&=\boldsymbol{H}_{ab}-(\boldsymbol{H}_{ac}-\boldsymbol{H}_{ab})(\boldsymbol{H}_{bb}+\boldsymbol{H}_{cc}-\boldsymbol{H}_{cb}-\boldsymbol{H}_{bc})^{-1}(\boldsymbol{H}_{cb}-\boldsymbol{H}_{bb})\\
\boldsymbol{H}_{jn}&=(\boldsymbol{H}_{nj})^{\mathrm{T}}\\
\boldsymbol{H}_{jj}&=\boldsymbol{H}_{cc}-(\boldsymbol{H}_{cb}-\boldsymbol{H}_{cc})(\boldsymbol{H}_{bb}+\boldsymbol{H}_{cc}-\boldsymbol{H}_{cb}-\boldsymbol{H}_{bc})^{-1}(\boldsymbol{H}_{bc}-\boldsymbol{H}_{cc})\\
&=\boldsymbol{H}_{bb}-(\boldsymbol{H}_{bc}-\boldsymbol{H}_{bb})(\boldsymbol{H}_{bb}+\boldsymbol{H}_{cc}-\boldsymbol{H}_{cb}-\boldsymbol{H}_{bc})^{-1}(\boldsymbol{H}_{cb}-\boldsymbol{H}_{bb})
\end{aligned}\tag{E-3-45}$$

将上式写成矩阵的形式如下

$$
\begin{bmatrix} \boldsymbol{H}_{nn} & \boldsymbol{H}_{nj} \\ \boldsymbol{H}_{jn} & \boldsymbol{H}_{jj} \end{bmatrix}
$$

$$
= \begin{bmatrix} \boldsymbol{H}_{aa} & \boldsymbol{H}_{ac} \\ \boldsymbol{H}_{ca} & \boldsymbol{H}_{cc} \end{bmatrix} - \begin{bmatrix} \boldsymbol{H}_{ab} - \boldsymbol{H}_{ac} \\ \boldsymbol{H}_{cb} - \boldsymbol{H}_{cc} \end{bmatrix} (\boldsymbol{H}_{bb} + \boldsymbol{H}_{cc} - \boldsymbol{H}_{cb} - \boldsymbol{H}_{bc})^{-1} \begin{bmatrix} \boldsymbol{H}_{ab} - \boldsymbol{H}_{ac} \\ \boldsymbol{H}_{cb} - \boldsymbol{H}_{cc} \end{bmatrix}^{\mathrm{T}}
$$

$$
= \begin{bmatrix} \boldsymbol{H}_{aa} & \boldsymbol{H}_{ab} \\ \boldsymbol{H}_{ba} & \boldsymbol{H}_{bb} \end{bmatrix} - \begin{bmatrix} \boldsymbol{H}_{ac} - \boldsymbol{H}_{ab} \\ \boldsymbol{H}_{bc} - \boldsymbol{H}_{bb} \end{bmatrix} (\boldsymbol{H}_{bb} + \boldsymbol{H}_{cc} - \boldsymbol{H}_{cb} - \boldsymbol{H}_{bc})^{-1} \begin{bmatrix} \boldsymbol{H}_{ac} - \boldsymbol{H}_{ab} \\ \boldsymbol{H}_{bc} - \boldsymbol{H}_{bb} \end{bmatrix}^{\mathrm{T}}
$$

（E-3-46）

公式（E-3-46）即为 FBSM 的表达式，其中各子结构的频响函数矩阵可通过试验测试或理论计算获得。计算方法通常选用模态叠加法

$$
\boldsymbol{H}(\omega) = \sum_{i=1}^{w} \frac{\boldsymbol{\varphi}_i(\boldsymbol{\varphi}_i)^{\mathrm{T}}}{k_i + \mathrm{j}\omega c_i - \omega^2 m_i} \quad (\text{E-3-47})
$$

式中　$\boldsymbol{\varphi}_i$——子结构的第 i 阶模态；

m_i、c_i、k_i——分别为该子结构对应于第 i 阶模态 $\boldsymbol{\varphi}_i$ 的模态质量、模态阻尼和模态刚度；

j——虚数单位；

w——参加计算的模态总阶数，且由于 $w \ll n$（n 为子结构的全部模态阶数），从而实现计算效率的提高。

E.4　统计能量分析

由于统计能量分析（SEA）方法对复杂系统高频段的环境预示是从子系统的划分开始的，因此，首先要理解子系统的概念及子系统的划分原则。复杂系统往往包含各种类型的结构元件及其构成的封闭空间，在激励源的作用下产生耦合。子系统是与这些具体的结构元件和封闭空间相联系的，实质上是能量存储的载体，是一组由相似共振模态组成的模态群，而模态的相似性是指其动力特性相似。考虑到 SEA 是针对高模态密度的方法，子系统选择的一条重要原则是子系统的模

态密度必须足够高（分析带宽 $\Delta\omega$ 内的模态数一般要求大于 5）。

假设系统由 m 个子系统组成，则复杂结构的功率流平衡方程组如下

$$\begin{bmatrix} \eta_{11} & -\eta_{21} & \cdots & -\eta_{m1} \\ -\eta_{12} & \eta_{22} & \cdots & -\eta_{m2} \\ \vdots & \vdots & \cdots & \vdots \\ -\eta_{1m} & -\eta_{2m} & \cdots & \eta_{mm} \end{bmatrix} \begin{bmatrix} E_1 \\ E_2 \\ \vdots \\ E_m \end{bmatrix} = \frac{1}{k} \begin{bmatrix} P_{1,in} \\ P_{2,in} \\ \vdots \\ P_{m,in} \end{bmatrix} \tag{E-4-1}$$

式中　E_i ——子系统 i 的振动能量；

η_{ii} ——子系统 i 的内损耗因子；

$\eta_{ij}(i \neq j)$ ——子系统 i 与子系统 j 之间的耦合损耗因子；

$P_{i,in}$ ——子系统 i 外激励源的输入功率；

k ——分析带宽的中心频率。

对于保守耦合系统，耦合损耗因子之间还存在互易关系：

$$n_i\eta_{ij} = n_j\eta_{ji} \tag{E-4-2}$$

式中　n_i、n_j——分别为子系统 i 和 j 的模态密度。

由于子系统响应速度 v 有效值的均方值与振动能量有如下关系：

$$E = M\langle \bar{v}^2 \rangle \tag{E-4-3}$$

因此，用能量 E 表示子系统速度 v、加速度 a 以及位移 x 的均方值分别为

$$\begin{cases} \langle \bar{v}^2 \rangle = \dfrac{E}{M} \\ \langle \bar{a}^2 \rangle = \dfrac{Ek^2}{M} \\ \langle \bar{x}^2 \rangle = \dfrac{E}{Mk^2} \end{cases} \tag{E-4-4}$$

根据上述内容，统计能量分析法求解的关键是计算模态密度、损耗因子等，以下将逐一介绍计算方法。

(1) 模态密度

模态密度，即单位频率带宽内的模态数目，是描述振动子系统

存储能量能力的物理量。

对于机械结构而言，模态密度 $n(f)$ 的确定方法为：首先从系统振动方程中得到共振频率的数学表达式，再将该数学表达式对频率求微分，得到模态密度的计算公式，如下：

$$n(f) = 2\pi \frac{N(\omega)}{\Delta\omega} \tag{E-4-5}$$

式中　$N(\omega)$——模态数；

$\Delta\omega$——角频率 ω 附近的频带。

(2) 内损耗因子

内损耗因子是指由系统阻尼特性所决定的那部分能量损耗，所以内损耗因子有时也称作阻尼损耗因子。形成阻尼的机理有很多，也很复杂，如界面摩擦、流体粘性、紊流、声辐射、涡流、磁滞后、机械滞后（即内摩擦或材料阻尼）等。组合结构中的一个结构子系统 i 的内损耗因子 η_i 通常是由三种彼此独立的阻尼机理构成的，如下所示

$$\eta_i = \eta_{is} + \eta_{ir} + \eta_{ib} \tag{E-4-6}$$

式中　η_{is}——结构子系统 i 本身材料内摩擦构成的结构损耗因子；

η_{ir}——结构子系统 i 振动声辐射阻尼形成的损耗因子；

η_{ib}——结构子系统 i 边界连接阻尼构成的损耗因子。

三种内损耗因子的具体确定方法比较复杂，可参见相关文献。

(3) 耦合损耗因子

耦合损耗因子是反应两个子系统间耦合强度的量，其大小说明两个子系统间耦合作用的强弱。

对于结构间的耦合损耗因子，由于工程结构是由各种各样形式的结构件装配在一起，因而机械连接是最常见的耦合形式。工程结构间的连接形式、连接工艺多种多样，使得理论确定结构间的耦合损耗因子难度很大。目前，SEA 方法中结构间耦合损耗的理论是建立在弱耦合假设基础上的，关于强耦合损耗理论有待进一步发展。

（4）输入功率

输入功率来自外界激励，对不同的工程问题有着不同的外界输入功率的计算方法。相关文献对点源的输入功率和面源的输入功率进行了讨论说明。其中点源的输入功率包括一般点源的输入功率和有限接受系统的输入功率；面源的输入功率包括一般面源的输入功率、板壳振动对声场的输入功率、声场对板壳元件的输入功率以及湍流边界层脉动压力对板壳的输入功率。本节针对常用的板壳振动对声场的输入功率以及声场对板壳元件的输入功率进行简要说明。

板壳振动对声场的输入功率，实际上就是板壳振动时的辐射功率，即

$$P_{in} = \rho_a C_a A_p \sigma_{\mathrm{rad}} \langle \overline{v^2} \rangle \tag{E-4-7}$$

式中　ρ_a、C_a ——分别为声场体积质量密度和声速；

A_p、v、σ_{rad} ——分别为板的表面积、板的振动速度和辐射比。

声场对板壳元件的输入功率为

$$P_{in} = \frac{2\pi^2 C_a^2 n_s(\omega)}{\omega^2 \rho_s} \sigma_{\mathrm{rad}} \langle \overline{p_a^2} \rangle \langle D(\Omega) \rangle_{inc} \tag{E-4-8}$$

式中　$n_s(\omega)$、ρ_s ——分别为板壳的模态密度和面积质量密度；

$\langle \overline{p_a^2} \rangle$ ——声压的均方值；

$D(\Omega)$ ——方向函数，且对混响声场 $D(\Omega)_{inc} = 1$。

E.5　能量有限元方法

从 SEA 方法基本的能量平衡方程出发，建立每个子系统能量的传播控制方程，如下所示：

$$\langle \Pi_{\mathrm{in}} \rangle = \langle \Pi_{\mathrm{diss}} \rangle + \nabla \langle I \rangle \tag{E-5-1}$$

式中　$\langle * \rangle$ ——集合平均；

Π_{in} 和 Π_{diss} ——分别为时间和空间的输入功率和耗散功率；

∇ ——梯度算子；

I——能量强度。

子系统间的能量传递通过能量传递系数描述，该系数一般通过半无限结构的解析解获得。

控制方程中的其余各项可基于波动理论，写成包含角频率 ω、波速 c_g、阻尼 η 及能量密度 e 的表达式，如下所示

$$\begin{cases} \langle \Pi_{\mathrm{diss}} \rangle = \eta\omega\langle e \rangle \\ \langle I \rangle = -\dfrac{c_g{}^2}{\eta\omega} \nabla \langle e \rangle \end{cases} \tag{E-5-2}$$

将公式（E-5-2）代入公式（E-5-1）即可获得能量密度，通常采用 FEM 求解。

E.6 基于波动理论的有限元-统计能量分析

基于波动理论的有限元-统计能量分析（FE-SEA）方法要求首先将系统进行划分，划分原则为：

1）波长大于特征尺寸的子系统，划分为确定性子系统，采用 FEM 建模；

2）波长小于特征尺寸的子系统，划分为随机子系统，采用 SEA 方法建模。

假设整个系统由一个确定性子系统和 N 个随机子系统连接组合而成，系统的确定性子系统的自由度列向量为 $\boldsymbol{q}$（结点自由度或模态自由度），则耦合后确定性子系统的动力学方程可写为

$$\boldsymbol{D}_{\mathrm{tot}} q = f_{\mathrm{ext}} + \sum_{m=1}^{N} \boldsymbol{f}_{\mathrm{rev}}^{(m)} \tag{E-6-1}$$

$$\boldsymbol{D}_{\mathrm{tot}} = \boldsymbol{D}_d + \sum_{m=1}^{N} \boldsymbol{D}_{\mathrm{dir}}^{(m)} \tag{E-6-2}$$

式中 $\boldsymbol{f}_{\mathrm{ext}}$——作用在确定性子系统上的载荷矩阵；

$\boldsymbol{f}_{\mathrm{rev}}^{(m)}$——第 m 个随机子系统在混响场中的受挡混响力；

$\boldsymbol{D}_{\mathrm{tot}}$——结构的总刚度矩阵；

$\boldsymbol{D}_d$ ——非耦合确定性子系统的动刚度矩阵；

$\boldsymbol{D}_{\mathrm{dir}}^{(m)}$ ——第 m 个随机子系统在直接场中的动刚度矩阵，该矩阵一般通过 FEM 求得，对于理想的点连接、线连接和面连接，可由解析表达式直接求得。

此外，由于随机子系统中存在不确定性，则受挡混响力 $\boldsymbol{f}_{\mathrm{rev}}$ 为随机变量，系统的动力学方程可进一步改写为

$$\langle \boldsymbol{S}_{qq} \rangle = \boldsymbol{D}_{\mathrm{tot}}^{-1} \langle \boldsymbol{S}_{ff} \rangle \boldsymbol{D}_{\mathrm{tot}}^{-H} \tag{E-6-3}$$

$$\langle \boldsymbol{S}_{ff} \rangle = \boldsymbol{S}_{ff}^{\mathrm{ext}} + \sum_{m} (\boldsymbol{f}_{\mathbf{ext}} \langle (\boldsymbol{f}_{\mathbf{rev}}^{m})^{\mathrm{H}} \rangle + \langle \boldsymbol{f}_{\mathbf{rev}}^{n} \rangle (\boldsymbol{f}_{\mathbf{ext}})^{\mathrm{H}}) + \sum_{m,\ n} \langle \boldsymbol{f}_{\mathbf{rev}}^{(m)} \boldsymbol{f}_{\mathbf{rev}}^{n} \rangle \tag{E-6-4}$$

式中　$\langle * \rangle$ ——集合平均；

$\boldsymbol{S}_{qq}$、S_{ff} ——分别为位移和载荷的互谱矩阵；

$\boldsymbol{S}_{ff}^{\mathrm{ext}}$ ——外载荷的互谱矩阵；

$\boldsymbol{f}_{\mathbf{rev}}^{(n)}$ ——第 n 个随机子系统的受挡混响力矩阵。其集合平均为

$$\begin{cases} \langle \boldsymbol{f}_{\mathrm{rev}}^{(m)} \rangle = 0 \\ \langle \boldsymbol{f}_{\mathrm{rev}}^{(m)} (\boldsymbol{f}_{\mathrm{rev}}^{(m)})^{\mathrm{H}} \rangle = \alpha_m \mathrm{Im}(\boldsymbol{D}_{\mathrm{dir}}^{(m)}) \end{cases} \tag{E-6-5}$$

式中　α_m ——漫混响场能量相关的比例常数，其表达式为

$$\alpha_m = \frac{4E_m}{\pi \omega n_m} \tag{E-6-6}$$

式中　E_m、n_m——分别为第 m 个随机子系统的能量和模态密度。此时，通过子系统间的功率平衡关系即可求解各随机子系统的能量 E_m。

若 $N=p+q$，即系统中有 p 个随机子系统与确定性子系统相连，其余的 q 个子系统只与随机子系统相连而与确定性子系统不相连，则随机子系统间的功率平衡方程为

$$n_m \left(\eta_m + h_{\mathrm{tot},\ m} - h_{mm} + \sum_{k=p+1}^{N} \eta_{mk} \right) \frac{E_m}{n_m} - \sum_{\substack{n=1 \\ n \neq m}}^{p} n_m h_{mn} \frac{E_n}{n_n} = P_{\mathrm{in},\ 0}^{(m)} + P_{\mathrm{in},\ 1}^{(m)} \tag{E-6-7}$$

$$
\begin{cases}
h_{\mathrm{tot},\ m} = \dfrac{2}{\pi k n_m} \sum\limits_{jk} \mathrm{Im}\{\boldsymbol{D}_{\mathrm{tot},\ jk}\} (\boldsymbol{D}_{\mathrm{tot}}^{-1} \mathrm{Im}\{\boldsymbol{D}_{\mathrm{dir}}^{n}\} \boldsymbol{D}_{\mathrm{tot}}^{-\mathrm{H}})_{jk} \\
h_{\mathrm{tot},\ m} = \dfrac{2}{\pi k n_m} \sum\limits_{jk} \mathrm{Im}\{\boldsymbol{D}_{\mathrm{tot},\ jk}^{n}\} (\boldsymbol{D}_{\mathrm{tot}}^{-1} \mathrm{Im}\{\boldsymbol{D}_{\mathrm{dir}}^{m}\} \boldsymbol{D}_{\mathrm{tot}}^{-\mathrm{H}})_{jk} \\
P_{\mathrm{in},\ 0}^{(m)} = \dfrac{k}{2} \sum\limits_{jk} \mathrm{Im}\{\boldsymbol{D}_{\mathrm{tot},\ jk}^{n}\} (\boldsymbol{D}_{\mathrm{tot}}^{-1} \boldsymbol{S}_{ff}^{\mathrm{ext}}\} \boldsymbol{D}_{\mathrm{tot}}^{-\mathrm{H}})_{jk}
\end{cases}
\quad (\text{E}-6-8)
$$

式中　$h_{\mathrm{tot},\ m}$——第 m 个子系统在混响场中的能量损耗系数，即随机子系统通过混响场向确定性子系统输出的能量；

h_{mn}——随机子系统 m 与 n 通过确定性子系统建立耦合关系的耦合损耗因子；

η_{mk}——能量从第 m 个随机子系统直接传递到第 k 个随机子系统时的耦合损耗因子；

η_m——第 m 个随机子系统的内损耗因子；

$P_{\mathrm{in},\ 0}^{(m)}$——确定性子系统通过直接场传递到第 m 个随机子系统上的功率；

$P_{\mathrm{in},\ 1}^{(m)}$——外界直接对第 m 个随机子系统的输入功率；

E_m、E_n——第 m 个随机子系统和第 n 个随机子系统的能量；

n_m、n_n——第 m 个随机子系统和第 n 个随机子系统的模态密度。

附录 F 最大预期环境分析方法

F.1 点预示方法

F.1.1 包络限

包络限是获得一个域内所有点上响应谱极限值的通用方法，它是把给定域内的 n 个点上的预示谱值 x_{ij} 罗列后，选择并画出每个分辨率带宽内（共 m 个）的最大谱值。这样给出的包络是未经过平滑处理的，为了简单，通常用几个直线段对包络进行平滑处理，一般直线段的总数不超过 7 段，且线段的斜率一般为 0、±3 或±6dB/oct。如图 F-1 所示为未经平滑处理的和已经平滑处理后的包络结果，所包络的数据是某大型火箭结构域中 12 个不同点上的起飞振动最大功率谱密度，各个谱是用 1/6oct 频率分辨率带宽计算的。

包络法的优点是简单易行，但也存在以下主要缺点：

1）无法提供在给定频率上的包络超过其他位置上响应谱的具体概率，即包络本身无法定量评估包络限的置信度。

2）用不同的频率分辨率预示的谱有所差异，如用窄带宽预示得到的谱峰值明显高于用 1/3oct 带宽预示的结果。

另外，包络法和其他包络的方法还存在一个共同的问题，就是，在利用直线段对包络进行平滑处理时，所采用的直线段的数量通常存在一定主观性，并且在决定是包络所有的谱峰值还是裁掉部分时也同样存在主观性。因此，针对相同的数据，两个经验丰富的工程师可能会得出明显不同的平滑包络限。

在实际工程中，一个严格的标准是，带宽小于 5% 中心频率的谱峰值应裁到带宽为 5% 中心频率的谱峰值，但最好的方法可能是以与频率成比例的分辨率带宽计算所有谱值（如 1/6oct 带宽），然后无削减地完全包络所有峰值，图 F-1 即使用了该种方法。

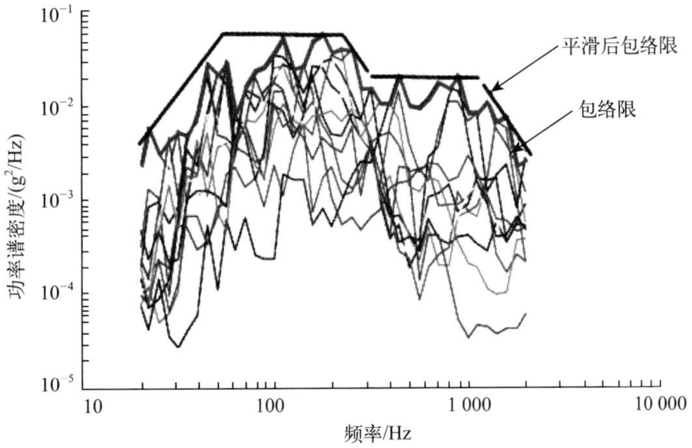

图 F-1　同一域内的 12 个振动测量谱的包络

F.1.2　正态容差限

正态容差限法是分析域内最大预期环境方法中相对保守的方法，它是计算每个分辨率带宽内预示谱的正态容差限。严格来讲，正态容差限法仅适用于符合正态分布的随机变量，而对于稳态、非稳态以及瞬态载荷引起的动力学响应而言，其在空间上引起的差异一般是非正态分布的，但大量经验表明，在装备不同点间的动力学响应谱可近似为对数正态分布，也就是说，在指定的频率分辨率带宽内，动力学响应谱在空间上的分布满足对数正态分布。

动力学响应谱 x 按如下公式进行对数变换：

$$y = \log_{10}x \tag{F-1-1}$$

y 的单边（上界）正态容差限记为 NTL_y（n，β，γ），则置信度

为 γ 时，至少超过 y 的且概率为 β 的 y 值为

$$NTL_y(n, \beta, \gamma) = \bar{y} + k_{n,\beta,\gamma} s_\gamma \quad (F-1-2)$$

$$\bar{y} = \frac{1}{n}\sum_{i=1}^{n} y_i$$

$$s_\gamma = \sqrt{\frac{1}{n-1}\sum_{i=1}^{n} (y_i - \bar{y})^2}$$

式中　$\bar{y}$——样本均值；

s_γ——y 的标准差；

$k_{n,\beta,\gamma}$——正态容差系数。

则 x 的正态容差限为

$$NTL_x(n, \beta, \gamma) = 10^{NTL_y(n, \beta, \gamma)} \quad (F-1-3)$$

常用的正态容差系数见表 F-1。根据表 F-1，当 $n=\infty$ 时，$NTL_y(\beta)$ 为

$$NTL_y(\beta) = \mu_y + z_a \sigma_y \quad (F-1-4)$$

式中　μ_y——y 的均值的真值；

σ_y——y 的标准差的真值；

z_a——$a=(1-\beta)$ 对应的标准正态分布的百分比。

根据表 F-1，当 $n>50$，可用公式（F-1-4）近似代替（F-1-2），其中的 $\bar{y}$、s_γ 用 μ_y、σ_y 取代。

表 F-1　正态容差系数 $k_{n,\beta,\gamma}$

n	$\gamma=0.50$			$\gamma=0.75$			$\gamma=0.90$		
	$\beta=0.90$	$\beta=0.95$	$\beta=0.99$	$\beta=0.90$	$\beta=0.95$	$\beta=0.99$	$\beta=0.90$	$\beta=0.95$	$\beta=0.99$
3	1.50	1.94	2.76	2.50	3.15	4.40	4.26	5.31	7.34
4	1.42	1.83	2.60	2.13	2.68	3.73	3.19	3.96	5.44
5	1.38	1.78	2.53	1.96	2.46	3.42	2.74	3.40	4.67
6	1.36	1.75	2.48	1.86	2.34	3.24	2.49	3.09	4.24
7	1.35	1.73	2.46	1.79	2.25	3.13	2.33	2.89	3.97
8	1.34	1.72	2.44	1.74	2.19	3.04	2.22	2.76	3.78
9	1.33	1.71	2.42	1.70	2.14	2.98	2.13	2.65	3.64

续表

n	$\gamma=0.50$			$\gamma=0.75$			$\gamma=0.90$		
	$\beta=0.90$	$\beta=0.95$	$\beta=0.99$	$\beta=0.90$	$\beta=0.95$	$\beta=0.99$	$\beta=0.90$	$\beta=0.95$	$\beta=0.99$
10	1.32	1.70	2.41	1.67	2.10	2.93	2.06	2.57	3.53
12	1.32	1.69	2.40	1.62	2.05	2.85	1.97	2.45	3.37
14	1.31	1.68	2.39	1.59	2.01	2.80	1.90	2.36	3.26
16	1.31	1.68	2.38	1.57	1.98	2.76	1.84	2.30	3.17
18	1.30	1.67	2.37	1.54	1.95	2.72	1.80	2.25	3.11
20	1.30	1.67	2.37	1.53	1.93	2.70	1.76	2.21	3.05
25	1.30	1.67	2.36	1.50	1.90	2.65	1.70	2.13	2.95
30	1.29	1.66	2.35	1.48	1.87	2.61	1.66	2.08	2.88
35	1.29	1.66	2.35	1.46	1.85	2.59	1.62	2.04	2.83
40	1.29	1.66	2.35	1.44	1.83	2.57	1.60	2.01	2.79
50	1.29	1.65	2.34	1.43	1.81	2.54	1.56	1.96	2.74
∞	1.28	1.64	2.33	1.28	1.64	2.33	1.28	1.64	2.33

根据公式（F-1-2）和（F-1-3）计算得到的图 F-1 中的振动响应的正态容差限，见图 F-2，其中 $\beta=0.95$、$\gamma=0.5$，该容差

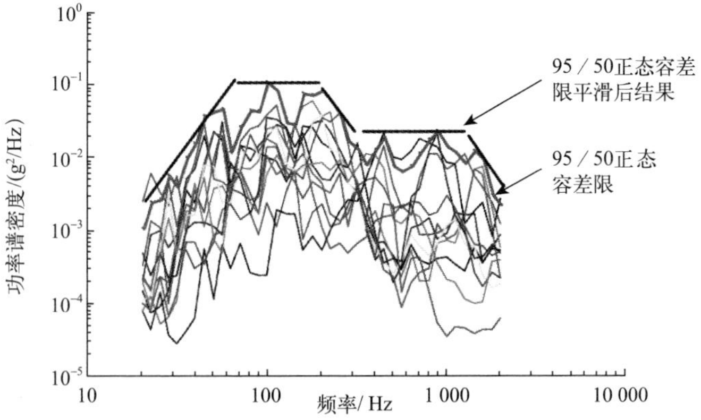

图 F-2　图 F-1 中的振动响应谱的 95/50 正态容差限

限通常称为具有 50% 置信度的 95% 正态容差限，或简称为 95/50 限，可理解为该限值超过域内 95% 个位置上的响应谱值具有 50% 置信度。

图 F-2 中的 95/50 限在所有频率上与 12 个测量数据的包络相似，但是，γ 和 β 决定了正态容差限是大于还是小于包络结果。对正态容差限的计算结果，有时也用若干直线段对包络进行平滑处理，见图 F-2，当然，平滑过程同样存在包络限方法中所述的主观判断引起的问题。

另外，还需特别强调的是，正态容差限对域内结构响应谱在空间上的分布满足对数正态分布这一假设比较敏感，当 β 和 γ 取值较大时，这一假设可能带来问题。

但与包络限法相比，正态容差限方法主要有以下几个优点：

1）正态容差限有严格的统计意义，所提供的限值大于域内百分比为 β 个位置上的谱所具有的置信度是 γ；

2）对任意给定的预示谱个数 n，可以对独立选定的 β 和 γ 值求出正态容差限，也就是说，正态容差限并不受限于所用的预示谱值范围；

3）虽然预示谱的频率分辨率带宽对正态容差有一定影响，但是不如包络限方法对频率分辨率带宽敏感。

图 F-2 是置信度 $\gamma=0.5$ 的计算值，该 γ 值是计算航天器试验量级时的通用值，详见 MIL-STD-1540C《运载器、顶级飞行器和航天器试验要求》和 NASA-STD-7001《有效载荷声振试验准则》。正态容差限也可以在较高的置信度下计算，如 $\gamma=0.5$，$\gamma=0.90$ 和 $\gamma=0.95$。对于给定的概率 β，置信度系数对限值有显著影响，如图 F-3 所示给出了在 $\gamma=0.5$，$\gamma=0.90$ 和 $\gamma=0.95$ 时，对应图 F-1 中的 12 个测量数据的 95% 容差限结果。从该图可知，$\gamma=0.95$ 时的结果达到 $\gamma=0.5$ 时的 6 倍，即 7.8dB。因此，采用该方法计算最大预期环境时，应考虑数据来源的差异，选择适中的置信度系数。

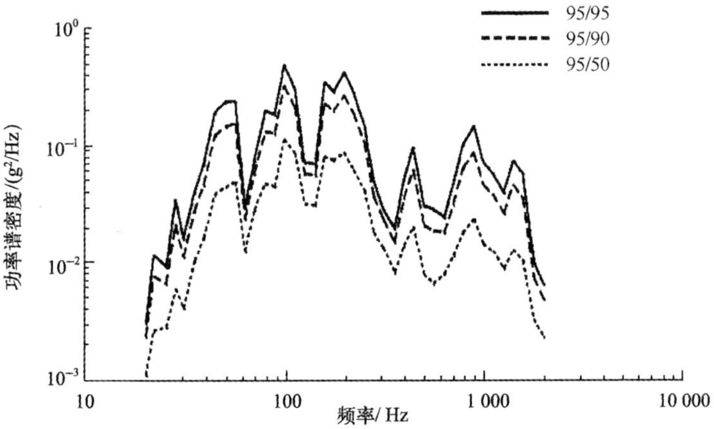

图 F-3　不同置信度系数下的正态容差限

F.1.3　无分布容差限

无分布容差限是选取各频率分辨率带宽上的最大值（假设共 m 个）作为容差限的值。该方法取消了对数正态假设，避免了与正态容差限方法有关的主要问题，即无关域内结构响应谱在空间上的分布满足对数正态分布这一假设，也就是说，无分布容差限 DFL_x（n，β，γ）本质上是未经平滑的包络限结果。

在置信度为 γ 条件下，在百分比为 β 的位置上，响应谱值 x 小于最大谱值 x_{hj}，可以通过序列统计确定为

$$DFL_x(n,\ \beta,\ \gamma) = x_{hj} \qquad \gamma = 1 - \beta^n \tag{F-1-5}$$

同正态分布容差限中的概念，无分布容差限谱值 x_{hj}是置信度 γ 超过域内所有位置至少 β 部分的谱值。例如，图 F-3 中对数据未经平滑的包络，代表超过域内至少 95% 个点的响应谱值具有 46% 置信度的容差限。对未经平滑的包络通常用一系列直线段进行平滑，如图 F-1 所示，这一做法与包络限法、正态容差限法一样拥有主观判断带来的问题。

相比正态容差限方法，无分布容差限方法主要有对域内响应谱值的空间分布不敏感的优点，但是，它也带来了正态容差限所没有的如下问题：

1）这种方法不允许独立选择 β 和 γ。通常的做法是，选择一个比例系数 β，然后，由公式（F-1-5）确定置信度系数 γ；

2）与包络限方法一样，该方法对频率分辨率敏感，不同频率分辨可能产生不同的无分布容差限结果。

F.1.4 经验容差限

经验容差限法是确定 n 个位置上预示谱的经验分布函数，再从分布中选择一个百分数较大的 x_β（超过现有数据 β 部分的 x 值）作为保守限的方法。但是，对于导弹、火箭等装备，很难有足够位置上的预示结果用于按大百分数来确定每个带宽内的界限，如为了确定 $\beta=0.95$ 的经验容差限，至少需要 20 个位置的谱，因此，通常把每个频率分辨率带宽内的谱值按均值归一化，然后综合所有谱值得到统一的分布函数，用来确定覆盖 β 部分谱值的界限。显然，这假设了在所有频率分辨率带宽内谱值的空间分布是相同的。

若给定域内 n 个位置的响应谱在 m 个频率分辨率带宽内的谱值为 x_{ij}（$i=1, 2, \cdots, n$; $j=1, 2, \cdots, m$），则确定其经验容差限的过程如下：

1）计算每个频率分辨率带宽内的谱值的平均值，即

$$\bar{x}_j = \frac{1}{n_j}\sum_{i=1}^{n_j} x_{ij} \qquad (\text{F-1-6})$$

2）归一化谱值 u_{ij}，即将每个频率分辨率带宽内的谱值除以对应带宽内的均值

$$u_{ij} = x_{ij}/\bar{x}_j \qquad (\text{F-1-7})$$

3）按从小到大的顺序排序 u_{ij}，得到数列 u_k（$k=1, 2, \cdots, nm$）

$k=1$ 时，u_k 取最小值；

$k=2$ 时，u_k 取次小值； (F-1-8)

$k=nm$ 时，u_k 取最大值。

4）从经过归一化处理、并经过排序的谱值 u_k 中选择一个值 u_β，它大于数列 u_k 的 β 部分的值，即

$$u_\beta = u_k \quad 当\ k = nm\beta\ 时 \tag{F-1-9}$$

5）计算每个带宽内的经验容差限 $x_{\beta j}$，即将每个频率分辨率带宽内的归一化极值 u_β 乘以对应带宽内的均值，记为 ETL_x（β）

$$ETL_x(\beta) = x_{\beta j} = u_\beta \bar{x}_j \tag{F-1-10}$$

F.1.5 正态预测限

正态预测限方法是对每个频率分辨率带宽上的预示谱计算其正态预测限。正态预测限仅能用于正态分布的随机变量，因此，动力学响应谱 x 先要用公式（F-1-1）进行对数转换，以得到近似的正态分布，再对转换后的数据 y_i（$i=1$，2，…，n）进行预示。

y 的正态预测记作 NPL_y（n，γ），其定义为超过下一个预测值具有置信系数 γ 的 y 值：

$$NPL_y(n,\ \gamma) = \bar{y} + \sqrt{1 + \frac{1}{n}}\, s_y t_{n-1;\ a}$$

$$a = 1 - \gamma \tag{F-1-11}$$

式中 $\bar{y}$——样本均值；

s_γ——y 的标准差；

$t_{n-1;a}$——自由度为 $n-1$ 的 t 分布在分布百分点 a 处的变量。

则 x 的正态预测限为

$$NPL_x(n,\ \gamma) = 10^{NPL_y(n,\ \gamma)} \tag{F-1-12}$$

该公式定义了根据 y 的前 n 个值的样本平均和标准差得到下一个 y 的正态预测限值的方法。

需要说明的是，由于正态预测限方法中只考虑了一个与概率有关的参数，即置信度 γ，正态预测限方法相对其他方法较为简单。但另一方面，正态预测限存在如下问题：

1）该方法对域内结构响应谱的空间分布为对数正态分布的假设

比较敏感，当置信系数 γ 较高时，这个假设可能出现问题；

2）该方法只是针对域内随机选出的位置，仅对未来一个或其他规定个数的响应预示提供保守的限值，而不是针对域内所有的位置。

F.1.6　几种容差限比较

上述介绍了 5 种不同的方法来确定由随机动态载荷引起的结构响应的保守界限。利用上述方法针对图 F-1 中的 12 个实测功率谱数据的不同限值的比较，见图 F-4（其中包络限法与 95/46 无分布容差限法分析的结果相同）。

根据图 F-4 中的结果，反映出如下特点：

1）在绝大多数频率上，无分布容差限和经验容差限比较接近。这主要是因为这两种方法都没有使用谱空间分布为对数正态的假设，并且两者的计算中使用了相近的置信度；

2）即使使用了相同的置信度（即 $\gamma=0.5$），正态容差限在许多频率上都高于无分布容差限和经验容差限。这个差异也反映了正态容差限中的对数正态分布假设存在一定的不准确性；

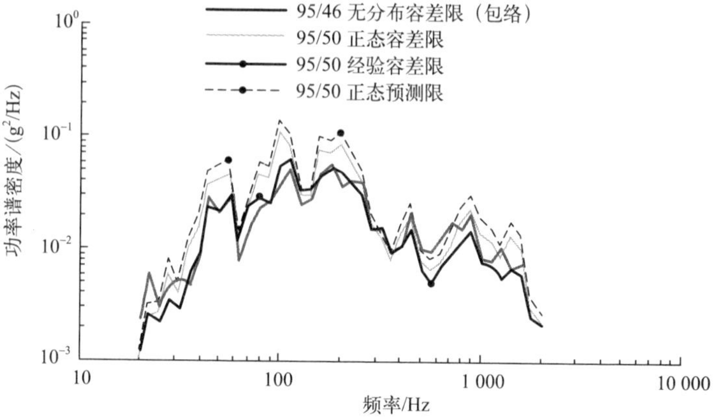

图 F-4　振动响应谱的各种限值的比较

3）正态预测限在几乎所有频率上都高于其他三种容差限。但是，如果计算容差限时使用较高的置信度，它们可能超过正态预测限。

综上所述，从域内 n 个点的预示谱计算域的响应谱的保守限值时，提出如下建议：

1）建议采用正态容差限。这也是 MIL-STD-1540C 和 NASA-STD-7001 等文件中用来建立最大预期环境最通用的方法。应该指出，当样本数 n 较小时，正态容差限的值与域内预示谱的均值相比很大，这是采用了对数正态分布条件下得出的正确的统计结果，由于限值是从少数点上的谱值得出的，自然导致了其他所有点上谱值较高的不确定性。

2）如果 $n>10$，经验容差限可用来替代正态容差限。

需要说明的是，用一个结构域内动力学响应的任何一种保守限值制定环境条件时，须仔细考虑各种方法的制约条件。

F.2　区间预示方法

F.2.1　随频率分辨率带宽的变化

假设结构动响应的区间预示结果是以 1/3oct 带宽给出的，代表小阻尼结构共振的窄带谱峰值明显大于 1/3oct 带宽对应的谱峰值。若进一步假定在给定的 1/3oct 带宽内只存在一个谱峰值，则窄带谱峰值与 1/3oct 带宽的幅值的比值可通过解析方法确定。但是，经验研究提供了由衡量动态结构引起的预期结构响应谱峰值与 1/3oct 带宽的幅值之比的更加现实的方法。图 F-5 给出了基于对飞机外挂的随机振动响应数据的全面分析得出的经验分布函数，从图中可以看出，以 1/3oct 带宽得到的谱值增加 3dB 则可包络全部峰值的 90%，增加 4dB 则可包络全部峰值的 95%，增加 5dB 则可包络全部峰值的 98%。因此，在 1/3oct 带宽的结构响应预示谱上增加合适的系数可以将其转化为大多数窄带谱峰值的包络。

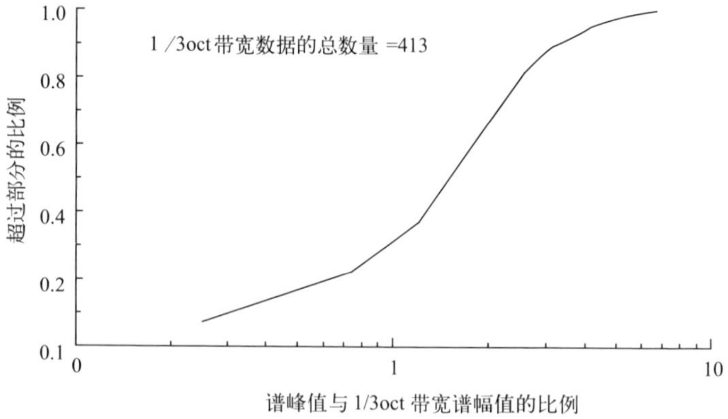

图 F-5　振动谱峰值与 1/3oct 带宽谱幅值的经验

F. 2. 2　随结构区间的变化

根据区间预示结果所覆盖的结构范围大小的不同，区间内的动态响应可能存在很大差异。如果预示区间包含了建立环境条件所感兴趣的结构域，则区间内响应差异与图 F-1 所示的数据的差异相似。以 $dB = 10\log_{10}x$ 形式来表示给定频率分辨率带宽的谱值 x，则图 F-1 所示的振动响应谱组合数据的标准差为 5. 5dB。这与已发表的相对均匀的导弹结构区间内测得的其他随机响应谱数据的标准差一致，导弹结构上测量得到的大量的振动功率谱数据中得出的标准差一般小于 6dB。因此，可以认为 6dB 是由典型结构域内随机动态载荷引起的响应的标准差的合理上界，即

$$\sigma_{\text{spatial}} = 6\text{dB} \qquad (\text{F-2-1})$$

基于此，假设区间预示所覆盖的动态响应在空间上的变化具有对数正态分布，如 F. 1. 2 节所述，则根据公式（F-1-4）可以得到区间内所有点上响应的 β 部分的正态容差限近似为

$$NTL_x(\beta) = 10^{C/10} \qquad (\text{F-2-2})$$

$$C = AP\ (\text{dB})\ + 6z_a$$

$$a=1-\beta$$

式中 AP（dB）——以 dB 表示的区间响应预示结果；

z_a——标准正态分布的百分点。

特别注意的是，公式（F-2-1）给出的是整个结构域内动态响应的标准差，是以较窄频率分辨率带宽上的谱分析为基础的。因此，标准差实质上包括了从区间预示用较粗的分辨率带宽分析，（一般为 1/3oct）到以窄频率分辨率带宽分析得到的谱峰值容差限的修正。因此，利用公式（F-2-2）进行区间响应预示时不再需要在正态容差限的基础上再增加频率分辨率带宽的修正。

附录G 环境适应性检查表

环境适应性检查表见表G-1。

表G-1 环境适应性检查表

序号	检查项目	是	否	不适用
低气压环境适应性设计检查表				
1	能源系统、车辆选型是否考虑了低气压性能?			
2	高压部件是否采取了相应的低压防护措施?			
3	有密封要求的产品是否考虑低气压下留有足够的设计余量?			
4	是否计算了低气压下通风散热性能?			
5	是否对低气压敏感设备开展了低气压试验?			
高温环境适应性设计检查表				
6	是否利用有关软件工具进行了热设计?			
7	元器件、原材料的高温特性是否满足要求?			
8	元器件是否降额使用?			
9	是否最大限度地利用传导、对流和辐射等温度防护措施?			
10	对热环境敏感的产品或设备，是否为其设计了适当的“微环境”?			
11	是否尽量缩短传热路径，增大换热（或导热）面积?			
12	导热路径中是否未设置绝热或隔热元件?			
13	是否选用导热系数大的材料制造导热元件?			
14	是否采取措施尽量扩大热传导零件的接触面积和压力?			
15	是否尽量将印制电路板中热量较大的元器件或集成电路芯片以及散热元件等靠近印制电路板的边缘?			
16	对于可能存在散热问题的元器件和集成电路芯片，是否尽量保留足够的空间设置金属散热片等装置?			

续表

序号	检查项目	是	否	不适用
17	是否尽量加大辐射体的表面积?			
18	是否采取措施增强在零件或散热片的热辐射能力?			
19	对热敏感元件是否采取措施以减少吸收辐射热?			
20	对靠近热源的热敏感元器件是否采取热防护措施?			
21	器件的排列与安装是否有利于气体的对流?			
22	是否尽量加大对流介质的流动速度以带走更多的热量?			
23	是否选择有利于对流散热的流体介质，以带走更多的热量?			
24	发热量大的或大功率器件是否采取局部通风散热措施?			
25	发热量大的或大功率器件是否设置在有利于对流的位置?			
26	是否对导弹进行了整体热防护设计?			
27	地面装备是否利用设备通风系统或空调对设备进行热防护?			
	高温环境适应性设计检查表			
28	设备通风系统或空调是否可靠并具有良好的冷却功能，可保证所有设备及设备内的元器件在规定的热环境中能正常地工作?			
29	是否考虑电子设备通电产生的局部温升对其他设备的影响?			
30	是否考虑互连用的导线、线缆、器材等因高温引起的膨胀造成的影响?			
31	印制板组装件是否有适当的导热措施（导热板、导热条、金属夹芯或热管印制板)?			
32	是否控制印制板组装件之间的距离以利于散热?			
33	在进行印制电路板的布局过程中，各个元器件之间、集成电路芯片之间或者元器件与芯片之间是否留有足够空间以利于通风和散热?			
	低温环境适应性设计检查表			
34	元器件、原材料的低温特性是否满足要求?			
35	是否采取预热的方式弥补产品低温工作性能的不足?			
36	为防止凝聚水气冰冻而造成损坏，是否采取有效措施（如：提供出口孔、有足够的水排放装置、消除湿气气穴、适当加热、密封、充干燥空气）排除湿气?			

续表

序号	检查项目	是	否	不适用
37	是否考虑低温对复合材料结构件精度的影响?			
38	针对互连用的导线、线缆、器材等低温收缩的影响,设计时是否留有余量?			
39	是否考虑不同材料收缩量的影响,并采取相应防护措施?			
40	是否采用低温密封材料防止液压系统泄露?			
41	是否采用合适的低温液压液体以防止液压系统凝固?			
42	是否采取适当的润滑剂以防止润滑剂凝固?			
	振动、冲击和噪声环境适应性设计检查表			
43	是否采用有限元分析软件等工具开展振动、冲击和噪声的设计?			
44	选择的元器件和材料、设计的零(部)件是否能承受规定的力学环境?			
45	是否对旋转部件应进行动平衡试验,以消除由于制造装配或材料缺陷造成的偏心引起的离心惯性力?			
46	是否采取隔振措施,减少支撑结构上的振动力,隔离与周围设备的相互影响?			
47	是否采取措施(如使用金属弹簧、空气弹簧、泡沫乳胶、减振器等隔振材料)消除振源?			
48	对发动机等振源是否采取单独隔振措施,尽量减小对其他设备的影响?			
49	车载设备是否有减振措施?			
50	若采用减振装置是否通过相关设计避免振动信号的放大?			
51	是否采取措施降低弹体对气动噪声的响应?			
52	是否采取措施尽可能提高系统的刚度?			
53	系统的固有频率是否避开外界环境作用的激励频率?			
54	设备是否采用刚性连接以提高抗振性?			
55	对不可避免的共振现象,是否采取措施以减小共振振幅?			
56	是否尽量增强结构刚度设计?			

续表

序号	检查项目	是	否	不适用
57	确定结构振型，是否在应变较大的部位，采取贴上约束阻尼材料等措施减振？			
58	在结构重量和刚度许可的条件下，是否尽可能采用对称夹心阻尼结构？			
59	对振动敏感的元器件和部件（如：陀螺、振荡器、晶振、红外探测器组件等）是否采取单独的局部减振、抗振措施？			
60	电线、电缆的敷设是否有固定装置（如卡箍）定位？			
61	电缆导线是否编扎在一起，并用线夹分段固定？			
62	印制板的安装是否牢靠？			
63	电连接器是否有锁紧装置？			
64	电器元器件是否进行了合理布局，以消除电器设备每个电器元件在振动过程中相互之间出现的耦合？			
65	是否开展小型化设计，如选用小型化元件和标准电子模块，采用表面贴装技术和高密度组装技术，芯片焊接固定等？			
66	较重的大元件是否加结构件进行加固，避免产生共振？			
67	受力强度较大的元件（如连接器等），是否采取加大焊盘或采取加固件等方法？			
68	对于组装密度高无法用弹性材料和隔离件时，是否用阻尼材料在元件与底板之间以起减振作用？			
69	陶瓷元件或其他脆性元件和金属元件的连接处是否加上弹性材料，以防止产生大的局部应力和磨损？			
	三防设计检查表			
70	暴露在外的连接器是否采用密封型或灌注硅橡胶充填？			
71	是否根据电缆的实际使用要求、敷设位置、贮存及工作环境，综合选择电缆型号规格？			
72	对舱外使用的电缆，是否对连接器焊点进行灌封？			
73	舱外的电缆插座是否设置有防雨水溅射的防护装置？			

续表

序号	检查项目	是	否	不适用
74	是否采用整体设计方法，以减少连接对表面防护层的破坏和造成渗漏腐蚀？			
75	装备的表面结构是否简洁、连续、流畅、过渡圆滑，尽量避免凹槽、盲孔、缝隙、孔隙、尖角？			
76	是否避免积水结构、消除电焊、铆接、螺纹紧固处的缝隙腐蚀？			
77	是否避免引起应力集中的结构形式？			
78	是否避免采用搭接形成缝隙的结构？			
79	无法避免采用搭接形成缝隙的结构时，暴露的搭接头是否表面朝下，且接头处密封？			
80	是否避免设计带有水平焊缝的结构形式？			
81	是否未选用螺栓连接或用断续焊连接的背靠背角钢结构？			
82	点焊件周边是否采用堵焊或封胶方式封闭？			
83	对承受高应力的结构件是否采取卸荷结构？			
84	是否采用圆形边缘和拐角，使保护材料的涂层均匀？			
85	是否采用具有防水、防锈蚀的材料？			
86	是否选择使用不长霉的材料？			
87	是否选用耐盐雾材料？			
88	金属材料是否尽可能采用不锈、耐腐蚀的材料？			
89	非金属材料（包括密封材料、润滑油脂等）是否选用耐腐蚀、不挥发、不吸湿、抗霉菌的材料？			
90	涂料（尤其是线绕元件浸漆用涂料）是否考虑加杀菌剂？			
91	灌封材料是否具有良好的耐环境能力？			
92	设备使用的助焊剂、粘结剂、表面处理剂、清洗剂等化工材料是否选取中性材料以防止腐蚀？			
93	为减缓内部金属零件的腐蚀，防止接点表面污染，在密封设备内部是否避免使用能产生腐蚀性挥发气体的材料？			
94	如果在密封设备内部必须使用产生腐蚀性挥发气体的材料时，是否对易受影响的零件进行专门保护？			

续表

序号	检查项目	是	否	不适用
95	是否降低互相接触的金属（或金属层）之间的电位差？			
96	异种金属面相互接触是否选用电化学偶相容的材料？			
97	是否采取措施防止潮气聚集？			
98	发射筒（箱）内是否充干燥氮气或干燥空气？			
99	地面装备是否采用排水和空气循环系统，消除潮气聚集物？			
100	设备的封装是否在清洁、干燥的环境下进行？			
101	是否采取合理的工艺防护措施，包括表面处理、灌封处理、绝缘处理、防霉处理、包装防护等？			
102	是否采用干燥装置吸收潮气？			
103	在采取防潮措施时，是否确保不出现侵蚀性挥发物质的脱气现象或与邻近表面或防护性涂层不相容？			
104	是否采用密封的方法，将被保护物体与大气隔离？			
105	采用密封措施时，密封结构内部是否采取防潮涂覆，并设置防凝露排水装置？			
106	采用密封措施时，是否考虑了密封后的散热问题，并采取有关措施？			
107	在密封前，元器件、材料是否采取措施防止和抑杀霉菌？			
108	盖板、连接头，是否加密封橡胶垫圈，或在接触面上涂密封胶？			
109	是否尽量避免不同种金属材料的直接接触？			
110	不能避免不同种金属材料的直接接触时是否采取绝缘、防潮等措施？			
111	当必须把不允许接触的金属材料装配在一起时，是否采取了防护措施？			
112	印制板组装件焊接、调试结束后，是否喷涂三防漆（如聚氨酯清漆）？			
113	印制板组装件涂漆前是否进行清洗和烘干处理？			
114	接插件的接点是否采取措施以提高三防性能？			

续表

序号	检查项目	是	否	不适用
115	元件、部件是否采用相应防护措施，如涂三防漆等?			
116	是否采用高强度和绝缘性能好的涂料填充某些绝缘材料、各种线圈中的空隙、小孔、毛细管等?			
117	是否采用有效的保护涂层减缓材料的“呼吸作用”?			
118	是否采用憎水处理降低产品的吸水性或改变其亲水性能?			
	砂尘环境适应性设计检查表			
119	装备外露的孔是否设计有空气过滤器或防砂过滤网等?			
120	对门、窗、暴露于露天的设备等是否进行密封设计，如安装密封条等?			
121	对外露设备表面是否进行耐磨涂层处理?			
122	发电机的进风口是否安装防砂棉或其他防沙设施?			
123	柴油机是否安装具备报警功能的滤清器?			
	太阳辐射环境适应性设计准则			
124	外表是否采用浅色，以减小太阳辐射吸收系数?			
125	是否在外表结构上增加散热筋（管）?			
126	外露产品是否选用对太阳辐射不敏感的材料、元器件?			
127	外表是否不用或少用塑料制品、橡胶制品等?			
128	若外表必须使用塑料制品、橡胶制品时，是否在维护手册中提出检查更换周期?			
129	对阳光直晒的电子产品是否加设了遮阳罩?			
130	是否扩展内部空气对流空间，增加空气对流速度?			
	风环境适应性设计准则			
131	是否对外露的杆状、悬臂结构、板式结构的产品进行强度计算，确保能够承受规定量级的风?			
132	武器系统的起竖装置的设计是否考虑起竖时风载荷的影响，保证在规定的风速下能正常起竖?			